HUGIBOOKS

# 從內耗
# 變心流

清理「精神熵」，重整內在秩序，
驅動最高行動力與幸福感

楊鳴 著

| 中篇 |

# 勇敢應對內耗的現實世界

## 第四章｜都市文明病的熵減指南

## 第五章｜複雜頭腦的熵減指南

## 第六章｜複雜關係的熵減指南

# 對抗熵
# 是一生的功課

## 成年人的無感症

「為什麼我快樂不起來？」不久前一位老友傳了這條訊息給我。

這句話很多人問過自己，我很不以為然：「這不是很正常嘛，每週 996（朝九晚九每週六天），回來要帶小孩，誰能快樂得起來？」「不不不，」他連忙糾正，「這幾天不加班，小孩也被老婆帶去旅遊了，可是我還是沒辦法讓自己開心點。」這位老友的事業、家庭令人豔羨，平常忙到飛起。他以前是個深度遊戲迷，一直嚷著要玩完《薩爾達傳說：曠野之息》。現在有了大量的獨處時間，卻幾次拿起遊戲手把都沒有欲望玩下去，最後什麼都沒做。

原來是這樣。

如果人在做「正事」時難以投入尚且可以理解的話，那在做最喜歡的、純娛樂的事時都無法進入狀態，就確實是個問題了，而且還不小。看看我們身邊的人，再看看我們自己，這個現象在都市人群中越來越普遍，順便戳穿了一個專屬於成人世界的假象。

擁有多個社會身分的我們，一直以為自己不快樂是因為外部條件不

允許，比如工作太忙、錢沒賺夠、需要承擔家庭責任等。如果始終沒有條件倒也沒什麼，怕就怕像我的這位老友一樣，一個個條件都滿足了，一朝放空，卻意識到原來是自己「不行」，真是沮喪。其實我們日常所說的「不快樂」，並不是一種情緒，也不一定是因為什麼事所導致的，而是一種叫做「無感」的狀態：哪怕已經獲得了高於所需的物質條件和社會地位，生活中仍難有愉悅感和幸福感。與其說快樂不起來，不如說：感受不到快樂了。

## 思考「快樂」，向熵宣戰

我曾經也有過兩段時間處於這種狀態。

第一段是十幾年前。大學剛畢業的我在某遊戲廠一路從 PM 做到 BA，幸運地見證了這個產業由衰至盛，又盛極而衰的過程。那是個魔幻但給人希望的時代，除了遊戲業，其他新興行業乃至整個社會都瀰漫著狂熱的氣氛，大家都相信自己就是「風口上的那頭豬」。當時雖然「內捲」這個人口社會學概念還未進入大眾視野，但每個人已經在心照不宣的「捲」了，我也不例外：加不完的班、提不完的案，每天接近凌晨回家時，還會在路上回味那種痛苦帶來的快感。

客觀地講，那段時間對個人能力的提升是非常顯著的。問題是，這種建立在欲望上的「雞血」狀態不可持續，一旦受挫，內心便沒有其他東西支撐。臨近 2008 年北京奧運會的時候，這個挫折成真了。當時我所在的專案團隊籌備兩年多的奧運遊戲完成開發，已經順利拿到奧委會授權，卻因某些不可抗力，遊戲直至奧運會拉開帷幕也無法上市。那天晚上，我是和幾位同事一起流著淚看完開幕式的。

巨大的期望從天上掉到地下，人的狀態肯定會受影響，但這並非重點。真正動搖我的，是一起奮戰了兩年多的同事一個個像變了個人似

的：每天上班滑論壇、滑交友 App，下班時間一到就去喝酒，聚在一起時也不再討論新事物……

親眼看著從不隨波逐流的戰友們主動選擇變「廢」，我想到了自己不久後的樣子，感到一陣恐懼。之後雖然工作一切如常，但以前經常體驗到的快感消失了，隨後對各種休閒活動的感受也消失了。那段時間我反覆問自己：

「我真的這麼熱愛這份工作嗎？還是我其實愛的是那個充滿激情的自己？」

「做這份工作的樂趣到底是真的還是假的？」

「如果繼續做下去，我還能從中得到樂趣嗎？」

「既然結果不能控制，每個人為此付出的代價有意義嗎？」

密集地思考這些問題讓我陷入了一種前所未有的虛無感，也開啟了一整年的無感期。在這期間，我將大量時間用於獨處和閱讀，也向一些前輩請教過，希望找到答案——這自然是找不到的，做為一個反雞湯的無神論者，那些感性的、動情的解釋非但說服不了我，反而激發出更多疑問，結果連起碼的心靈慰藉都沒得到。

最後，我終於意識到一件事：像自己這樣的死理性派，唯有透過科學的脈絡追索得到的答案才有可能是解藥。於是我決定暫別職場再次求學，期望推開學術研究這扇大門。

打定主意後不久，我提了辭呈。上司非常通情達理，與我做了一個約定：如果申請學校成功，就在下一年入學前正式離職，申請不成功則和公司續約繼續工作。然後在次年九月，我懷著對老東家的感激和對找到答案的希望，在香港開啟了學術探索之路。

新的生活和新的環境總是令人興奮的。身為一名學術菜鳥，我自然是每天拚命讀文獻、琢磨選題方向。但沒想到的是，第二段無感期就發生在攻讀博士學位的第二年。

由於和以前一樣用力過猛，在臨近開題報告時我突然喪失了動力，在宿舍窩了一個多星期，整天對著電腦，根本無法專注地開展研究。最麻煩的是一直追的美劇不想追了、網球不想打了、和他人沒有交流的欲望了，即全方位無感。當時我正在進行的課題背景是憂鬱症防治和說服，測量工具都是現成的，於是我順便做了一次自我診斷，結果是差一點就達到中度憂鬱失調了。

在那段挺「喪」的日子裡，一位最信任的、可以說是半個父親的導師推薦給我一本書：*Flow: The Psychology of Optimal Experience*，也就是《心流：高手都在研究的最優體驗心理學》的英文版。他要求我精讀，我照辦了，然後那些關於「快樂」的答案逐漸浮現出來（雖然還只是些碎片）。其中最觸動我的是米哈里・契克森米哈伊（Mihaly Csikszentmihalyi）在書中描述的精神熵（也叫心熵）概念，它讓我頓悟了自己兩次突然陷入無感的原因：太多無關聯的目標和想法，使得意識越來越混亂，大腦無法聚集認知能量向同一個方向做功，到某個極點便觸發了內心秩序的臨時解體（熵死）──其實就是被熵壓垮後的內耗綜合症。

研究生身分最大的好處是有了進入各種國際學術資料庫的權限，接觸到的資料不但又新又全，還全免費。隨後幾年我開始大量涉獵心理學、行為學、社會學、傳播學等學科的知識，將吸收的各種理論進一步總結成各種熵減方法並進行實踐。有了一些儲備後，我開始向熵宣戰：一邊傾聽內心的價值取向、辨析每一個決策背後的驅動力來源、

排除知行不合一的選項，一邊只將注意力集中在真正值得追求的目標上，一段時間後，我發現我每天做的事情大幅度減少了，內心卻充盈了許多。

在緊張的博士論文寫作期間，我甚至還有餘力做了一個我一直很想做的社會實驗：開發一個挑戰馬太效應的 P2P 知識分享平臺，為初入職場的年輕人以最低成本媒合到有幫助新人意願的行業前輩。寫論文和做產品這兩件事都極其耗費精力，但我透過不遺餘力地做熵減實踐，居然最後也兼顧了。次年，這個產品原型獲得了香港特區政府數碼港創業基金的扶持，同年我通過了論文答辯順利畢業。

## 內源動力的小實驗

這段經歷使我確認了認知熵減的價值，其本質是重構一個更精巧、更簡潔、更節能的思維行動框架，在生活中化繁為簡，透過行動感受對人生的掌控——如此才會收穫真正的快樂。

自此我開始提煉思考後的答案並將其融入認知熵減理念，逐漸形成了一套系統。當我將這些心得拿給一群好友看時，他們問為何不分享出來，「一定很多人有這些問題啊！」當時我一愣，這個我好像真沒想過，畢竟這些年做這些研究的初衷，只是為了解決自己的問題。其中一個朋友的一句話打動了我：「最高效的成長，不就是邊學習邊輸出、邊輸出邊獲取反饋嗎？」在這個好友的建議下，原本連朋友圈都懶得發的我，在小紅書上開設了「鳴戈 de 認知自習室」。

這個自習室是我個人的小實驗，用於測試熵減理念能否在現實中應用，另一個目的是藉由輸出倒逼自己不要停止學習。隨著越來越多的人在「鳴戈 de 認知自習室」後臺留言，我發現被精神熵困擾的人群如此多元：工作安穩卻克制不住焦慮的大廠工作者、正在念大學的校園「捲

王」、猶豫該不該放棄的創業者、想突破認知局限的寶媽、因傷退役的國家級運動員、充滿身分困惑的留學生、陷入「意義陷阱」的年輕學者，甚至還有思維成熟得令人汗顏的中學生……

在溝通中我能明顯感覺到這些人的基礎認知都不低，而他們寶貴的反饋幾乎都指向一個共同的訴求：想擺脫「想太多」又「想不明白」，想知道自己應該做些什麼來重獲內心一致的力量。做為同樣在探索的普通人，雖然他們的具體問題我一時也回答不了，但我能確定的是，在資訊紛雜的今天，很多事是越想越不通的，唯有先行動起來才能將方向看清楚——而在這個過程中，重建一個低熵值、秩序井然的認知核心是必修課。所以這個想法驅動著我把這些年從「探索快樂」到「認知熵減」的心得，轉化成了你手上的這本書。

這是一本關於你的書。

好了，關於自己我就說到這裡，其實已經太多了——畢竟，這本書不是關於我的，而是關於你的。

在這個「捲」與「躺」兩種衝突價值觀並存的時代，你大概比過去的我更痛苦。和十多年前相比，今天的世界更魔幻，它激起了人們更多的欲望，卻無法給予相應的希望，各種噪聲在我們的意識裡肆意遊走，不斷製造著精神熵。對抗熵是每個人一生的功課。但這本書不是一份救命稻草式的快速指南，也不是一份按摩心靈的美文讀物，它是一份邀請函，邀請你走出舒適圈，做一次從思維到行動的熵減實踐。在讀的過程中你可能會覺得冰冷，甚至會因為與固有觀念不符而不舒服。然而，如果你和我一樣只能接受在科學邏輯下的解釋，那表示你當前的認知已經無法僅借助那些低級快樂來「騙自己過一輩子」了（雖然有很多人可以）。

很「不幸」，但請接受這一點吧！你只能往上走，尋求更高級的快樂。

　　如果你準備好了，那就翻到第一章，我們一起重新思考「快樂」，開始這段熵減之旅！


　　　　　　　　　　　　　　　　　　　　　　　楊鳴

　　　　　　　　　　　　　　　　　　2022 年 3 月 10 日

# 歡迎來到熵減的 ——
# 平行世界

生命以負熵為食……新陳代謝的本質，
就是生命不斷對抗熵增的過程。
What an organism feeds upon is negative entropy…the essential
thing in metabolism is that the organism succeeds in freeing
itself from all the entropy it cannot help produce while alive.


——埃爾溫・薛丁格（Erwin Schrödinger）
《生命是什麼》（*What is Life with Mind and Matter*）

第一章

# 我們的人生正被操控

. . .

**你將從本章了解到**

- ☑ 為何客觀的自我認知這麼難
- ☑ 何為真正的快樂和幸福
- ☑ 慣性認知和理性認知的分工
- ☑ 為何人那麼容易隨波逐流
- ☑ 內心那些精神熵是怎麼來的

. . .

# 自我認知的悖論

年輕的日子還很長，可是今天又無所事事，

忽然有一天你發現十年過去了，沒人告訴你該什麼時候起跑，

噢！你錯過了發令槍。

計畫最後總是要變成零，或是變成那草草的半頁紙。

活在安靜的絕望中，這是英國人的方式。

時光流逝了，歌也結束了，但總覺得自己還有話要說。

——佛洛伊德（Sigmund Freud）

　　佛洛伊德這段話揭示了一個殘酷的人生真相：只有當生命接近尾聲時，人們才知道自己究竟是不是這段人生的主宰者。

　　身為250萬年前才演化出前額葉皮層和自我意識的生命體，人類的一生比起缺乏自我意識的動物要痛苦得多。動物依據2億年前形成的生存本能行事，牠們會為飽腹展開捕獵、為繁衍爭奪交配權、為保護領地結群而居，當這些欲望都被滿足後，牠們便會停下來休息。

　　人類的欲望不僅無休無止，多數還受到內外部操控。在生物性本能的驅動下，我們哪怕沒有生存之憂也會無節制進食、過度消費；社會文化則自我們出生起便開始植入各種規範，並在適當時候利用這些規範讓我們做出違心的決定；在生活中，他人經常有意無意或鞏固或質疑我們的一些信念，我們的心理能量被反覆消耗，永遠無法像動物那樣心安理得地休息。

人類自視為地球的主宰，而面對自己時卻無所適從。多數時間，我們都處於內心失序狀態——正如「心流」（Flow）之父米哈里‧契克森米哈伊在書中指出的：「（在日常生活中）**我們很少因心（heart）、意（will）、念（mind）的同步而內心湧現平靜。意識、欲望、意圖及思緒總是互相牴觸，我們很難化解其中的分歧，使它們起步前進。**」

這種不同步甚至自我們幼年便已經開始。

當那個小小的自己非常想吃碗裡那顆最大的草莓時，即使身邊沒人注意，伸出去的手也會猶豫一下。把這顆草莓攥在手裡後，有的孩子會迅速將它塞在嘴裡，有的孩子會轉身遞給身邊的小朋友，如果這時候還有大人們意味深長地看著，指指點點，這個孩子內心的「小劇場」就拉開序幕了……小的時候想要的不敢要，長大後這種不同步更錯綜複雜，變成想要什麼都不太確定了，於是什麼都想要。在休息日被一個關係很好的上司約去喝酒，一方面為塞車遲到讓人等待而內疚，一方面又莫名有些痛快；路上反覆對自己說今天只談風月不談事業，聊天時卻盼望對方主動提起今年的考核結果，可是對方真給了好消息，又覺得自己怎麼這麼虛偽。

## 偏離軌道的自省

內心失序自然是很不舒服的，也常被人將其與自我認知不足連結在一起。很多人總以為只要能足夠了解自己便能丟掉包袱輕鬆前行，於是一種叫自省的活動開始在都市盛行，但效果令人存疑。

通常情況下，人們只會在認為自己做錯了事，或生活不順遂時才會自我反省，然後獲得的是各種負面感受：自責、沮喪、羞愧、懊惱……如果沒有接受過專門的訓練，這些對自我的攻擊只會導致心態更差，無助於客觀分析問題。那麼在生活順遂、心情平靜時呢？雖然這才是有效

自省的良機，但誰又會在這個時候去回憶那些令人不快的事呢？

　　自省是當代推崇獨立人格潮流的衍生物，它要求人們不戴有色眼鏡，像個旁人般審視未加工過的念頭，正視自己真正的痛苦和缺陷，最終在這個過程中形成更客觀的自我認知。但在沒有專業人員控場或沒有受過專門訓練的情況下，大多數人獨自開展的自省往往是自欺欺人的，因為用第一人稱剖析自己的問題，就像既做裁判又做運動員，最終換得的不過是一些能讓人舒服起來的自我開解。一個家暴過妻子的男人，即使事後深刻反思、表現出真誠的懺悔，除非代價異常慘痛，否則日後很大機率還是會舉起那對拳頭——承認「一時控制不住，我錯了，我會改」並不困難，但承認「自己有嚴重缺陷，對你施暴必定會發生，早晚而已」異常艱難。

　　生活中這樣的例子也比比皆是。

　　想讀書，「先玩一會吧，不放鬆哪有好的讀書狀態」（這是為了更高效讀書）；想早起，「不遲到就行了，不多睡會兒怎麼有力氣上班」（這是為了保證工作表現）；想戒菸，「再抽最後一根，明天任何人遞

圖1　自省的角度

菸都不接」（都怪他人引誘，面子總要給的）……好像每一件做不到的事，都有一個更正當的理由。「自我」是一名利己的解釋大師，它合理化行為動機的能力勝過任何律師，這就是為什麼很多人以為自己想明白了，但依然會把同樣的錯犯了又犯。因此瑞士哲學家、詩人亨利・阿米爾（Henri Amiel）曾說過一句話，「我們最大的幻覺，即相信自己就是我們所認為的那個人。」

我們身邊也不乏這個現象。

越用力窺探內心、越渴望了解自己的人，往往越難形成對自己的認同，在決策時也經常搖擺不定。要跳出這個自我認知的悖論，不是靠想，而是靠做。真正能回答「我是誰」的，不是一次又一次的自我剖析，而是在向某個方向前行的過程中，自然而然形成的那個「當前的我」，然後在修正行動時形成一個「更好的我」；換句話說，人是透過結果定義自己、透過行動發現自己的。當一個人每天都很想把書中讀到的共鳴說給更多人聽時，他就知道自己原來是一個渴望和他人分享認知的人，或許做個讀書博主是個不錯的主意。如果發現自己持續產生一種想用文字與自己和他人對話的衝動，那成為一名寫作者也是自然而然、水到渠成的事。

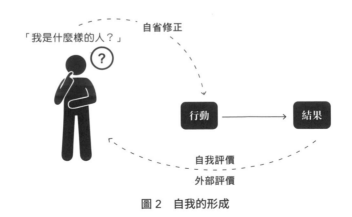

圖 2　自我的形成

# 當人們討論「快樂」時，
# 他們到底在討論什麼

## 幸福三角：享樂、投入、意義

人們之所以在了解自己這件事上孜孜不倦，除了天生的好奇心，所有的努力都指向一個期望：得到快樂，以及由快樂建構的理想人生。追求快樂是自我成長的永恆主題，人們都想變得更好，隱含的期望是更好的自己會更快樂。

你想要的快樂是什麼樣的呢？像煙花般絢爛但轉瞬即逝的快樂？如醉酒般刺激失控的快樂？好似品一杯上乘葡萄酒般層次複雜、豐富的快樂？還是如山澗溪流般從容綿遠的快樂？如果拉到人生的長度，你我想要的大概都是恆久長遠的快樂吧。

「快樂」是個很抽象的概念，每個人對獲得它的途徑見解不一，而且時常變化。多數人追求財富名望，一些人追求健康和完美家庭，也有人追求心靈修行和自我實現，這些不同不應視為人和人的境界差距（這也是需求層次理論[1]在大眾傳播時經常被曲解的地方），而應是在人生不同階段對快樂的不同解讀。

---

**1.** 需求層次理論（Maslow's Hierarchy of Needs）由亞伯拉罕・馬斯洛（Abraham Maslow）在 1943 年發表的論文《人類動機的理論》中首次提出。該理論從人類動機的角度提出需求的五個層次，是人本主義心理學的代表。大眾傳播中對該理論的簡要解讀都非常冰冷，事實上，馬斯洛是一名極具人性關懷的學者，他的原著充滿了溫暖的洞見。

那麼快樂到底是什麼？或者更進一步，理想的幸福人生是什麼？這個問題問的其實是：到底什麼決定了人們的主觀幸福感（Subjective Well-Being）。

　　正向心理學[2]奠基人之一馬汀・賽利格曼（Martin E.P.Seligman）精闢地闡述了支撐幸福感的三個支點。

- **享樂**：充滿享受的生理體驗，包含喜悅、狂喜、溫暖、舒適等對當下積極情境的主觀感受，代表的是「**愉悅的人生**」。

- **投入**：在參與家庭、工作、愛情與個人愛好等活動時體驗到的心流。心流是一種延綿不絕、內心充實的快樂。這種快樂不需要外部獎勵，是屬於內源性的，當完全沉浸其中時，時間好像停止了，自我意識消失了，代表的是「**沉浸的人生**」。

- **意義**：充滿釋放自我潛能的動力，能為達到超越當前能力的目

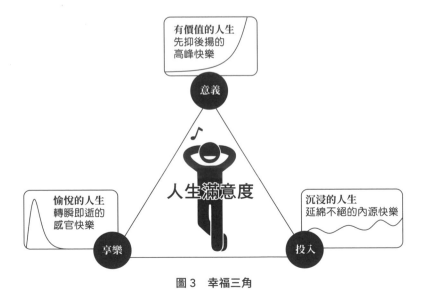

圖3　幸福三角

標不斷行動。意義帶給人的既有主觀感受，也有客觀判斷，感受到的是先抑後揚的高峰快樂，代表的是「**有價值的人生**」。

這三個支點撐起了一個幸福三角，決定了人們在心理層面上對當前生活的滿意度。

## 不可持續的「享樂」

大部分人最熟悉的快樂，很顯然，主要來自第一個支點「享樂」。這種快樂並不難獲得：喝奶茶很快樂，雙十一「剁手」很快樂，和一群朋友旅行、K 歌很快樂……這沒什麼不對，問題是太不持久，想維持這種快樂需要不斷增加頻率和花樣。源自享樂的快樂是大腦為滿足本能欲望而設定的誘餌，只要目的達到就會煙消雲散。

契克森米哈伊對此在《心流》中一言以蔽之：

享樂的片刻轉瞬即逝，不能帶動自我成長……（它）是基因為物種延續而設的一種即時反射，其目的非關個人利益。進食的快樂是為確保身體得到營養，性愛的快樂則是鼓勵生殖的手段，它們實用的價值凌駕於一切之上……當一個男人在生理上受一個女人吸引時，他會想像自己的欲念是發乎個人意願的。但實際上，他的性趣只不過是肉眼看不見的基因的一招布局，完全在操縱之中。

過去數十年的經濟學研究顯示，在「享樂」層面的快樂上，億萬富

---

**2.** 正向心理學（或稱積極心理學，Positive Psychology）是 20 世紀 90 年代興起的心理學研究領域，它的理論框架由兩名核心奠基人：提出習得性無助及 PERMA 幸福五要素模型的馬丁·賽利格曼，和提出心流的米哈里·契克森米哈伊奠定。這門學科的誕生目的很明確，拿馬丁的話來說：「我就是想知道，到底是什麼讓我們覺得這一生值得一過。」

翁也就比普通上班族高那麼一點點,他們最大的快樂來自別處。這也不難理解,消費主義發展到今天已經陷入了瓶頸,人類的各種欲望早被大數據催化到極致。基因再貪婪也知道無度地攝入熱量、不停地分泌多巴胺只會死得更早,因為這有悖於生存原則。

這裡並不是說不該追求享樂,更沒有道德評價(相反地,欲望動機非常重要,尤其對還處於累積期的年輕一代),而是陳述一個每個人早晚都會面對的真相:只要不是持續性的極度貧窮(翻開這本書的你一定不是),當財富累積到一定程度時,「享樂」帶給人的幸福感就停滯了。諾貝爾經濟學獎得主、《快思慢想》的作者丹尼爾·康納曼(Daniel Kahneman)早就發現,美國人幸福感的上限為年收入 7.5 萬美元,超過這個臨界點後,幸福曲線開始大幅偏離收入曲線——在有足夠金錢獲得滿意的飲食、滿意的住所以及用於享樂後,幸福水準和收入水準就不再顯著相關了。反觀在中國生活的我們,如今收入顯著提升,早就實現了「星巴克自由」,但比起剛畢業拿著那份實習生薪水的自己,快樂漲了多少?

後兩個幸福感支點:「投入」和「意義」才是持久、深邃的快樂來源。它們詮釋的是一種「主動參與、自給自足、充滿掌控感的人生」,所體驗到的滿足和「享樂」是兩個世界。將行動付出在「投入」和「意義」的目標上,才能真正認識自我潛能、定義自己是誰——這些話聽起來很像勸人奮進的空洞雞湯(換作十幾年前的我,讀到這裡也會一笑棄之),但實際上它既真實又嚴肅。可能有的人會說,「我就是我,是不一樣的煙火,是扶不起的阿斗。」這種「要接受不完美的自己」也是很流行的觀念,但它真正的含義是坦然面對當下的缺陷,而不是心安理得地逃避。

我們都很熟悉的法學家羅翔不僅精通刑法,也熟稔人性。在一次

直播中，他做了一個關於快樂選擇的測試。羅翔向學生們發問：「如果有以下三個東西可以讓你快樂，但只能選一個，你選哪個？一是『小黃書』，二是郭德綱的相聲，三是莎士比亞的著作。」大部分學生選了二。羅翔笑了：「是不是有些人想選『小黃書』，但不好意思，不敢選？」學生們哄堂大笑。羅翔繼續發問：「也有人想選莎士比亞吧，但怕別人說自己裝，所以不敢選？」一些人笑出了聲，說「是的」。

「好，下面一個問題來了。」羅翔提出了核心問題，「如果這三個東西只留一個給你的後代，你怎麼選？」這次，所有人都選了莎士比亞。

# 掌控感：人類一切行為的終極動機

現在的「我」可以妥協，因為正活在當下，而後代是理想中的「我」，他們活在未來。

當下的快樂充滿了敷衍和無奈，我們不是不嚮往更高級的快樂，但是這太難了。個中差異多數人並非體會不到，這也是為什麼那句 TVB 名言「做人最重要的是開心」經常會被人調侃。雖然能體會，但人們還是將「享樂」做為首要的快樂來源，因為它觸手可及，付出金錢或時間就能保證得到，而「投入」和「意義」虛無縹緲，令人無從下手。

那麼追求「投入」和「意義」的快樂到底難在哪裡呢？難在不確定。

人是天性追求確定性的物種，通常不願意不計得失地在一件回報不確定的事上先付出（所以我們寧願將莎士比亞留給後代），但會為一個可能會失去的人或物不惜代價力挽狂瀾，經濟學家稱這種心態為損失厭惡[3]。失控確實是人類本能中最厭惡的感覺之一，有人病態地追逐財富和地位，「不賺到一個小目標不罷休」，表象上看是無止境的貪欲，深層是對失控的恐懼。人們畢其一生追求的快樂、自尊、心靈安寧，支撐

---

**3.** 損失厭惡（Loss Aversion）最早由經濟學家丹尼爾‧康納曼和阿莫斯‧特沃斯基（Amos Tversky）在 1979 年的一篇論文中提出。他們的研究發現，人們對損失的反應遠遠強於收益，在面對同樣數量的損失和收益時，損失厭惡使人們願意付出 2.5 倍的代價來挽回損失，而不願以同樣的代價追逐收益。二十多年後，康納曼對這個理論進行了進一步的詮釋擴展，並因此獲得了 2002 年的諾貝爾經濟學獎。

這些精神目標的力量，都來自對現實的掌控感——它不是指實質性的權勢有多大，而是一種感覺，是自我與這個世界能否平等對話、是否界限清晰的主觀感知。

我 6 歲時被表哥帶去文化館玩大型電玩，他花了 9 毛錢換了 3 枚遊戲幣，把其中一枚給了我。在飛機隨著搖桿上下左右移動、子彈隨著按下按鈕射出的那個瞬間，我人生中第一次感受到一種奇特的、無與倫比的快感。因為技術很菜，遊戲瞬間就結束了，那種感覺卻像中了蠱一樣在我心頭揮之不去。我站在那臺電玩遊戲機前，看著螢幕一遍遍播放自動示範動畫而不願離開，直到完全記下了動畫中飛機移動的軌跡。一到沒人玩的時候，我就立刻上去握住搖桿「控制」飛機，當手的動作和動畫中飛機的移動精確吻合時，那種無與倫比的感覺又回來了！

回想起來，與其說當時的我是對遊戲上癮，不如說是對掌控感上癮，哪怕假裝在「控制」也已經足夠快樂了。長大成人後，這種滿足在我們對「假裝」認真的那一刻便煙消雲散——既想要確定的快樂，又不願意進入不確定的過程，這成了很多痛苦的根源。放到現實中，有無掌控感取決於人們的每一個決定、每一個行動的結果與預期是否一致，未達到預期時會感受到挫敗，達到預期時便會喜悅，超出預期時則會狂喜。如果經常達不到預期，人便會傾向於「接受不完美的自己」，放棄變得更好，這就是著名的**習得性無助**[4]。

掌控命運的欲望是人類一切行為的終極動機，雖然很多人未必意識

---

4. 習得性無助（Learned Helplessness）由正向心理學奠基人之一的馬汀‧賽利格曼於 20 世紀 60 年代末提出並在動物實驗中驗證。這個理論隨後在 1975 年首次以人類為被試進行的行為實驗中得到再次證明，在透過制約使人在一個任務下形成了無論如何努力都做不到的信念後，即使換了一個沒有設定限制條件的新任務，這些人也會主動放棄嘗試，並將自己這種選擇歸因於不可控的外力。

到這一點。如果命運能預測，希望能預知自己未來幸不幸福、再決定今天這些事還要不要做的人，大概也不在少數。

# 所謂命運：認知的蝴蝶效應

　　你想預知自己的命運嗎？小時候的我非常想。

　　在我小學四年級的某一天，校門口出現了一臺「命運預測機」，上半部分是個閃著跑馬燈的顯示器，下半部分有一個凹槽，手掌可以放上去。給擺攤大叔 5 塊錢，他就開這個機器，跑馬燈轉幾圈後從中間吐出一張紙片，上面寫著你是個什麼樣的人、以後會發生什麼事。預測未來對好奇心本來就很強的小孩子有著無窮的吸引力，同學們紛紛貢獻出自己的零用錢，拿到紙片就展開熱烈討論。其中一個同學連續測了兩次，得到了兩張命運不同的紙片，他留下了自己覺得預測更準和命運更好的那張，開開心心回家了，而在一旁沒有零用錢換取那張紙片的我卻產生了一個疑問：命運到底是注定的，還是能選擇的？

　　我們從孩童一路走到成人，時不時會覺得自己的生命有諸多不順，就像冥冥中被一雙手操縱著。有時想完成一件事，不是不夠努力，也不是想要的欲望不強，但就是做不成，或者做成了也不是原來想像的，這時我們往往會產生很多感慨，最後化為對命運無常的一聲嘆息。事實上，那些我們認為得不到或者得到也會失去的東西，其實從一開始我們在內心深處就不允許自己去要。那些在生命中出現的人、發生的事，無論是遇到貴人還是遭遇小人，無論是天上掉下餡餅還是投資不幸被騙，大多也不是純機率上的隨機偶然，而是我們的認知傾向早早種下了這個因。

　　一個人在紅燈時橫穿馬路被車撞飛，可以說是不幸的意外，也可以

說是他漠視交通規則的代價。如果往根源挖掘，你會發現，他是一個堅信「老天應該是公平的，偏偏只對我不公平」的人。這種偏執的認知，造成他潛意識裡藏著一個想在生活中獲得超額對待的巨大欲望，為了對沖「老天不公」帶來的心理不適，他會頻頻通過破壞規則而沒受到懲罰來找回「老天對我也公平」的平衡，最終出了事故。如果換一個沒有被這種偏執認知劫持的人，即使覺得最近很倒楣，也會選擇謹慎行動來避免衰運繼續，至少不會為了即刻發洩而把自己置於危險之地。

這個被撞飛的行人看似命運無常，其實是在偏執認知推動下一連串無意識行為的必然結果。

## 慣性認知和理性認知

今天人人都在談論認知。那什麼是認知呢？

所謂認知，就是人類大腦獲得訊息和加工訊息的過程，包括記憶、感受、知覺、思維、想像、語言等，也是人類區別於其他非靈長類動物最本質的高級能力。人腦接受外界輸入的訊息後，經過認知系統的加工將其轉換為內在的心理動機，進而推動一個人做出相應的行為。所以一組有缺陷的、偏執的認知會造就厄運，一組健康的、不斷成長的認知則會庇護人生路上的每一步。認知既有高低，也分好壞，關鍵在於我們需要成為自己認知的主人，而不能將其交給慣性。

我們頭腦中有一組互相配合的黃金搭檔：**慣性認知**和**理性認知**，它們分別掌控著兩個不同的思考通道，正如丹尼爾·康納曼指出的——前者是依賴直覺、不消耗腦力的無意識思考（快系統），而後者則是需要主動控制的、需要投入專注力的有意識思考（慢系統）。現代神經科學研究也發現，慣性認知精力充沛、無比活躍，在處理簡單、舒適、確定、有即刻反饋的「天性」型任務，比如喚起性欲、食欲、避險

時，速度可達到 1,100 萬次 / 秒；相對地，理性認知刻意、緩慢，會反覆推敲，大腦前額葉皮層在動用理性認知處理複雜訊息，比如閱讀、思考、寫程式、做手工、欣賞藝術品時，雖然輸出品質高得多，但速度只有可憐的 40 次 / 秒。兩者在「頻寬」上的差距，達 20 多萬倍！

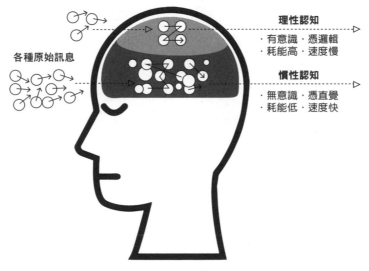

**圖 4　理性認知和慣性認知的差異**

慣性認知屬於「無腦思考」，它能讓我們在緊急關頭不用多想便可迅速做出反應。紐西蘭心理學家瓦萊麗‧穆魯克（Valerie Mulukom）曾舉過一個例子[5]。

一個人在黑夜中開車，突然一個無法解釋的感覺使他稍微偏離路中心行駛，後來他才發現自己避開了剛才看不到的坑洞，躲過了一次事

---

**5.** 摘自 Is it rational to trust your gut feelings? A neuroscientist explains，該文於 2018 年 5 月 16 日在網絡學術期刊 *The Conversation* 上發表。

故。雖然此人事後將其歸因為直覺，但其實他之前已經在遠處看到另一個司機在這個路段靠邊駕駛了，當時他並沒有意識到這一點，但當開到這個路段時他也在慣性認知的推動下照做了——如果要走理性認知的通道，恐怕一輪分析還沒完成，悲劇就已經上演。

　　除了避險，慣性認知也是個強大的過濾器，它幫助我們把注意力放在最重要的訊息上。你現在讀這本書時，雖然視覺集中在這段文字上，但周圍同時也發生著很多事，比如窗外有車經過，隔壁阿姨在做飯，你在嗅到菜香的同時，視網膜還在接收光線在紙面的反射，耳朵也在捕捉窗外傳來的聲音等。如果每一個無關緊要的訊號都要進入理性認知通道來分析，那麼這一秒的數據便需要約 76 分鐘才能全部被處理完成——輸出品質足夠精細，但大腦恐怕已經過熱陣亡了，關鍵是沒有必要。所以當沉浸在書中時，我們只會隱約感覺到周圍有動靜，與外界似乎有一道無形的屏障，這就是慣性認知的功勞。

# 成長或退行：路徑依賴的兩種螺旋

慣性認知那令人咋舌的高效，來自一項雙刃劍般的特長——**路徑依賴**[6]，它能把那些已經多次重複過的動作、經驗、判斷與相應的行為進行關聯，超低能耗的同時，又能超速反應。

基因演化出路徑依賴的本意，是想讓人在低能耗下適應環境、獲得認知成長。

當一些比較複雜的活動練熟後，大腦便會將它們交給慣性認知形成自動路徑（將存有固有經驗的神經突觸自動聯結），騰出的腦力資源就可以分配給理性認知，讓它有足夠的力氣去處理進階的活動（生長出存有新經驗的神經突觸）——事實上，這就是後面會經常提到的心流的核心機制。比如打字，當這個技能形成一段時間後，我們通常就不會特別注意到自己的手指是怎麼動的（透過肌肉記憶自動控制的路徑依賴），而只需要集中注意力在想寫的內容上。但在打錯字要刪掉時，慣性認知便立刻將這個特例任務轉給理性認知，讓它分配一點注意力控制右手小指、移到 Del 鍵上並按下去。而經過長時間訓練後，很多人甚至連這點腦力都不需要耗費。隨著任務難度越來越大，累積的思考、知識、技能往上走到某個臨界點時，量變形成質變，我們便會突然「頓

---

**6.** 路徑依賴（Path Dependence）理論因經濟學家道格拉斯・諾斯（Douglass North）在 1993 年獲得諾貝爾經濟學獎的《經濟史中的結構與變遷》一文而獲得巨大關注。諾斯認為，路徑依賴類似於物理學中的慣性，事物一旦進入某一路徑（無論是好的還是壞的），就可能對這種路徑產生依賴。該理論總結出的規律也被廣泛應用於解釋個體層面的選擇和習慣。

悟」，跨過了那個被稱為「認知升級」的門檻。

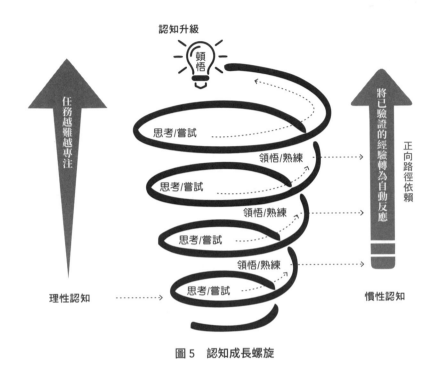

圖5　認知成長螺旋

　　基因的算盤打得挺好，那在現實裡又是什麼樣的呢？

　　在圖書館翻開一本書想好好用功，讀著讀著就開始一目十行，然後乾脆跳過文字飄到一張又一張插圖上，看似翻了很多頁卻什麼都沒記住；為了減肥每天打卡跳操，想著有人監督著總行得通吧，但某天一旦中斷就再也提不起勁兒了；明知道提出計畫書的截止日期就在眼前，但還是忍不住先做那些無關緊要卻很容易完成的瑣事……想得好好地要迎難而上堅持給人看，結果不知不覺卻趨易避難、選擇性放棄。

　　這些每天都在發生的事被我們歸咎於意志力太弱。但老讓意志力背這個鍋有點不公平，事實上，這些問題主要出自一種叫做**任務閉合**的本

能。

　　我們在做一件事時下意識都會設個任務目標，比如今天讀多少頁，推進多少進度，只要沒完成就會念念不忘；一旦完成，相關的工作記憶便會被瞬間清空，人立刻輕鬆了。學習這種事總是會有卡住的時候，遲遲完成不了的感覺讓人渾身不舒服，怎麼辦呢？大腦一看，哦，這樣啊，那就象徵性地做點力所能及的事，把進度推一推，如果還難受就找個理由別繼續了——反正只要這個任務閉合了，人就會重新舒坦起來。當這樣的行為模式反覆多次後，也會建立起一個反向路徑依賴，那就是一遇到難的事就降級，迫不及待地將理性認知還不熟練的事交給慣性認知。這種自動路徑一旦僵化了，後果不僅是成長停滯，而且進入了認知成長的反向螺旋：認知退行。在這個下行螺旋中，理性認知假裝忙碌，未發覺注意力正從重要的任務中撤離，無意中將成長這麼重要的事拱手交給了慣性認知。

　　人人都覺得自己是理性的，而實際上，人一生中大部分決策和行為是由慣性認知做出的。

　　形成正向路徑依賴對每個人的成長自然無比重要，但我們的大腦並不在乎，對它來說，腦力資源的預算額度就這些，用在哪裡都一樣，只要能形成自動路徑節省能耗就行。所以儘管認知這種能力人人都有，人和人之間卻有著雲泥之別。相對於認知成長螺旋，進入反向的認知退行螺旋要容易得多，因為它順應的是天性，所以我們都有這種體會：形成一個好習慣很難，形成一個壞習慣很容易，而想改掉一個已經形成的壞習慣難於上青天。

　　所謂掌控命運，本質上就是掌控認知的路徑依賴，而這絕對不是一件容易的事。

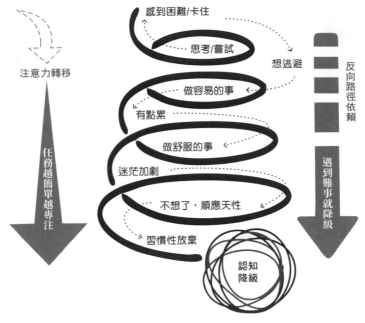

圖 6　認知退行螺旋

　　在現實中，多數人靠感覺隨波逐流地成長，總是遊走在認知退行的邊緣。能否回到認知成長的上行通道，一半靠運氣和天賦，一半靠跌落谷底時痛徹心扉的覺醒。由於慣性認知的日常使用頻率非常高，它所形成的習慣極為頑固，意識幾乎介入不了，想透過意志力強迫自己改變更不靠譜，只會徒增痛苦。回憶一下那些你曾經需要咬牙堅持才能做的事，是不是最後大多都沒做下去？這些經驗告訴我們：天性具有本能原始的強勁力量，再強大的意志力對它的壓制也只能一時有效，而長期一定跑不贏它。

　　路徑依賴本身沒有好壞之分，它只是一種非常難扭轉的行為機制，一旦形成便像為人的意識套了一個緊箍咒一樣。為什麼會這樣呢？那就要進入一個關於「累」的話題了。

# 內耗的根源：精神熵

隨波逐流之所以容易成為人生主線，是因為我們的意識世界裡有個最大的敵人：累。

對大腦來說，刻在基因裡的第一性原則是生存，儲備能量是為了應對隨時會發生的逃生。深度思考時身體能量的消耗是驚人的，而慣性認知的職責就是幫大腦減負。當察覺到能量在加速消耗時，它並不會去分辨這是在學習還是在逃生，而是先將這些任務接過來再說，因此認知退行也是一種生存策略的選擇。

但奇怪的是，即使在休閒時，身體和大腦都沒怎麼消耗能量，人還是會累。回憶一下最近的一次週末自己在做什麼：也許先報復性補眠一直睡到中午，起床後打開微博「吃吃瓜」，或者玩幾局遊戲、看兩集綜藝，然後累的感覺開始在腦中擴散、蔓延到四肢，「不如再去睡一會兒？」醒來頭昏腦脹、四肢無力、情緒低落，那就滑滑抖音的搞笑影片，猛一抬頭發現夜幕已經降臨……休閒了一天感覺怎麼樣？是不是明明不在工作，但依然覺得累得不行。

這種無法描述的累，有一個經常被人拿來形容的詞：**心累**。

心累是一種心理上的疲勞感，來自長期將心理能量耗費在一些無關緊要的事情上，比如因從事單調乏味、令人厭煩、沒有創造性的事務而引起的精神倦怠——簡單地說，就是長期做無效功的結果。

# 窒息頭腦的精神熵

「做無效功」有個更嚴謹的名詞——**熵增**。

熵（Entropy）是一個我們在中學時就接觸過的物理學概念，來自著名的熱力學第二定律。1850 年提出這個概念的普魯士教授魯道夫·克勞修斯（Rudolf Clausius），是個嚴謹而浪漫的德國人，他借用了古希臘語中一個意為「轉換」的古語來命名這個極為重要的規律，即一個物體的熱量只能從高流向低，而要讓熱量從低流向高在自然情況下是不可能的，除非有大量額外的能量逆向做功。**熵是一個系統的狀態函數，指的是這個系統的混亂程度，越混亂做功效率越低，熵值就越高，便是熵增；反之，系統內部越有規律，做功效率就越高，熵值也就越低，便是熵減（或逆熵）；系統內部極為簡潔有序的狀態便是負熵**——一種做功過程中幾乎沒有能量損耗、如晶體般穩定的狀態。

拋開上面這段晦澀抽象的句子，熵增其實描述了世間萬物的終極演化規律。

大到宇宙熱寂（太陽燃燒衰變的熵增）、生老病死（免疫系統和細胞裂變的熵增），小到一個房間越住越亂（如果你也有一隻貓，一定很清楚我的意思）、一壺水燒開（水分子從相對穩定的液態變成亂竄的動態）、一支手機越用越卡（垃圾數據越來越多）……一切都是從有序到無序、從簡單到複雜的過程。在熵增的過程中，由於能量的有效轉換始終無法達到百分之百，其中損耗的這部分無效能量便堆積在系統內，像垃圾一樣越積越多，直至到達某個極點系統崩潰，這便是熵死。

現在從物理世界回到我們的心理世界。

借鑒了物理學熵的概念，契克森米哈伊在《心流》中提出了**精神熵**（Psychic Entropy），也被稱為心熵。他將精神熵形容為心流的反面，認為精神熵的產生是因為資訊對意識的目標構成威脅，導致內心秩序混

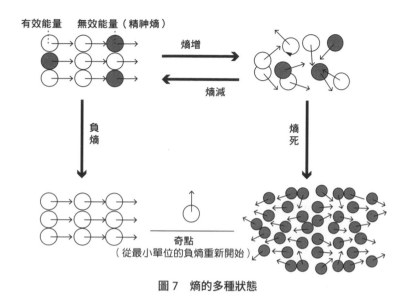

圖 7　熵的多種狀態

亂不堪。當精神熵一步步窒息了心理能量時，人最重要的認知能量——注意力，便會轉移到錯誤的方向，最終無法為任何目標做出有效的努力。

　　他的這個闡述有點抽象，放在我們熟悉的經驗裡就容易理解了。

　　想一想，農耕時代的人們，他們每天從田裡回來便聚在一起聊家長里短、在樹蔭下呼呼大睡……同樣是休閒，為什麼卻很少有現代都市人那種精神上的累？

　　答案是：很多參與現代休閒活動的特性，和從事不喜歡的工作是大同小異的——缺乏創造性、被動參與、目標模糊、無法沉浸。我們經常開著 1.5 倍速看劇，旁邊還掛著聊天窗口；和朋友吃飯時，沒幾個人能忍住不瞄兩眼 App 上的小紅點。注意力時時在飄移，目標不斷在切換，更無法抵禦外部環境的干擾——這和上班「摸魚」有什麼分別？

　　而農耕時代的人們吃飯就是吃飯，睡覺就是睡覺，內心簡單不被打

擾，生活充滿秩序，日常很自然地就能將熵排出，反而容易獲得現代意義上的「幸福」——「幸福」的英文 Well-Being 直譯為「好的生存狀態」，指兼顧了生理滿足和精神秩序的體驗，這正是熵減的要義。

## 熵增的最高形態：內耗

心累到極點的感覺，用一個近年來的常用詞就可以概括——內耗。內耗是熵增的最高形態。群體心理學（Group Psychology）對此有個專門的描述，叫做「內耗效應」（Internal Friction Effect），指的是在團隊協作中部門內部因不協調或矛盾等造成的在人力、物力等方面無謂的消耗。放在個人身上，便是內心各種無謂念頭一直產生摩擦，摩擦後的垃圾——精神熵不僅越積越多，還互相對抗，將人在心理上拖入曠日持久的消耗戰中。

內耗時大腦的做功效率極低，展現在認知行為上便是注意力和行動力顯著低下。

當下決心學習一個新事物時，要麼覺得需要掌握的知識點太多，產生「學不完」的焦慮；再想到學習這部分知識也沒有讓自己過得更好，又產生了「學了沒用」的焦慮。雖然在現實中沒有採取任何行動，但腦子止不住地高速運轉，根本停不下來，於是對任何事都無法專注，缺乏動力，情緒低落，沒有快感。

另一種反向的內耗便是不管自身的實際情況，一開始就制定一個理想化的目標，強迫自己每天執行。比如早上幾點起床、幾點必須開始學習、要學幾個小時、學到什麼進度、幾點吃飯、幾點運動、運動必須達到什麼標準等，整天處於一刻不敢鬆懈的打雞血狀態。如果某個環節沒跟上，便產生巨大的焦慮，試圖給行動加碼以立刻補回。透過無止境提升行動量來掩蓋注意力和行動力的缺失，是一種對身心更大的內耗，因

為反覆印證的「我努力了但始終不行」會進一步強化習得性無助。

　　還有一種很矛盾的內耗，就是身體順從天性躺倒在舒適圈的同時，內心的焦慮又會刻意去抑制自己的各種欲望，比如明明想吃一口蛋糕的衝動已經呼之欲出了，卻用意識不斷告訴自己不可以打開冰箱。一旦防線失守，蛋糕入口的一瞬間焦慮便瞬間冒出來，伴隨著自責和羞愧更凶猛地向自我展開攻擊。

　　先看看精神內耗者的幾個典型共通性。

- **完美主義和強迫傾向**：對自己期待過高，總糾纏於細節，要麼過度行動，要麼遲遲不行動。

- **總將焦點放在不可控的結果上**：糾結於過去和未來，一直逃避現實，這是內捲族群的通病。

- **高敏感、低自尊**：過度在意他人言行，總覺得與自己有關，陷入猜疑卻又不敢去當面確認。

- **高壓力、低欲望**：找不到壓力源，無法說清自己的感受，過度思慮，刻意壓抑正常的需求。

　　對於精神內耗者而言，哪怕一開始意識到大腦裡就那麼一兩個小念頭，但實際上潛意識裡已經有很多念頭不斷冒出來，就像熱鍋裡的氣體歡快地拔腿亂跑一樣，大腦越想控制越控制不住，最後「累」到精神「癱瘓」了。解決內耗的方向也很清楚，就是把蒸汽還原為冰，讓大腦有力氣做功。進入心流時就是這種狀態，每個想法都像熵值最低的晶體，結構井然又充滿能量，專注力幫大腦遮蔽了無關的念頭，所有有用的念頭相互支持，步調一致，大腦處於心理最優的負熵狀態。

# 解決內耗的（不可能）行動列表

說白了，內耗就是總「想太多」又「想不明白」的高熵結果，它的反面是「只往一處想」且「對自己在做什麼心如明鏡」的心流。能時常進入心流的人，必定與內耗絕緣。

但進入心流的門檻並不低，首要的條件就是自如的專注力控制，如果你覺得經常走神是自己最大的問題，請先翻到第七章中的「**專注力控制：進入心流的基本功**」學習控制專注力的一些技巧，這對你接下來開展實踐活動有直接的好處。如果你是個急性子，想立刻解決內耗，在最短的時間內把熵值降到最低，確實也有個非常有效的行動列表，但是⋯⋯不如我們先來看一下。

- **澈底斷捨離：** 丟棄所有 3 個月內用不到的物品，刪除除微信外所有社交 App，刪除手機通訊錄裡半年以上沒有通過電話的聯絡人。

- **隔絕日常噪聲：** 將所有微信群、微信消息設為靜音，關閉微信影像通話，關閉朋友圈，將陌生來電設為自動掛斷或轉語音信箱，只在起床、午休、晚飯後及睡前集中回覆訊息。

- **提升多巴胺：** 效果最好的是無氧和有氧結合的運動。如果身體底子好，每天在室外長跑 5 千公尺；工作繁忙的白領，每天抽出 1 小時去健身房練划船機或打壁球。

- **阻斷負反饋來源：** 封鎖總帶給你不良感受的人，哪怕是家人、同事，不能封鎖就降低溝通頻率至原來的三分之一以下，除非必要拒絕一切見面；取消關注所有讓你有焦慮感的博主，不關注所有熱搜新聞；不參與所有茶水間的閒聊和鄰里「嚼舌根」

的活動。

- **阻斷幻想來源**：不看所有會讓自己想太多的書、劇、綜藝，比如哲學、量子力學、哈利‧波特、偶像選秀、戀愛綜藝；不做任何會讓自己產生投射的活動，比如追星、磕 CP。

- **阻斷成癮來源**：戒菸、戒酒、戒糖、戒可樂；拒絕任何有獎勵誘惑機制的網遊和手遊。

- **秉持極簡消費**：一週內用不到的東西都不要買，如生活用品、衣服、數位產品，只買正好夠用的基礎款；拒絕所有會導致提前消費和過度消費的管道，比如信用卡、花唄（消費信貸）、網貸、小貸；堅持不負債生活，不貸款買房、買車、旅遊。

- **開展冥想式呼吸**：每天閉眼或面對白牆做 3 次冥想式呼吸，每次 10 分鐘放空大腦。

就先列這麼多，你有什麼感覺？大概會和我一樣——「臣妾做不到啊！」這些極端的方式雖然立竿見影但很不現實，即使做到了，不內耗了，我們正常的生活也毀了。所以最好還是按自然的節奏來：首先接受自己目前是一個無法馬上解決內耗的人，然後做時間的朋友，幫助自己逐漸適應心流的行動模式，慢慢變成一個低熵、低內耗的人。

內耗讓我們長期心力交瘁，對快樂的感知陷入麻木。在向熵宣戰之前，我們一起來審視這些內耗念頭產生的最大源頭——這個無止境做加法的外部世界。

# 熵增社會：一個無止境做加法的世界

　　內耗來自無謂念頭的衝突，熵減自然是要做減法，而我們偏偏生在一個只擅長做加法的時代。

　　在工業時代，資本掌握者的利益來自生產力，於是在需要大量工人時，工作倫理被創造了出來。工作倫理將努力工作視為一種道德標準，讓工人們覺得工作是必需的且是至高無上的，只有努力工作才能得到社會層面的認同。到了今天的內捲時代，「996 福報論」將這個工作倫理推到極致，鼓動人們將透支身體、犧牲家庭、無限地加班熬夜視為時代精神，同時創造出極致消費主義，讓人們覺得一個過度消費、超前消費的自己才是高級的、成功的、處於時代尖端的。也難怪，畢竟消費社會無法靠做減法來發展，要保證資本累積的巨輪不停運轉，基本邏輯就是不斷誘導人們「想要」：口紅色號不停換，手機不停換……不換怎麼對得起一個值得的自己？除了遠超出需求的商品被源源不斷生產出來，各種生活方式也被大力倡導：想隨時來一場說走就走的旅行，怎麼能沒有一輛車……

　　不斷地加、加、加，物質上在加，精神上也在加。

　　當過度競爭和過度消費並沒有讓自己感覺更好時，我們心中的一些疑惑開始浮現，開始想得多又無力擺脫。再加上媒體的「助攻」——它們最擅長先製造焦慮，再販賣焦慮的解藥，然後告訴我們這些解藥是「智商稅」快來付費「升級認知」。我們對自己的認同又很大程度上取決於社會規範下的群體認同，而已經被這個社會規範磨練過的人通常

給的都是否定性的反饋，他們會告訴我們什麼是正常的生活，勸誡我們不要做有風險的事，要做「正事」而不要去試那些沒人幹過的事。這些人說完後還會饒有深意地打量我們的反應，通常他們都能如願以償。

一邊是鼓動，一邊是打壓；誘惑太多，阻礙更多；既嚮往自由，又厭惡風險……慢慢地我們陷入一片混亂，甚至需要他人來給自己確定目標才不至於感到迷茫——從小到大，父母告訴我們要聽老師的話，老師告訴我們要做對社會有用的人，然而社會告訴我們要去找一份賺錢的工作、貸款買一個超出需求的房子、找一個門當戶對的人結婚再多生幾個孩子……但自始至終沒有人認真地對我們說：**請想辦法做一個簡單的人。**

生活在這麼一個並不鼓勵自我探索、過度注重結果而非過程的社會，「做一個簡單的人」幾乎成了自我實現的最高標準。做不成簡單的人，自然也難以有一顆簡單的心，於是有人開始崇拜權威，甚至嚮往強權，而傾聽內心的聲音則像是一件可怕的事。他們將跟隨本心掛在嘴邊，但在面臨人生重大決策時卻面對本心畏縮不前，反而在那些滿足欲望的小事上很是順從本意。而在內心之外，我們中的大多數整天被各種噪聲包圍，像個精神分裂症患者一樣不由自主地接收各種刺激，注意所有不相干的資訊。認知系統對永無止境的加、加、加，應接不暇，邊哀號邊做著無效功。

最關鍵的是，我們會習慣性地把減少看成損失，意識不到熵增的存在。這也就是為什麼很多人初次接觸到山下英子的「斷捨離」時會醍醐灌頂——對於常年被加法生活所累的人來說，鑽研整理術、丟棄不需要的物品帶來的熵減體驗必定令人著迷。

相比物熵和環境熵，精神熵的整理術則難得多。它和慣性認知更是一對絕佳的搭檔，事情越做不好越覺得累，於是將更多成長的機會隨手

丟給慣性認知，很快便隨著退行螺旋落到舒適圈底部。但精神熵是不會停止增加的，體驗到焦慮、痛苦、恐懼等負面情緒是常事，當熵值高到可怕時，還會產生狂躁或頹廢。我們身邊隨處可見這樣的人：有的人成天忙忙碌碌，一會兒做這個一會兒做那個，一會兒情緒高漲一會兒跌入谷底，說不清自己想要什麼，想改變現狀也不知道從哪裡著手，只能任由生活陷入一團亂麻中；還有的人看似佛系，以不動應萬變，其實內心萬馬奔騰，各種念頭像水蒸氣一樣到處亂跑，無法把注意力放在任何一處，躺著不動也疲憊不堪；更多的人是情緒上混亂，經常會有很多說不清的感受同時冒出來，只覺得煩躁不堪，沒有動力做任何事。

更讓人絕望的是，熵增對世俗意義上的成功者也一視同仁。

一些經歷過多年拚搏或運氣很好、早早實現財務自由且擁有完美家庭的人，也躲不開熵的侵蝕。他們物質無憂、時間充裕、備受他人羨慕。而當「我已經什麼都有了，只需要享受人生」的念頭出現時，他們便不再有為自己尋找目標的動力，於是成為熵最可口的食糧。生活的穩定並不代表內心秩序井然，周圍的噪聲一點不會減少，但遠比他人優渥的條件卻蒙蔽了雙眼，「我沒理由不快樂啊！」於是他們在困惑不解中逐漸被熵吞噬。

人的天性對熵增有極強的順應性，無論我們是一窮二白的還是已經功成身退，只要產生了想逃避、想舒服的念頭，它便會拉著反向路徑依賴無限滿足我們這些想法。熵減對抗的是人的天性，必定不會那麼舒適。我們是那麼容易覺得累，所以一切符合熵增的事，比如懶散、拖延、走神、逃避，都非常舒服和容易。我們越順應它們，生命力就消失得越快，我們很快就變得死氣沉沉，真應了那句「有些人30歲就死了，到80歲才埋。」

內耗的根源是太多無關聯的念頭使大腦無法聚集認知能量向同一個

方向做功。這種情形其實是有最優解的，那就是**重構一個更精巧、更簡潔、更節能的思維行動框架，將認知能量只集中在「投入」和「意義」的目標上，便能在生活各方面降低熵，重獲人生的掌控權。反內耗在本質上就是反熵增，而對抗熵需要很強的策略。**

第二章

# 認知熵減：從無序到有序

. . .

**你將從本章了解到**

☑ 認知熵減的理念和實踐原則

☑ 為何要將定型思維替換為成長型思維

☑ 如何判斷自己處於舒適圈還是伸展圈

☑ 如何透過持續行動獲得複利效應

☑ 如何優化自己的訊息流、人際流、環境流

☑ 精神內耗是怎麼回事

☑ 為何內捲情緒會讓人放棄成長

. . .

# 對抗熵增：生命以負熵為食

## 「人為什麼要努力？」

多年前，一次港城大校招講座結束後有個學生問我：「人為什麼要努力？」我一時語塞，不知道怎麼回答。

那時候「內捲」這個詞還沒出現在大眾的「詞典」中，但整個社會已經陷入了實質上的過度競爭。這種過度競爭展現在：每個人都要比以前付出更大的努力，卻得不到與努力相匹配的收益，即「努力」的通貨膨脹——對已經意識到這一點的年輕一代來說，外界任何對努力的規勸，都像是不懷好意地設套。當我面對那個「人為什麼要努力」的問題時，一方面無法像已頗有成就的教授們那樣以「實現人生價值」坦然做答（雖然我知道這些前輩們確實是這麼想的，也是這麼做的），另一方面，其實我自己也曾有一段很短的時間嘗試過澈底躺平，只不過因為痛苦感反而加劇而不得不放棄——這自然無法做為給他人的答案，畢竟每個人都有選擇自己生活方式的權利，可以努力也可以躺平，只要自己真的舒服就行。

但後來我觀察了很多人，他們都是躺平一時爽，時間一久就受不了了，似乎存在著某種共通性。而當年那個問題，現在的我應該能回答了：

生命活動就是努力的過程，也是對抗熵增的過程，它是純利己的，和社會期許及個人道德無關。

你我正活著，這本身就是努力的結果。我們一起來觀察生命活動是如何開展的。

從出生開始，為了維持生命，我們必須透過每天的進食、呼吸、排泄等活動和外界交換能量，攝入低熵的營養物質轉化為有效的身體能量，將高熵的廢棄物質排出體外。雖然死亡最終不可避免，但代謝系統不停地努力透過與外界的能量交換為身體注入活力，使生命得到最大限度的延長。因此埃爾溫·薛丁格說出了那段鞭辟入裡的見解：

> 自然萬物都趨向從有序到無序，即熵值增加。而生命需要透過不斷抵消其在生活中產生的正熵，使自己維持在一個穩定而低的熵水準上……生命以負熵為食……新陳代謝的本質，就是生命不斷對抗熵增的過程。[1]

## 生命熵死的兩大條件

那什麼情況下生命會以最快的速度走到盡頭呢？

一句話：將承載生命的身體變成一個孤立封閉、無外力做功的系統（想一想，一個人如果不進食也不排泄，從來也不出門運動或晒晒太陽）。

這種生命系統就像一個出入水口被阻塞、過濾層嚴重損耗的濾水壺，沒有源源不斷地新水源注入，積存在壺身裡的是越來越渾濁的死水，然後也沒法將它倒掉。但這種極端狀態在生命活動中很罕見，因為代謝類的活動不需要得到意識同意，就像每個人生來便會呼吸一樣——當然，這只是基本生存狀態，生命的品質另當別論。

---

1. 這段話來自薛丁格於 1943 年在劍橋三一學院的一次主題演講「生命是什麼」。

身體的新陳代謝是在維持生命的秩序，但僅憑這一點我們還不足以被稱為萬物之靈，因為所有動物都能維持這種秩序。身為一個擁有完整自主意識的人，我們必須為自己的心靈也建立起這樣一個新陳代謝的秩序。這兩種新陳代謝的一個共同點就是必須和外界交換能量，只不過前者交換的是自然能量，而後者交換的是精神能量。諷刺的是，相較於沒有高級認知能力的動物，人類正是因為有自主意識才會發展成一個天然的心靈熵增系統。畢竟，動物的進化程度還不足以做到「想太多」，它們可以無視與生存無關的訊號，而人類卻會自尋煩惱，把一切外部干擾收入耳中，陷入內耗。

　　但小時候你我的心靈可不是個熵增器。

　　每個孩子最初都是一個乾淨的空壺，當外部水源注入後（訊息輸入），會先通過濾芯過濾掉氯氣、雜質、微生物，然後被放行慢慢往下流（處理訊息）流到壺身中的純淨水便可供飲用了（結果輸出）。孩童時的我們認知能力還很弱，但有父母和老師代為把關有害訊息，一點點培養好習慣，一步步掌握新知識，與這個世界展開接觸——這就是一個開放的、有外力做功的意識系統。

　　成人後便不再是這麼回事了。

　　一方面不再有外力幫我們做功，另一方面訊息量呈幾何級數灌入我們腦中。我們需要自己去辨識和選擇水源，有的人想都不想就接下了他人端來的化工毒水，有的人看了半天選擇了泥潭汙水，還有的人乾脆什麼水都不接入，渾渾噩噩，得過且過。濾芯已經嚴重過期，不僅無法發揮過濾的作用，而且會將陳年積存的雜質帶入，最後充斥在我們意識中的大多是充滿精神熵的廢水。

　　認知熵減就是要為自己建立起一個心靈的新陳代謝系統，基本思路是對熵增的原理進行反向操作。改造的第一個部分是將自己重塑成一個

能吸收有效能量的開放系統；第二個部分是自己主動做功排出高熵垃圾，將死水攪動成活水。下面我們先說第一個部分：打造開放系統。

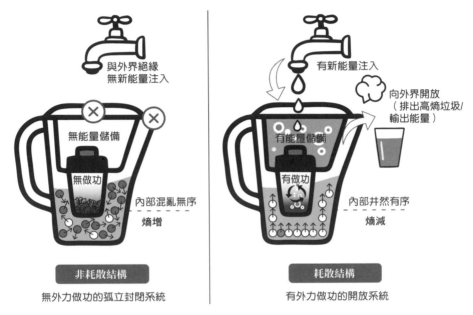

**圖 8　熵增系統與熵減系統**

# 熵減的底層邏輯：
# 將自己打造成開放系統

打造一個開放的認知系統，究竟怎麼才算「開放」呢？

20 世紀 60 年代末，在貝納德對流實驗[2]的啟發下，一名叫伊利亞・普利高津（Ilya Prigogine）的比利時物理化學家在闡述生命系統自身進化過程時，提出了一個叫做耗散結構（Dissipative Structure）的理論，引起了全球轟動。這個理論有著廣泛適用性，能應用於建構包括物理、化學、生物、社會、經濟、組織，乃至個體心理的開放系統，普利高津也因此在 1977 年獲得了諾貝爾化學獎。

所謂耗散結構，拿普利高津的原話說，是一個「**處於遠離平衡狀態下的開放系統，在與外界環境交換物質和能量的過程中，透過能量耗散過程和系統內部非線性動力學機制，當能量達到一定程度時，熵流可能為負，系統總熵便可以小於零，則系統透過熵減就能形成『新的有序結構』**。[3]」

在這段拗口的定義背後，人類終於看到了打破熵增定律的希望之

---

2. 1900 年，一名叫亨利・貝納德（Henri Bernard）的法國物理學家做了一個實驗。他把一盆盛著冷水的容器夾在兩層平行板之間加熱，並保持下層板熱量比上層板稍高，當加熱至一定溫度時，這盆水開始形成對流，水蒸氣逐漸變成六角形結構並非常穩定、持久地附在液態水表面，而不像汽化後的分子在空中亂竄——在這樣一個有熱量進又有熱量出的開放系統中，一盆原本已經熵值達到最大的死水又活了，所有分子都從無序逆轉為有序的結構。
3. 1969 年，普利高津在「理論物理學和生物學」國際學術會議中發表了《耗散結構論》並做了這個定義。

光。理論上，只要處於一個滿足耗散結構條件的系統中，任何的自然組織與個體都有可能透過無序到有序的逆轉，實現熵減和進化。應用到個體認知，便是達到以下三個系統性條件。

### • 思維上保持開放性

耗散結構一定產生於一個能量和物質都能進出的系統，它必須存在著由環境流向系統的負熵流，而且能夠抵消系統自身的熵增，只有這樣才能使系統總熵減小，有序度增加。從認知系統的角度，便是要建立一個高適應力、高彈性、能夠自我糾錯的動態思維模式，並以此為基礎去感知世界、突破認知邊界，在內外部協同下進入成長螺旋。

### • 意識上遠離平衡態

平衡態是指在沒有外力干預的條件下，熱力學系統的各部分宏觀性質在長時間內不發生變化的狀態。因此普利高津認為，非平衡態是有序之源，而在貝納德對流實驗中，下層板溫度總比上層板高一點帶來分子走向有序結構的設計，就是在引入非平衡的正負反饋機制。放到認知系統中，平衡態就是上一章提到的反向路徑依賴，也是熵達到峰值時的狀態，此時必須放一條「鯰魚」進去攪一攪，才能讓這潭死水重現活力。

### • 行動上保證非線性成長

打破平衡態是非常困難的，困難之處在於這個過程要不斷主動注入外力，而短期內又看不到明顯效果。比如在一個標準氣壓下加熱一壺水，熱傳導建立的溫度梯度在 1°C 到 99°C 時呈現的是一條平穩的直線，水分子並沒有明顯的秩序，這就是線性。但此時只要溫度繼續升高 1°C，水就沸騰了，平穩的直線會突然上升，這就是非線性的特點——一個微小的變化導致一個巨大的突變。個人成長遵循的也是這種規

律，一件事剛開始進入的是一個漫長的平坦狀態，改變會在某一刻突然發生，並在高位保持平穩，這便是行動的複利效應。

當一個人在思維、意識、行動層面上都符合耗散結構的條件時，熵減便自動運行了。理解這個邏輯後，我們便可以試著給自己的認知系統實施下面三個熵減「手術」。

- **思維**：將定型思維替換為成長型思維。
- **意識**：從舒適圈跨入伸展圈。
- **行動**：從結果導向轉換為過程導向。

這三個「手術」將是進入熵減實踐的理論基礎，下面先看第一個「手術」：將定型思維替換為成長型思維。

# 替換思維：從定型思維到成長型思維

在《心態致勝》（*Mindset: The New Psychology of Success*）這本書中，史丹福大學行為心理學教授卡蘿‧杜維克（Carol Dweck）詳細描述了導致人與人之間人生軌跡大相逕庭的兩種思維：**定型思維與成長型思維**。

很多人會習慣性地如此定義自己和他人，比如是否有運動細胞和藝術天賦，是聰明還是笨……他們下意識地認為這些品質是天生的，出身決定一切，能獲得的資源總體上都是恆定不變的，於是面對變化傾向於迴避可能的失敗，剝奪了自己獲得豐富體驗的可能——這便是**定型思維**。而另一些人則認為，個體的智力、創造力、運動才能與其他品質是動態的，貧富和階層差距是暫時的，可以透過時間和努力去改變。他們面對變化能夠坦然應對，不怕犯錯或失敗，專注於體驗的過程——這便是**成長型思維**。

杜維克總結了她十多年的追蹤研究成果，發現一個人能在未來發展中走多遠，並不靠先天已經擁有的東西，關鍵要看其內化了哪種思維模式——這決定了一個人在漫漫人生路上會如何思考和行動。其中一個重要差異是對外部的反應：在面對他人的成功時，成長型思維者會主動去了解，並將他人經驗轉化為自己的動力和靈感；而定型思維者則會傾向於將他人的成功視做對自己的威脅，由此引發的巨大不安全感及脆弱感讓他們習慣性地封閉自己，於是放棄了自我成長的機會，而當自己的情況越變越糟時，更進一步強化了對外部環境的防禦。

如果你還是一頭霧水，想一想身邊有沒有這樣的人：每次一聽到別人的看法與自己不一樣，就喜歡馬上反駁，有時候連話都不讓對方說完；當聽說某個同齡人發展得特別好時，要麼會說：「不可能吧，他哪有那麼好？」要麼會說：「不就因為他家裡有點關係嘛！」如果和這樣的人一起共事，你在提出工作建議時，他總會跳出來反對，說這不行那不行。你說要將產品原型小規模放出去測試市場，他說還沒做完的東西能測得出什麼；你說要將產品做到完善再去測試，他又說如果一開始方向錯了那就來不及改了。你以為他是不同意你的觀點，其實他是在透過反駁你來維護自己脆弱的自尊。

這種習慣性否定叫做**紅燈慣性**，就像腦中安了個紅燈一樣處處是雷區，一遇到變化就自動喊停——這也是定型思維的一組標誌性特徵。用更通俗的詞概括，具有這種思維特徵的人就是：槓精（喜歡抬槓的人）。這樣的人總是故步自封，害怕一開放交流就會暴露出自己的缺點，對新的觀點和知識一概拒絕，寧願看著機會白白從身邊溜走，也不願從防衛性的狀態中往前邁一步。而成長型思維者則不同，當面對不同看法時，他們通常能耐心地聽對方講完，至少思考三五秒後再發表自己的觀點。同時成長型思維者能夠區分對方的質疑是對人還是對事。他們明白在很多時候對方提出的反對，只是反對自己的觀點而非否定自己這個人，這是一種認知上的智慧。因此賈伯斯曾經說：「**我非常喜歡和聰明人一起工作，因為有個最大的好處——我不用考慮照顧他們的自尊。**」

## 存量信念和增量信念

定型思維者和成長型思維者在面對外部環境時，還有一個極為明顯的信念差異：前者往往認為這個世界是由存量資源構成的，而後者則認

為這個世界是一直在做增量的。

存量信念會導致什麼行為傾向呢？便是不願意與外界交換能量和物質。比如去朋友家做客，當將一份禮物交到對方手上時便開始期待回報，因為「我給出去了，就是我減少了，他增多了。」哪怕對自己也是這樣，相對於把錢投資在自身能力提升上，定型思維者更傾向把錢存在銀行「吃」利息，因為利息是確定的回報，而學習的回報是不確定的。在無形資源上也是如此，當看到一個大家都需要的訊息時，相對於分享給他人，定型思維者更傾向自己悄悄收藏起來。此外，定型思維者選擇的目標往往具有防禦性，為了避免失敗，他們寧願放棄有風險但潛在回報大的目標；和他人一起共事時總想在證明自己的同時盡可能少付出努力，因為對他們來說，如果承認自己需要在一件事上付出巨大努力，那就等於承認自己沒天賦。

而成長型思維者則將能否讓自己變得更好、能否獲得某種體驗做為選擇目標的標準。他們對外界是開放的，樂於接受他人的能量，也願意為他人注入能量，但有著清晰的界限，會主動避開負能量的人和環境。增量信念使他們相信努力的複利效應，最大的滿足不是來自「這事對我來說輕而易舉，沒人比我更擅長。」而是「這事對我來說挺難的，努力以後終於比之前做得好了。」而在遭遇失敗和挫折時，成長型思維者不會給自己貼標籤，也不會羞於和他人討論——因為這只是自己暫時不夠好。只要能獲得新的體驗，他們並不會特別介意在一件事上先付出。事實上，所謂付出有沒有回報完全取決於對回報的定義，成長型思維者也能夠接受付出很多但什麼都得不到的結果，這是一種對外界環境的彈性適應力，但定型思維者卻無法接受這一結果。

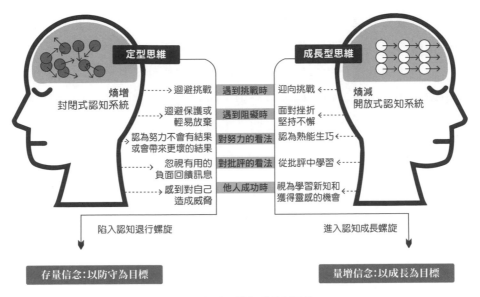

圖 9　定型思維與成長型思維

　　本質上，定型思維是一個封閉式認知系統。它是培育熵增的溫床，在平靜有序的表象下，看不見的熵一直在貪婪地發育，而負熵卻被擋在外面；成長型思維則符合開放性系統的特徵，透過與環境不斷交換能量獲得負熵流，始終處於成長螺旋中——兩種思維的差異，從一開始就決定了不同的人如何透過一個個不同的決策走向迥異的人生。

　　要把自己改造成開放性的低熵系統，首先要適應以成長型思維來評估和選擇值得去做的事（俗話說：「好的開始是成功的一半。」）。比如，當有一個競爭職務的機會時，定型思維者首先考慮的是能不能贏，上任後能不能證明自己，對他們來說，這是個展現成功、確立自身優越性的機會。而成長型思維者會考慮能不能學到東西、能不能獲得新的體驗、有沒有更大的發展空間，而不會先考慮如果做得不好會被他人視為失敗者。思維模式的轉變是一個長期的、自然的過程，太刻意強迫

自己只會適得其反，因內心衝突而徒增熵值。不要著急，後面的章節將提供相應的工具，幫你驗證自己選擇的目標是否符合成長性原則。

　　成長型思維滿足的是第一個熵減條件：開放性。當給自己的思維做完這第一個「手術」後，你就會發現，所有有悖於成長性原則的事務都符合平衡態，這時便需要做第二個「手術」：從舒適圈跨入伸展圈。

# 喚醒意識：從舒適圈到伸展圈

## 溫水煮青蛙的舒適圈

舒適圈這個概念我們都不陌生。美國密西根大學羅斯商學院教授、領導力變革專家諾爾・提區（Noel Tichy）認為人的成長狀態取決於所做事情所處的成長圈層。

- **舒適圈：**處於成長圈層中最裡層的區域。在舒適圈，人們做的是自己最熟悉的事，心理處於非常舒適的狀態，但長期處於這個圈層只能強化已掌握的知識和技能的熟練度，沒有挑戰性，也無法獲得成長。

- **高壓圈：**處於最外層的高壓圈則是超出自己當前能力太多的區域。在這個圈層，人們無論怎麼努力，都很難在短時間內把事情做好，貿然跨入很容易在巨大的焦慮、恐慌、自卑情緒下崩潰、放棄，所以高壓圈也不是有效的成長區域。

- **伸展圈：**處於中間層的伸展圈才是成長的關鍵。在這個圈層，人們面對的事有挑戰性和新鮮感，雖然一開始會因為當前的認知和能力儲備不足而感受到壓力，但努力一下又能夠做到，所以伸展圈是提升自己的最佳圈層。

喚醒從舒適圈跨入伸展圈的意識，是為了讓我們對危機保持敏感，

避免在平衡態中一點點進入熵死。

1897 年，一名叫愛德華・斯克里普丘（Edward Scripture）的美國心理學家在他的《新心理學》中記錄了一個德國團隊做的溫水煮青蛙實驗[4]。

實驗者把一堆青蛙放在一盆冷水中，然後以溫度每秒升高 0.002℃（相當於每分鐘升高 0.12℃）的速度把水加熱。兩個半小時後，實驗者發現青蛙並沒有不安，而是安靜地死去了。之後，一個動物學教授霍奇森複製了這個實驗，但他設定的加熱速度是每分鐘升高 1.1℃。他發現當到了一定溫度以後，青蛙開始躁動不安，並試圖從水中逃離，於是他宣布溫水煮青蛙是個偽命題。

究竟誰對誰錯？都沒錯，差別在於加熱速度。當溫度快速上升時，青蛙便會迅速跳出，而當溫度變化很細微時，青蛙則難以察覺。青蛙可耐受的臨界高溫大約是 37.5℃，當溫度以非常緩慢的速度超過這個臨界點時，青蛙即使察覺到危機，也已經喪失一躍而起的能力了。

舒適圈就像這盆水，任由平衡態以一種極小的速度暗暗加溫，當到達臨界點時，熵便停止增加了，因為系統已經熵死，也就是常說的一個人「澈底廢了」。在舒適圈待得太久的人會對環境變化喪失敏感度，對生活的混亂也習以為常，連「心累」的感覺都沒有了，而所謂的迷茫，對這些人來說不過是清醒地看著自己沉淪。寫到這裡本來想舉幾個「澈底廢了」的例子，但應該不必了，因為每個人身邊都有現實的、讓人一想到就有些許唏噓的例子。

讀到這裡，想跨出舒適圈的你可能腦子裡已經冒出兩個問題。

---

4. 也有說溫水煮青蛙實驗最早來自 19 世紀末的康乃爾大學團隊，但這個說法至今沒有書面記載支持。

- 如果一時還沒跨出舒適圈，如何盡可能遠離平衡態？
- 如何判斷自己是不是正處於伸展圈？

我們先一起觀察一下舒適圈的兩個區域：**核心區**和**邊緣區**。

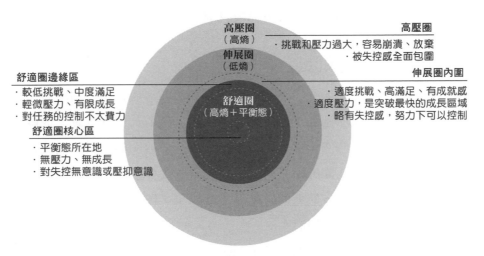

**高壓圈**
（高熵）

**伸展圈**
（低熵）

舒適圈
（高熵＋平衡態）

**舒適圈邊緣區**
· 較低挑戰、中度滿足
· 輕微壓力、有限成長
· 對任務的控制不太費力

**舒適圈核心區**
· 平衡態所在地
· 無壓力、無成長
· 對失控無意識或壓抑意識

**高壓圈**
· 挑戰和壓力過大，容易崩潰、放棄
· 被失控感全面包圍

**伸展圈內圍**
· 適度挑戰、高滿足、有成就感
· 適度壓力，是突破最快的成長區域
· 略有失控感，努力下可以控制

圖 10　舒適圈核心區與邊緣區

越往舒適圈中心，越靠近核心區，這裡聚集了付出最少、舒適感最強的事，比如「葛優躺」[5]、滑短影音、看娛樂八卦。那麼平衡態在哪裡呢？就在核心區——這是人最失控、陷入路徑依賴最深，也是高熵最集中的區域。所以遠離平衡態就是遠離舒適圈核心區。在核心區的人雖然沒有因挑戰導致的壓力，但會因察覺到生活狀態滑向失控而被恐慌侵襲，當恐慌程度超過承受力時，一些人會立即透過更多低級娛樂來壓抑恐慌、否認失控，從而加速滑落。

---

**5.** 指演員葛優在一齣電視劇中所飾演的角色，癱躺在沙發上的經典姿勢，這姿勢也被大量做成網路梗圖，象徵放鬆耍廢的行為與態度。

最外圍的高壓圈在成長初期也不要觸碰（一些高手會故意踏入高壓圈來刺激自己的潛能，但新手不適合這樣做）。能力差太遠時貿然踏入高壓圈，一樣會引起熵增，人會感受到瞬間襲來的巨大失控感。但由於遠離了平衡態，就好像直接將青蛙扔入 40℃ 的熱水中牠急於跳出一樣，人在瞬間來臨的巨大痛苦下會一有機會就逃離，反而比較安全。

## 在適度壓力下獲得最佳成長

伸展圈裡充滿了新鮮的挑戰，是一個低熵的、成長最快的區域。雖然剛踏入時感到無所適從，但逐漸獲得的滿足感取代了舒適感、成就感壓過了失控感，我們開始感受到一種不同於在舒適圈的快樂。而成長的啟動則始於靠近舒適圈外圍、再多邁一步便進入伸展圈的**邊緣區**，這裡聚集了能充分釋放現有能力並收穫滿足感的事，比如讀本好書、登山跑步、完成一幅 1000 片的拼圖——這是跨入伸展圈前的熱身活動，也是回到認知成長螺旋的轉折點。

要知道自己是否正處在伸展圈，有個很管用的判斷條件：**壓力**。

當你在趕一個下班前要交的報告，不停地查資料、畫圖表、打字時，如果只有滿足感，就意味著這項任務對你來說遊刃有餘，你依然處在舒適圈比較靠內的位置；如果你覺得既滿足又有一絲緊張，而你的思路和進度沒有受到影響，那就表示你正遊走在舒適圈邊緣區；如果你在緊張之餘還有不安，同時伴有一些生理反應，如呼吸急促、心跳加快、皮膚出汗，但還能繼續把這項任務進行下去，表示你剛好能承受這個壓力，並且已經一腳踏進了**伸展圈內圍**——恭喜你，你正處於最佳的成長狀態中；但是！如果你發現血壓明顯上升，甚至伴有胃痛、冒冷汗、肌肉緊繃等生理反應，這是壓力過大的表現，表示你正把自己硬推向伸展圈外圍，甚至踏入了能力不可及的高壓圈。

第二個「手術」的要點，便是為自己配置適度的壓力。適度的壓力是成長的助推器，當有意識地讓自己大部分時間處於舒適圈的邊緣區，同時經常試探伸展圈內圍時，隨著能力提升，這個伸展圈內圍便成了舒適圈的邊緣區——成長半徑擴大了！所以舒適圈不是越小越好，相反地，隨著原本不擅長的事變得得心應手，舒適圈會吞掉伸展圈的空間，這時便離挑戰高壓圈越來越近了，最後會迫使整個認知邊界全面擴大——這便是有節奏的成長！

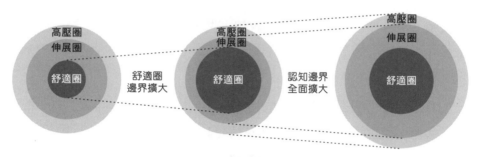

圖 11　認知邊界擴大

　　在生活中也是一樣，需要有意識地為自己創造一些感到有點不舒服、有點壓力但能控制的「小危機」。比如週末習慣了睡懶覺，試試某一天定鬧鐘早起兩小時，然後利用這段時間為自己做一頓早餐。時不時來點這種主動控制的生活體驗，付出不多又能獲得滿足。那一點點因變化產生的小壓力足夠使人保持活力，遠離可怕的平衡態。

　　善於成長的人，通常也善於利用壓力。透過觀察自己的壓力反應，他們能判斷自己當前所處的圈層位置，並以此為依據調整目標。同時這些人也都有一個成長型思維者的共通性特徵，就是做的比想的多，屬於不折不扣的行動派。

# 修正行動：從結果導向到過程導向

## 複利效應的臨界點

　　人人都會行動，那是不是人人都是行動派呢？不經大腦、衝動行事的人很多，一件事還沒做成氣候就轉去做另一件事的人也很多，這些由本能和焦慮驅動的「行動派」，充其量只能算「勤快的行動人」，做得越多熵值越高。

　　真正的行動派都遵守一個成長性原則，也是我們要給自己做的第三個「手術」：從結果導向轉換為過程導向，即堅持**非線性的行動模式**，在做一件事時能充分發揮**複利效應（Compound Effect）**。

　　很多人對複利效應的印象來自愛因斯坦的這段話：「複利是世界第八大奇蹟，了解它的人可以獲利，不了解它的人將會付出代價。[6]」或許更多的人是從一些投資公眾號中讀到巴菲特的複利法則（他本人確實經常提到這個），人們對這個概念的理解主要集中在長期理財方面，即今天的本金加利息便是明天的本金，財富的雪球越滾越大。

　　認知行為中的複利效應是一種雙向強化的互動，如讀到一本好書會

---

6. 這段話究竟是不是出自愛因斯坦頗有爭議。一個比較權威的引證來自 1983 年《紐約時報》某期中寫到的愛因斯坦的一句幽默的回覆（Asked once what the greatest invention of all times was, Albert Einstein is said to have replied, 'compound interest'.)」另一個相對更可靠的出處，是在 1939 年《美國數理月刊》第 46 期第 9 號中愛因斯坦對讀者的一個數學題解法發表的評論，他在第 595 頁中說，這題最佳的解題思路是複利。

促使我們有好的行動，而這個好的行動又反過來會加深我們對這本書的理解。而且複利效應也是個客觀規律，它對一個每天健身、飲食規律的人和一個每天窩在沙發上、往嘴裡塞薯片的人一視同仁，只是把他們推向了不同的方向。

想讓複利效應幫助自己的成長很簡單：**耐心地做正確的事。**

「正確的事」不難理解，就是符合成長性原則、位於伸展圈的事，只要一開始的賽道對，行動起來便能享受到複利效應的紅利。聽起來好像是穩穩的幸福，但如果將這句話改成**「耐心地做不舒服、有壓力且不一定有回報的事」**，你還會那麼充滿動力嗎？

在初期做正確的事必定很煎熬，而人們缺乏的永遠都是「耐心」。複利效應有一個容易被忽略的細節，就是它存在一個**臨界點**。例如健身、背單詞、讀書、寫作等這些事，帶給我們的效果增幅在很長一段時間內都會十分平緩，而一旦過了臨界點便會有指數級上升。這個規律在中國文化裡有類似的闡述：**厚積薄發**。厚積指大量地、充分地累積，薄發指少量地、慢慢地釋放，最終達到驚人的效果。

關於臨界點，《複利效應》（*The Compound Effect*）的作者戴倫·哈迪（Darren Hardy）在書中講了一個故事。

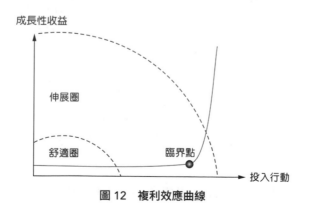

圖 12　複利效應曲線

一名叫喬吉拉德的銷售大師在退休前舉辦了一場退休會，無數人前來參加，希望獲得他成功的祕訣。喬吉拉德在臺上放了一個鐘擺式的鐵球，然後說，如果有人能推動這個鐵球，將獲得一萬美元。眾人躍躍欲試，但用盡各種辦法都沒能推動這個鐵球。這時，喬吉拉德拿出一把鞋匠敲釘子的小鐵槌，說他只用這把小鐵槌就能撼動鐵球。在眾人懷疑的目光下，喬吉拉德開始每 3 秒敲一下鐵球，鐵球紋絲不動。這樣過了 15 分鐘，臺下觀眾開始不耐煩了，發出噓聲。30 分鐘過去了，臺下有人大罵喬吉拉德「騙子」，撕了門票離開。到了 40 多分鐘時，突然有人大叫：「球動了！」人們看著鐵球開始擺動得越來越劇烈──一把小鐵槌真的撼動了鐵球。

　　我們無法證實這個疑似成功學雞湯的故事是否真的發生過，但這不是重點。假設敲擊時間間隔穩定，每一次敲擊的力度不低於上一次，且敲擊的位置相同，那麼只要敲擊持續到臨界點，理論上就能撼動鐵球。重點是：如果把小鐵槌交到那些目睹了這個過程的幾百個人的手中，又有多少人能再現喬吉拉德的成功呢？我相信最終依然沒幾個。

　　儘管人人都知道臨界點就在那兒，可是大多數人還是沒有耐心到達臨界點，為什麼？

　　事實上，缺乏耐心只是表象，根本原因是我們每開始一個行動，就忍不住想看看離結果還有多遠。此刻我們也許已經在伸展圈做了很多努力，但鮮有成效，生活、學習都沒改變多少，我們不由得灰心，甚至懷疑，想要放棄。這時候讓人無法堅持的不僅僅是缺乏耐心，而是在不知道離臨界點有多遠的同時，身心還在承受孤獨、懷疑和壓力──這種不確定性帶來的折磨，足以讓大多數人放棄一個最終確定的結果，天性使然。

　　如何才能擺脫這種天性？想想我們是怎樣喝到一杯熱茶的──雖然

不知道那「臨門一腳」的 1℃什麼時候會到，但最後我們都能得到一壺沸騰的開水，這是因為控制加熱的不是我們自己。水壺不會思考，它只管不斷地加熱，直至水到達沸點它才停下。

　　**只要總看著結果，就會總想著去控制**，這就是為什麼我們實行以結果為導向的行動時，多半會中途放棄或者改弦易轍。在不知道臨界點什麼時候會來的情況下，我們能做的就是**專注於過程，在保證方向正確的前提下，將行動持續下去**。非線性的複利行動，它的真義在於一個個微小變化的累積，最終導致一個巨大的突變，這也是和熵增的線性模式最大的差別——當拿著一個大鐵槌去敲擊鐵球，幻想能馬上撼動它時，只會因巨大的慣性阻力而導致我們失控。

## 成長的飛躍曲線

　　日複一日持續著一個個微小的行動，我們便逐漸成為一名以長期學習代替臨時學習、以過程導向代替結果導向的終身成長者，不再心急如焚地隨時計算回報，也不會只在需要時才去尋找解藥。

　　那些每天都在探索新事物的**終身成長者**，已經將自己打造成一個能產生複利效應的低熵開放系統，對他們來說，學習就像呼吸一般自然。而那些只在受到刺激或臨近最後期限時才想到穿上跑鞋、捧起書本的**臨時成長者**，既無法受益於複利效應，也無力對抗熵增。兩者的差別在短時間內自然不明顯，但拉長時間線看，真是天和地的距離。想一想畢業後每年的同學聚會，在「初始值」持平的情況下，頭幾年比來比去，其實大家都差不多，而到第 5 年再聚時，大家便能明顯察覺彼此之間的差距，到第 10 年……很多人應該已經不想再來了。

　　對於這些道理，我們早就聽得耳朵長繭了，但人大多在年少時不以為然，我自己也是。年輕的紅利就是從身體到頭腦都處於天然熵減狀

態，這時候輕輕鬆鬆就能撐個通宵，不學習也不見得跟不上時代。而進入紅利消退期時，隨之消退的不僅是健康和認知，還有探索世界的好奇心——這是最重要的環境負熵來源。太多人在大學畢業後便停止探索，只想走在一條明確的道路上，但這種按部就班並不能避免生活的全面失控，日子表面過得毫無波瀾、內心其實暗濤洶湧的情況非常常見。隨著時間線的拉長，有的人在熵的陰影籠罩下正經歷著痛苦的中年危機，有的人一邊痛罵著「35 歲現象」，一邊卻任憑它發生，並將一切歸因於不可控的大環境，感嘆自己這輩子就這樣了。

殊不知，人的成長複利曲線和投資複利曲線有個最大的不同，那就是每個人的一生並非只有一次指數級上升。這種 S 形曲線也被稱為飛躍式成長曲線，時間跨度拉得越長越明顯。人會在實現每一次上升後，經過一段時間的平坦期或修復期，再進入第二次上升，不斷超越自我。很多人也會在每次攀登高峰後再次落入低谷，臨時成長者大多會不斷回顧過去曾到過的高峰，但失去了再次超越自己的勇氣；而終身成長者每一次落入的低谷都不會比上一次攀登的高峰低太多，並且他能再一次努力上升後在高位保持平穩。

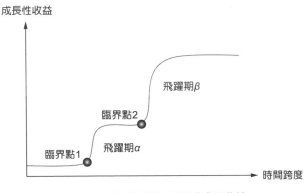

圖 13　終身成長者的飛躍式成長曲線

到這裡熵增的底層邏輯梳理完畢，總結為：將自己打造成一個開放的認知系統，便是**打造一個以成長型思維選擇目標、在伸展圈內磨練能力、借助複利效應一步步用行動實現目標的自己**；在此基礎上，成為一名以長期學習代替臨時學習、以過程導向代替結果導向的終身成長者。

系統搭起來了，下一個核心問題便是優化，即如何為這個開放系統主動做功，提升熵減效率。

# 熵減實踐理念：為開放系統主動做功

開放系統之所以是一個「活」的系統，是因為它有外力做功，但如前面所說，這是屬於孩童的紅利。隨著我們長大、獨立，慢慢地不再有人督促我們努力學習、好好吃飯、早睡早起、定期鍛鍊，即使有也效果有限。生活脫離掌控是一個細微的平衡態過程，我們不能等它完全失控後才後知後覺地介入，我們必須提前為自己主動做功。

如果把認知系統看成一個公司組織，那麼主動做功就是在做三項組織管理，即開源、節流和增效。

- **開源：**為認知引入負熵。
- **節流：**從內心排出高熵。
- **增效：**為行動分配能量。

「排出高熵」是熵減實踐的必經之路，你將在第三章中了解到具體做法，這裡我們先一起討論「引入負熵」和「分配能量」的理念。而之所以把握開源、節流、增效三個環節的根本原因在於，人腦用於分配的認知能量是有限的。

## 人腦潛能的謬論

我們可能都聽過一個說法，人腦的潛能只開發了 10%。潛臺詞就是，如果能開發剩餘的 90%，那人們將取得多麼不可思議的成就。這個讓人充滿想像空間的說法流傳甚廣，經過大眾媒體多年鼓吹幾乎成了

事實，但它卻是個不折不扣的謬論。

2014 年盧貝松（Luc Besson）的科幻電影《露西》（Lucy）引起大眾熱議，片中講述了女主角露西無意中被一種藥物激發了大腦潛能，讓腦中 90% 的神經元相繼甦醒進而人生開掛的故事。在一次美國國家公共廣播電臺的訪談節目中，主持人播放了影片的相關片段，然後飾演男主角的摩根・費里曼（Morgan Freeman）向來自史丹福大學的神經生物學家、Neosensory 公司 CEO 戴維・伊格曼（David Eagleman）提出一個問題：「如果我們有辦法百分之百地利用自己的大腦，將會怎樣？我們能做到哪些事情？」伊格曼非常乾脆地回答：「到那個時候，我們能做的事和現在沒什麼差別，其實我們已經百分之百地用盡了自己的大腦。」

伊格曼的回答自然是基於無數腦神經科學的實證證據。加拿大西蒙弗雷澤大學的認知心理學教授白瑞・拜爾斯坦（Barry Beyerstein）也曾針對這一謬論指出過真相：「透過核磁共振儀掃描大腦便能發現，無論人們做什麼事，大腦每個區域都處於活躍狀態並占用著 20% 的身體能耗，哪怕是在睡覺時，大腦的所有部分也都處於活躍狀態。」

換句話說，大腦不存在閒置的能量，也沒有「不轉」的時候。即使我們躺在床上發呆，大腦依然在高速運轉，只是大部分環境訊息正被慣性認知默默處理掉而我們察覺不到而已。沉迷於遊戲時的大腦處於滿負荷狀態，它和聚精會神工作時一樣會產生能量消耗，所以遊戲結束後人會感覺累。而長時間滑短影音後的累則有所不同，這是因為注意力在這種活動中是處於被動牽引狀態的，就好像遛狗時被狂奔的狗帶著跑起來，能量消耗反而更大。所以與其說不用腦人會變笨，不如說即使不用腦，腦也在空轉，就像一條轟隆隆轉動卻空蕩蕩的流水線，白白消耗著能量，不拿它來生產點自己用得上的東西實在是很虧。

## 重塑秩序的神經機制：突觸修剪

既然大腦隨時都在轉，那麼基因必定會對它做優化設定。

人的大腦就像一個硬碟，裡面的儲存單元總量——也就是神經元數量在人 3 歲後基本上就穩定了，之後人的成長依靠的是每個神經元建立突觸連接的品質。經常做一些事，比如邊看書邊做筆記，便能強化相關突觸的連接並形成神經簇——也就是引入負熵。而長期不太用的連接便會弱化，在大腦看來就是相關訊息沒用了，便會直接整組刪除，這種機制被稱為**突觸修剪**。

突觸修剪有點像在電腦上啟動磁碟重組程序和清空垃圾桶，為的是確保我們的大腦能保持運轉效率——也就是排出高熵。這個操作在人 3 歲前是自動進行的，哪怕第一次睜開眼感受到光、第一次走路摔倒再爬起來這麼可貴的體驗，大腦也會毫不留情地刪掉，因為基因認為這些體驗只要形成了程序性本能就夠了，留著這些原始數據只會白白占據記憶空間，對日後學習新的生存能力不利。

在人生的頭三年，大腦修剪了絕大多數雜亂無序的突觸連接，盡力為我們留下一個簡潔、乾淨、高效的初始神經網絡。長大後隨著自我意識的覺醒，這個工作就得我們自己做了。

長大後的我們經常做的事依然會形成相關神經的突觸連接，但這時候的大腦主要負責強化，而不再大量刪除已經形成的神經簇（因為大腦無法判斷它們究竟是不是當前的生存需要），因此積壓了大量高熵活動的突觸連接。這時候，我們只能費力地透過「新建」更多低熵活動去「覆蓋」那些高熵活動，因此從外部獲取的能量源有多少熵極為關鍵——這就好像節食瘦身，我們不會選擇先攝入高熱量食物後再瘋狂跳操，而會從一開始就選擇攝入低熱量食物並做適度運動。

# 引入負熵：為自己找到高品質能量源

## 就近法則：我們最初的能量源

第一個主動做功的熵減實踐理念是引入負熵，從外部獲取有效能量。我們意識空間的認知能量源主要有三個：**訊息流、人際流、環境流**。「流」指的是與日常活動相伴的自然能量源，走在大街上感受到的溫暖陽光是「流」，特意躺在日光浴機裡則不是。我們在生活中從哪裡獲取訊息、和哪些人相處、在什麼環境下做事，決定了每一刻從外部獲取的負熵和正熵哪個較多。

每個人最初的能量源是如何獲得的呢？**就近法則**（也叫接近效應法則[7]）。

回憶一下你兒時關係最好的朋友是誰？可能是樓上樓下的鄰居，可能是新學期的同桌同學，可能是父母同事的小孩……和誰走得近大多是因為時空上離得近，於是他們喜歡的便成為我們喜歡的，他們不在乎的也會成為我們不在乎的。訊息流也是一樣，小時候家裡有什麼書我們就看什麼書，而如今在這個訊息爆炸的時代，我們甚至不需要去主動獲取訊息，大數據把我們應該關注什麼及以哪種立場評論都安排得妥妥當

---

7. 在社會心理學中稱為接近性（Proximity），因提出認知失調理論的里昂·費斯汀格（Leon Festinger），於 1950 年在美國麻省理工學院進行的一個接近效應經典研究而得名。該研究確認了相鄰的人彼此喜歡的可能性更大，而認知失調會使得人們不自覺地強迫自己去積極認識和評價原本不喜歡的鄰居或室友，以獲得態度上的一致。

當。我們更是很難自己選擇身處的環境，在哪裡上學便會在哪裡長見識，在哪裡生活便會從哪裡看世界。在一個「槍打出頭鳥」的公司裡工作，只有躺在舒適圈裡最安全，想換一個環境的代價遠比 2000 多年前三遷的孟母大得多。

一言以蔽之，大部分人初始的訊息流、人際流、環境流都不是自己主動挑選的，只不過是「碰巧滑到的一些推播」、「碰巧相遇的一群人」、「碰巧離自己最近的地方」而已。

## 獲取高品質的訊息流

在這三個能量源中，訊息流對人的影響最大，就像人都需要進食一樣，大腦的食糧就是訊息。我們日常可能沒辦法決定在哪裡吃飯（在家吃早餐，在公司吃午餐），但能決定吃什麼（早餐吃高蛋白食物，午餐選擇減脂沙拉）；而在獲取訊息時，我們通常能決定在哪「吃」（早晨醒來可以打開頭條也可以打開微博，睡前可以滑抖音也可以看朋友圈），但「吃」什麼卻是由大數據說了算。

大數據推播，就好像我們走進一個沒有菜單的餐廳，端上來什麼就吃什麼。這些看似有用而實際品質很低的訊息充滿迷惑性，每天把人的認知往下拉一點。人們以為自己知道得越來越多，實際上知道得越來越少。用傳播學經典的沉默螺旋理論（Spiral of Silence）去看，就是當我們被推播了一個熱搜事件時，往往讀到的是一個大多數人都贊同的觀點，從商業角度來講，能迎合絕大多數人的內容就是好內容，助推這類訊息會有巨大流量，於是其他觀點的傳播越來越弱，直至澈底沉默。

而符合大多數人偏好的訊息——正如古斯塔夫·勒龐（Gustave Le Bon）在《烏合之眾》中總結的——往往充滿了盲目、衝動、狂熱、輕信，能喚起最大的情緒反應，但對理性認知的累積和拓展沒什麼幫助

（當然，如果讀這些新聞本來就不是為了成長則另當別論）。大數據系統已經是一個非常不合格的「守門人」（Gate Keeper）了，如果這些平臺還沒有審查機制，任由大眾按自己的喜好自由傳播訊息，最後一定是最聳人聽聞、最低俗、最沒營養的訊息牢牢占據熱搜榜首，不需要多久，便能大幅拉低群體的平均認知上限。

在大數據的演算法規則下，只有低品質的訊息才能被最大限度地傳播，我們無須費力便會看到，這是一個事實。另一個事實是：人人都說這是個訊息爆炸的時代，但高品質的訊息可沒有爆炸，還是一如既往地稀缺，只是因為被淹沒在訊息的海洋中，大大提升了我們把它們找出來的難度。高品質和低品質訊息的差別在於，前者有營養，人們能透過思考將其轉化為知識內化吸收，然後再與其他知識進行關聯，納入個人的認知體系。

但即使是高品質的訊息流，也有**轉化**和**超載**兩個陷阱。

有的人沉迷於收藏海量的乾貨，從心理學到 AI、從健身到育兒，收集異常勤快但幾乎不打開，就像囤了一堆優質食材卻從不做給自己吃一樣；或者打開一篇文章匆匆掃幾眼馬上就分享到朋友圈，一天可以洗無數次版，但轉化率低，訊息沒有轉化為自己的知識。

還有的人經常一天讀幾十篇涵蓋各個領域的深度乾貨文章，以緩解因知識匱乏帶來的焦慮，結果可想而知。這就像一個神經性貪食症患者走進一家自助餐廳，一頓無差別狂吃後腸胃陷入「癱瘓」——太多混雜訊息帶來的精神超載，使意識空間被充塞到滿檔，但毫無秩序。

這些人在成癮般追求高品質訊息之後，反而感受到潮水般的空虛。為什麼呢？因為他們發現自己明明看了那麼多好東西，卻好像什麼都沒得到，世界在變化，自己依然在原地不動。

放任自流地接受商業娛樂媒體的大數據投食、強迫症似的一味搜索

乾貨知識，都無法建立起健康的訊息流。我們的日常生活本來就既需要正餐也需要零食，既需要牛奶也需要可樂，打發時間時滑滑微博熱搜並非完全沒用，這些碎片訊息有時會不經意間給我們靈感，成為一個學習的起點。但有一點，不要去美化自己的動機，說滑抖音是為了學習和說上磨課師[8]是為了找樂子一樣荒謬。當在這些碎片訊息平臺滑到一個感興趣、想學習的話題後，繼續跟著同類內容推播看下去是很不明智的，應該轉去專業平臺繼續深入。

除了解解饞的零食，讓真正有營養的精神食糧觸手可及，才是建立高品質訊息流的關鍵。

一個性價比最高的途徑是，找一兩個本身有好的訊息收集習慣、會分享有深度的內容、你也特別想在生活和認知上向其靠攏的朋友（仔細想想，你身邊一定有），請他們把平常會讀的訂閱號、App 專欄，他們關注的博主及近期的書單等推薦給你。這些「守門人」能保證你日常接觸到的內容，哪怕是娛樂內容如電影、小說等都是有品質的，然後便可以透過有意識的輸出，比如多和他們討論最近讀到的內容來提升訊息的轉化率，內化為自己的理解。這個海選階段也是一個梳理自己需求和興趣的過程，隨後就要像健身達人為自己挑選食物一樣，進一步挑選適合自己的精神食糧：我們想做什麼事？想成為什麼樣的人？當前的認知體系裡缺什麼？哪些可以不要？……透過不斷追問，由點到線、由線成面，一個在生活中觸手可及的高品質訊息流便形成了。

---

8. 磨課師（Massive Open Online Courses，簡稱 MOOC 或 MOOCs），大規模公開線上課程，許多由大學機構所主辦開設。

## 清理低品質的訊息流

訊息流的品質決定了我們生活的品質，而保證品質的關鍵，在於少而精。因此清理現有的低品質訊息流也是有必要的。

超過一個月沒點開過的訂閱號該刪就刪，只轉抖音搞笑影片的群組該退就退（如果是親友群組之類不能退出的，那就設定為靜音），在朋友圈總發雞湯行銷文章的人該封鎖就封鎖（如果發現你的朋友圈全都是這些內容，或許你需要反省一下自己的交友傾向）。

當然，在現實中完全阻斷這些低品質訊息流是不可能的，但可以提升高品質訊息流的占比——畢竟每天眼球的額度就這麼多，掃到深度理性的訊息多了，就等於關注無腦膚淺的訊息少了。所以可以給自己設定一個原則：每關注一個新訂閱號，必須刪掉兩個現有訂閱號；每加入一個新群組，必須退出兩個舊群組；每關注一個新博主，必須取關兩個已關注博主。

這些做法能讓自己對每個訊息流都慎重選擇，保證負熵永遠大於正熵。

## 借力優質的人際流和環境流

高品質訊息流的少而精原則，也適用於人際流和環境流。

矽谷獨角獸 Dropbox 創始人德魯・休斯頓（Drew Houston）在 2013 年美國麻省理工學院畢業典禮上分享了一個「五人平均值」現象（Average of 5）[9]，大意是一個人花最多時間相處的 5 個人的人生品質平均值，決定了這個人的人生品質，包括認知、財富、成就、心理素質等。微信之父張小龍也曾說過一句類似的話，「朋友就是我們看到的世

---

**9.** 原文發表於 2013 年 6 月 7 日的《MIT News》。

界。」在不加挑選的就近法則下，多數人能獲得什麼樣的初始平均值不難預見，會看見什麼樣的世界也顯而易見，因此需要將自己主動放在最接近優秀人群的環境中。而優秀人群不等於有錢、有地位的「成功人士」，也不等於能提攜你的「貴人」，他們是隨時都知道自己在做什麼、很少被無謂瑣事轉移注意力的低熵人士。這些人在我看來，屬於真正的優秀人群。

每個人都知道越靠近優秀的人，自己越受益。優秀的人都有一種「熵敏感體質」，對於他人身上帶有的「熵味」嗅覺非常靈敏，他們雖然很開放，但對會給自己帶來熵增的人和事很警覺，這種開放只展現在向下兼容上——換句話說，當掙扎在高熵線上的人靠近自己時，他們會表現得很禮貌、很客氣，但不會真正去和高熵者做朋友。這裡需要特別強調一下，「靠近」不是巴結，也不是期望對方能解決自己的問題，甚至不需要一開始就去結識他們（帶有功利性目的開展的社交越往上走越走不通）。我們要做的是讓自己先靠近優秀者的日常狀態，這和一個低熵的環境流通常是相互關聯的，因為優秀者一般也會迴避高熵環境，以免對目標產生干擾。

我在香港做助教時，有一名叫 D 的男生令我印象深刻。他已經是副學士第二年了，非常努力，目標是升入港科大金融系[10]。由於機率實在不高，我在給了他一些建議的同時也希望他能做好期望管理。第二年，D 寫了封郵件給我，說他成功升級了，想約我吃飯。飯間，我問 D 這大半年都在做什麼，他說他辦了 JULAC（香港八校圖書館聯卡），整個寒假到復活節假期每天從彩虹搭公車去科大圖書館自習。

我有點驚訝：「為什麼不去才兩站路的城大而非要跑到科大那麼

---

10. 類似於專科升插大，條件嚴苛，科大每年成功升學的副學士僅有 4%。

遠？」D笑著說：「因為想升入的是科大啊，所以去看看那邊的同學每天都是怎麼學習的。」「然後呢？」我越發好奇了。D說：「然後連續幾天我都看到一個人抱著一大堆資料坐在經濟學書架附近的座位，一下午除了偶爾去洗手間一直在學習。有一天，我上前請教一些問題，才知道原來他是在讀的經濟學博士，他得知我想升學後便推薦了一些書。」我忍不住插嘴：「那這也不能為你的申請加分啊？」D一臉開心地說：「正巧他做的專案需要助手，於是他手把手教我研究方法、數據處理、文獻搜尋，我們忙了三個多月，最後他的論文初稿被一個核心期刊接受了。」

　　我一下子明白了，D透過這個經歷證明了自己的學習能力超出大二生的平均水準，為原本不出色的履歷加了分。D清楚自己的能量和能力都不足，於是主動去借助外部的能量源，推動自己進入一個良性成長的狀態。事實上，即使沒有做研究的經歷，或者沒有成功升學，透過靠近學霸人群的日常環境、觀察他們用的方法，甚至只是用心感受那種專注學習的氣場，他也已經走在變優秀的路上了。

　　我們的人生就像一條寬廣的河道，主動引進高品質的訊息流、人際流、環境流，相當於為自己創建了一個光合作用、水循環、大氣流動的熵減小環境。心理能量的累積也有複利效應，隨著時間推移，我們的內心益發堅韌，充滿彈性，像發動機一樣推動著自己不斷前行，即使遇到一些意外也沒那麼容易「廢」。此外，當高品質認知大量內化後，我們的輸出便開始有價值，於是自然而然地會與優秀的人產生更多交集，並被帶入更適合成長的環境，形成良性循環。

# 集中做功：將認知能量聚焦在一處

## 你的時間都去哪兒了

在進入排出內心高熵的話題前，先說說第三個熵減實踐理念：透過分配時間和注意力提高整個系統的做功效率。

時間和注意力都是稀有資源，也是我們構成認知能量的兩大成分，在一件事上分配多少時間決定了我們對這件事的體驗廣度，在這段時間內投入了多少注意力決定了體驗深度。

那大多數現代人是如何利用時間的呢？ 2019 年初中國國家統計局發表了一個頗有深意的《2018 年全國時間利用調查公報》[11]（以下簡稱公報）。

根據公報，中國居民每天平均有約 4 小時的自由支配時間，大部分用來「看電視」（100 分鐘）和「休閒娛樂」（65 分鐘）。用於自我成長的「學習培訓」時間加起來只有 27 分鐘，這還是將每天必須在學校學習 8 小時的中學生包括進去後的結果。如果再計入每天平均 162 分鐘的使用網際網路的時間……看看自己和周圍的人，我們就應該知道我們一天的心思主要都花在哪兒了。

前面也提到過，大腦並不存在停轉的時候，而占據最多時間的「看電視」和「休閒娛樂」（最大可能是玩遊戲和滑短影音）也是最消耗認

---

11. 數據引用自中國國家統計局網站。

表 1　2018 年中國居民主要活動平均時間（分鐘）

| 活動類別 | 合計 | 男 | 女 | 城鎮 | 農村 |
|---|---|---|---|---|---|
| 合計 | 1440 | 1440 | 1440 | 1440 | 1440 |
| 一、個人生理必需活動 | 713 | 708 | 718 | 713 | 713 |
| 　睡覺休息 | 559 | 556 | 562 | 556 | 563 |
| 　個人衛生護理 | 50 | 48 | 52 | 52 | 47 |
| 　用餐或其他飲食 | 104 | 104 | 105 | 105 | 103 |
| 二、有酬勞動 | 264 | 315 | 215 | 239 | 301 |
| 　就業工作 | 177 | 217 | 139 | 197 | 145 |
| 　家庭生產經營活動 | 87 | 98 | 76 | 42 | 156 |
| 三、無酬勞動 | 162 | 92 | 228 | 165 | 159 |
| 　家務勞動 | 86 | 45 | 126 | 79 | 97 |
| 　陪伴照料家人 | 53 | 30 | 75 | 58 | 45 |
| 　購買商品或服務（含看病就醫） | 21 | 15 | 26 | 25 | 14 |
| 　公益活動 | 3 | 3 | 3 | 3 | 2 |
| 四、個人自由支配活動 | 236 | 253 | 220 | 250 | 213 |
| 　健身鍛鍊 | 31 | 32 | 30 | 41 | 16 |
| 　聽廣播或音樂 | 6 | 6 | 5 | 6 | 5 |
| 　看電視 | 100 | 104 | 97 | 98 | 104 |
| 　閱讀書報期刊 | 9 | 11 | 8 | 12 | 5 |
| 　休閒娛樂 | 65 | 73 | 58 | 69 | 58 |
| 　社交 | 24 | 27 | 22 | 24 | 25 |
| 五、學習培訓 | 27 | 28 | 27 | 29 | 24 |
| 六、交通活動 | 38 | 44 | 33 | 44 | 30 |
| 另：使用網際網路 | 162 | 174 | 150 | 203 | 98 |

註：
1.「陪伴照料家人」包括陪伴照料孩子生活、護送輔導孩子學習、陪伴照料成年家人。
2.「使用網際網路」是上述六類活動的伴隨活動。
3. 部分數據因四捨五入的原因，存在總計與分項合計不等的情況。

知能量的活動，因為它們被動、刺激、容易上癮，能製造短暫的興奮迅速占滿腦力。同樣是休閒，被動式休閒（指節奏不由我們控制的活動，如看電視）事實上比主動式休閒（指節奏由我們控制的活動，比如攀岩、繪畫、健身）要耗費精力得多。大腦頻繁受到高強度刺激時會以

為身體正處於生死攸關的關頭，自然全力配合，保命要緊。而人們之所以首選被動式休閒是因為這類活動觸手可及、門檻很低，而主動式休閒不僅要求更多準備和投入，還得上手一段時間後才能逐漸體會其中的樂趣。

每天區區 20 多分鐘，談何成長？「把時間和注意力花在有價值的事上」這樣的大道理可以一直講下去，但毫無意義。拋開所謂的惰性、天性、自律，人們之所以會不約而同地將寶貴的認知能量分配給低價值的活動，最根本的原因是──「不然呢？那還有什麼值得去追求的事嗎？」這是很多生活在都市中飽受內捲煎熬的人最自然的反應。

## 內捲真正的可怕之處

我們確實處於一個社會文化環境變化異常劇烈的複雜時代，無論對於成長期的新生代還是發展期的中生代，每一年都在大範圍刷新認知、重構價值觀。年輕人在對中產式生活的憧憬中長大，目睹了狂熱的全民創業潮，認知不斷被媒體傳播的「努力－逆襲」神話洗刷。當他們正帶著憧憬準備進入社會大展拳腳時，卻不幸步入擠壓泡沫、成長趨緩的年代，社會競爭日益加劇……大眾的真實心態變化，透過每年的網路熱門詞彙便可見一斑。

2016 年的奮鬥：「洪荒之力」、「小目標」；

2017 年的自嘲：「貧窮限制了想像力」；

2018 年的無奈：「佛系」、「喪」；

2019 年的哀嘆：「我太難了」、「打工人」；

2020 年的宿命：「內捲」、「躺平」；

2021 年的棄療：「棄療」；

2022 年的幻滅：「擺爛」、「Ｘ拋」。

　　網路熱門詞彙是人心的一面鏡子，奮鬥、自嘲、無奈……一路心態的變遷有著別樣的意義。這個變遷過程幾乎就是一個漫長而經典的「習得性無助」的形成過程，很多人對外部世界有這樣的感知。

　　在越來越多人的認知中，這是一個充滿競爭且階級「僵化」的時代，結論是「我再努力最終也一無所獲」，這時「躺平」便會很自然地被視為一種解藥，哪怕迫於現實壓力（比如需要這份收入還房貸）沒有真的去「躺」。「內捲」和「躺平」劇烈衝擊著我們內心的天平，當外部歸因成為習慣擴散到生活各個層面時，有些人就會在遇到任何問題時都本能地迴避，從是否跳槽到該不該減肥，逐步放棄自己對人生的掌控權。相比成長型思維者，定型思維者的潛意識會輕易對這個世界中各種負面解讀照單全收，最後形成了一組看待這個世界的偏執信念──正如榮格所說的：「你的潛意識正在操控你的人生，你卻稱之為命運。」

　　而這才是「內捲」所被忽視的真正可怕之處：當常年被網路熱門詞彙牽著走時，關鍵時刻決定應該做什麼的，便不再是理性，而是情緒了；當一個人整天把注意力全放在關心這個世界的不公平上時，自然會將一切問題向外歸因──這不一定是錯的，但對解決自己的切身問題毫無幫助；當這一切習慣讓自己變得越來越累時，即使有渴望成長的願望，最終也會無意識地透過情緒對抗現實。從低欲望的「躺平」發展到今天放任欲望的「擺爛」更是情緒上的登峰造極──它以自我放棄的姿態構成一種「弱者的消極反抗」，讓人放棄任何長期行為，一切都是短期主義的及時行樂、及時揮霍、及時墮落。這種豁出去了的情緒當然是非理性的，但多數時候能幫人奪回一些掌控感，比如把注意力集中在門檻低但馬上有回饋的低級娛樂上。一個不容忽視的問題是，如果放任

「我再努力最終也一無所獲」這種偏執信念泛化到生活中的每個層面，那麼會如社會學家伊麗莎白‧伯恩斯坦（Elizabeth Bernstein）所說的被空洞情緒（Empty Emotions）—— 一種破壞力極大的複合負面情緒吞噬[12]。

空洞情緒會往人的內心不斷填入兩種給成長帶來毀滅性的感受：**無望感**和**無價值感**。

無望感不是在某段特定時期或對某件事情感到絕望，而是一種對整個未來的消極預期。要知道，我們身為人之所以有動力且能夠做一些事來改變生活，是因為我們相信自己的行為會產生特定的結果。無望感破壞的就是對這種因果關聯的認知，而當人因絕望放棄任何努力時，自然會真的一事無成，這個結果會進一步強化自己「什麼都不行」的信念。被無望感劫持的人會喪失自救的欲望，在遇到壞事時也因為堅信痛苦一定會來而放棄避險。

無價值感則是一種內挫型的情緒，因為看不到自我價值，便會沒完沒了地將自己做為批評對象進行攻擊。和抱有無望感的人放棄一切行動不同的是，受無價值感消磨的人會有所行動，但只會追逐外部認可的功利價值，比如財富、權利、社會地位。擁有這些以後的無價值感者內心會更空虛，只能在焦慮驅動下追求更多名利，並在這個過程中不斷取悅他人以尋求外部認可。但因為自我價值都建立在他人的評價上，無價值感者會輕易因他人的一句話使得苦苦建構的自我認同瞬間崩潰。

尤其需要一提的是，空洞情緒也是很多臨床診斷中度以上憂鬱症患者的日常典型感受。對這些患者來說，這種虛無的感受非常頑固，旁人無論說什麼做什麼，很難將他們的行為和態度扭轉至良性方向。如果在

---

**12.** 原文標題為 *Why You Need Negative Feelings*，完整文字可在 WSJ 網站讀到。

讀這本書的你陷入了全方位的無望感和無價值感超過兩週，一定要尋求專業人士的幫助。沒有憂鬱問題的普通人群也會產生淺層的空洞情緒，但不會覆蓋到生活的全部層面，比如對階級上升感到悲觀但對親密關係依然抱有希望。事實上，空洞情緒和習得性無助的體驗很普遍，全球大約四分之一的人都在某個時期經歷過這種困擾，只要程度不深，大部分人能自己慢慢走出來。

讀到這裡你大概也意識到了，定型思維者和內耗嚴重的人有著某種共通性：他們更容易被舒適圈禁錮，難以從高品質的訊息流、人際流、環境流中獲益。當對世界形成偏執看法後，他們往往覺得自己沒有選擇，於是懶於把時間和注意力花在有價值的事上──這正應了美國心理醫生史考特・派克（M. Scott Peck）的一句話：「**做為成年人，整個一生都充滿選擇和決定的機會。接受這個事實，就會變成自由的人；無法接受這個事實，永遠都會感到自己是個犧牲品。**[13]」

## 能長久凝聚注意力的活動

輕度悲觀能促使人三思而後行，但在內捲空前的今天，哪怕網路上幾個段子都能引起太多人巨大的情緒共鳴，輕易瓦解人的精神。而無望感和無價值感的根源，來自所思考的問題層級錯位。很多宏大、抽象的社會現實問題並不是不重要，關注和思考它們也沒有錯，只是不適合當前還很普通、很脆弱的自己。當過多有分量的訊息對一個人的認知體系產生衝擊而個體無力承載時，他就會陷入一個無止境思考無解問題的惡性循環中。

事實上，多數人最應該解決的第一個問題，是停止一切關於 10

---

**13.** 摘自史考特・派克作品《心靈地圖》。

年、20 年後的格局預測，只專注於眼前的事。工作時全力解決自己專業領域的挑戰，遇到一個克服一個，不斷吸收有關的知識；學習時全力攻克不懂的難題，什麼捷徑都不要想，就像打遊戲那樣來一個怪獸幹掉一個怪獸。當自己的段位還不高時，能接收到的大多數訊息其實都是噪聲。當聽別人對熱搜上的「大事」評頭論足時，不要跟著上頭，先默默問自己一句：聽這些對我當前的成長有益嗎？無益就別把它往心裡裝，如果興趣被點燃了，就去搜索有營養的專業書籍或研究論文——當你能做到這些時，便已經超越了大部分身邊的人。當剔除了所有「關你什麼事」和「關我什麼事」的噪聲、不再苦苦糾結於那些宏大命題、只將注意力放在解決眼前的難題上時，你的內心就一下子透亮了。然後，你會突然明白原本那些人生的沉重感是怎麼來的，而自己本可以不背負這些。如此，你便可以按自己的節奏成長起來。

不斷為人生做這樣的減法，就是對抗熵增和內耗的最好解藥——正如契克森米哈伊所說，當找到一個能長久凝聚自己注意力的活動後，即使外界有再多的負面侵擾，你也能夠自得其樂。在想做的事上能隨心所欲地集中注意力，不僅是控制意識最顯著的指標，也是精神熵在不斷排出的訊號，當我們找到這個活動並投入進去時，重塑內心秩序的車輪便開始運轉了。

那麼這個活動應該是什麼樣的呢？

首先，它不應該占據人為了謀生不得不花費的工作時間，而應該在人意志完全自主時的閒暇時間進行。人與人的遠景差距往往來自休閒時段做的事，而非被迫做的工作——事實上，最好只做自己認可和樂意的事，因為知行不合一是導致多數人內耗最常見的原因。其次，這個活動必須是主動式的，也就是需要人主動投入注意力去感受每一個行動與回饋，所以看電視肯定不行。最後，這個活動最好是建立在自成目標上

的，也就是因為自己喜歡而做，而不是以做成這件事能得到外部獎勵為驅動力。只有這樣的活動才能充分讓我們全神貫注，聚焦認知能量。

在全神貫注投入這樣的活動時——和很多人的直覺相反——大腦能耗是極低的，哪怕連續幾個小時人也不會覺得多累。契克森米哈伊透過他的研究告訴我們，在進行這樣的活動時，雖然密集的思考會增加大腦處理訊息的負擔，但同時也會關閉接收其他訊息的通道，越專注反而讓人越輕鬆。前面說了，能在一個自己認可、願意為之付出的目標上投入注意力，是掌控意識最顯著的指標，因此熵減實踐的核心目標，就是為自己找到一個具有上述特徵的活動。

說了那麼多，我們的熵減實踐究竟應該從哪裡開始呢？開始任何一項成長任務的第一性原則都是：**從自己最能控制的環節開始**。引入負熵是一個主要基於外部條件的環節，訊息流部分自我可控，但人際流和環境流在很大程度上取決於外部機緣；重塑秩序的可控性排在第二位，因為分配認知能量前需要先選定一個行動目標，也就是值得做的事，而在開始做一件事前，輕裝上陣是最佳狀態。因此，排出高熵，既自我可控也有優先開展的必要，應該選擇它作為起點。

下一章將從評估你當前的多維熵值和熵型開始，正式開啟這趟熵減實踐之旅！

第三章

# 熵減實踐：
# 做一名輕裝上陣的行動派

. . .

**你將從本章了解到**

☑ 自己內心的精神熵狀況

☑ 如何透過識別自己的情緒排出積壓的熵

☑ 如何找到匹配自己優勢特質的目標

☑ 如何為自己制訂熵減行動計畫

☑ 如何在行動受阻時定位原因

☑ 如何將熵減實踐擴展到生活各個方面

. . .

# 測一測：
# 你當前的多維熵值和成長熵型

　　讀到這裡的你，是不是早就迫不及待地想知道自己的精神熵到底有多高了？那就開始吧！

　　為了保證測試的準確度，這裡不事先做說明，請掃 QR 碼下載【1. 多維熵值 / 熵型評估量表】填寫。隨後再回到這裡，記錄下你當前的熵值情況。

手機掃描 QR 碼
或瀏覽器輸入：
https://reurl.cc/nLVeVe

---

測評日期：＿＿＿＿＿＿＿

## 我的多維熵值評估結果

　　我當前的總熵值是：＿＿＿＿＿＿＿＿＿，暫時處於（□低熵 □中熵 □高熵）狀態。

　　（滿分 160 分，分數越高熵值越高；32 ～ 64 分為低熵段，65 ～ 127 分為中熵段，128 ～ 160 分為高熵段。）

　　我在「封閉程度」的主維度得分是：＿＿＿＿＿＿＿＿＿，暫時為（□成長型 □定型）思維傾向。

　　（分數越低越開放，越高則越封閉；小於 40 分為成長型思維傾向，大於 40 分為定型思維傾向。）

我在「做功阻力」的主維度得分是：＿＿＿＿＿＿＿＿＿，暫時為
（□增效型 □內耗型）做功傾向。

（分數越低越高效，越高則越低效；小於 40 分為增效做功傾向，大於
40 分為內耗做功傾向。）

將評估量表中 5 個子維度的得分相連，便能得到你的五維熵雷達圖。

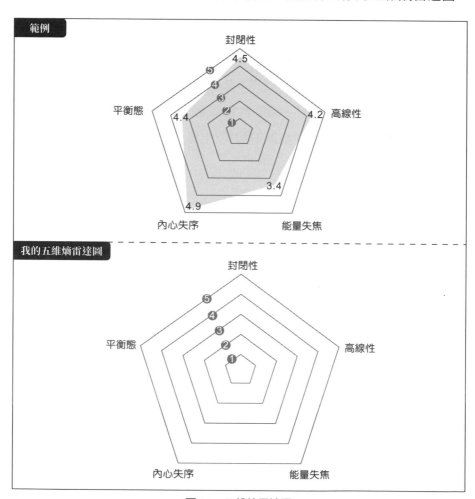

圖 14　五維熵雷達圖

熵值越高的人必定內耗也越嚴重。開發這份評估量表的初衷，是希望能借助它綜合反映一個人的內耗情況。完整測評涵蓋了 16 個構念：目標感、自我效能感、學習信念、積極認知、迴避挑戰、拒絕改變、堅毅特質、過程導向、情緒敏感、控制想法、抑制欲望、反脆弱、專注力、自成目標、抗壓力、逆商，並在此基礎上構成了兩個主維度（封閉程度、做功阻力）和 5 個子維度（封閉性、平衡態、高線性、內心失序、能量失焦）；5 個子維度的總平均分值為 1 ～ 5，如果某個子維度的分值和平均分值相差 25% 以上，則可視為有顯著差異，意味著這是個「扯後腿」的維度，需要重點關注。

　　比如你的 5 個子維度平均分是 2.9，而「內心失序」這個子維度的分值是 3.7，和平均值 2.9 的差異接近 28%，這便意味著過度壓抑欲望和敏感情緒的衝突是你最大的問題。

## 「暫時」的「傾向」：這只是當前的你

　　多維熵值的自我評估將貫穿整個熵減實踐計畫，幫助我們監測自己的狀態。如果你夠細心，會發現每一項結果裡都有「暫時」這個詞，因為這只代表此時此刻的你。

　　該評估量表的用法是：在還沒開始熵減實踐時可以用於日常測試，看看自己在各個子維度上有什麼變化；測試週期按自己的情況和節奏來，不需要頻繁到幾天就測試一次（改變不會這麼快），感覺自己這段時間沒什麼變化就不用去測，覺得有變化隨時拿出來測；而當確定了一個活動目標付諸行動後，建議以月為單位做總結性複測，以便判斷行動的方向是否正確；這時候主要評估兩個主維度──「封閉程度」和「做功阻力」的得分是否因為做這件事而降低，然後再看各子維度之間是否相互支持，某一些維度是不是在扯另一些維度的後腿。

熵減實踐雖然像一個自發專案，但核心目的不是將這件事做出多大成果（雖然這很可能是附帶的收穫），而是形成正向路徑依賴，逐漸將自己打造成一個能自得其樂的終身成長者。所以像大公司考評那樣盯著進度和結果是背道而馳的，我們給自己的 KPI 標準只有一個——**總熵值有沒有在降低**。如果在做一件事後發現總熵值不僅沒有降低，反而連續三個月都在上升，無論這件事能帶來多少物質回報，都應該在認真復盤後終止，重新選擇新的目標——這一點和非線性複利原則沒有衝突，在錯誤的方向盲目堅持是不理性的。

評估結果中的「傾向」是第二個關鍵詞。傾向的意思是方向，即使評估結果為定型和內耗型傾向，也不過表示你正走著的這條路是通往那邊，但還遠遠沒走到底呢，轉一個身就可以改變方向了。「封閉程度」和「做功阻力」這兩個主維度代表的也是一種動態的傾向（不像人格特質那樣形成後就比較頑固和穩定），它們分別反映了個體的成長潛質。

「封閉程度」表示一個人具備成長型思維的程度，低封閉也意味著高開放；在這個維度得分低的人有複利效應意識，並且能跨入伸展圈主動提升自己。「做功阻力」表示一個人能從外部獲取負熵和排出內熵的程度，做一件事是否能聚集認知能量；在這個維度得分低的人內心阻力很低，對挫折充滿彈性的復原力，即使偶爾被內耗困擾也能很快擺脫。

## 4 種成長熵型：海豚型、樹懶型、犀牛型、海鞘型

把「封閉程度」和「做功阻力」兩個主維度按評估的結果類型兩兩結合，便可以得到 **4 種成長熵型**。

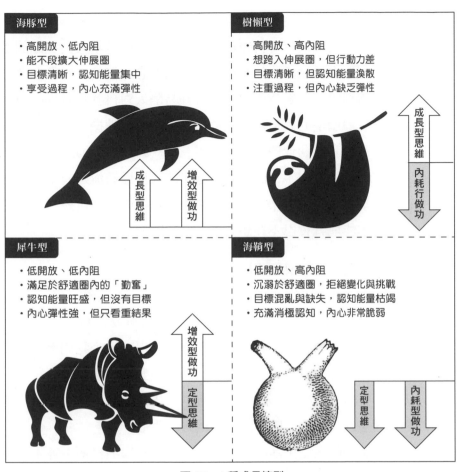

図 15　4 種成長熵型

### • 成長型思維／增效型做功傾向的「海豚型」

　　根據 2021 年《比較心理學期刊》刊登的一篇論文，英國赫爾大學的動物學家們在對 8 個國家 134 條瓶鼻海豚的研究後發現，這種智商超群的水生哺乳動物在一些行為和認知特徵上與成長型思維的人具有相當高的相似度——牠們充滿好奇、精力充沛，甚至具有大五模型（Big Five）中「定向性」

（Directedness）的特質，即高度專注、目標明確、低神經質。

海豚型的人很容易持續取得成就，雖然他們本身更在意的是享受過程帶來的樂趣。他們很少被無謂的念頭纏繞，喜歡在全力以赴中得到快感，處於逆境也不會輕易陷入對自我和世界的消極認知。這類熵型的人最需要注意的是保持良性動機，將這組難得的特質用於利己利他的目標上，畢竟——如果瓶鼻海豚想作惡，人類未必是牠的對手。此外，海豚型的人透過心流進一步優化自己、體驗更高級的快樂幾乎是其必經之路，就好像玩遊戲到一定段位，本能地就會忍不住想去探索未知的新大陸。

### • 成長型思維 / 內耗型做功傾向的「樹懶型」

《動物方城市》中那隻叫「快俠」的樹懶慢慢吞吞，急死人，而在結尾時卻開著跑車飛馳而過，前後反差巨大，笑料十足。樹懶這種熱帶樹棲動物確實很慢，但慢不代表牠們蠢，就像動物學家貝奇‧克里夫（Becky Cliffe）在她的《樹懶：慢車道的人生》（*Sloths: Life in the Slow Lane*）中指出的：「足夠聰明，能在應付生存所需的同時，以自己的方式生活。」

樹懶型的人是生活中的大智若愚者，看得清目標，並不排斥變化，因為具有開放的特性通常也不缺少機會，但有時情緒過於敏感，過度深思熟慮的習慣使自己難以將想法付諸行動，總是在「先想清楚」這個環節陷入無限循環。此外，他們會透過刻意壓制欲望來獲得掌控感，比如抵禦美食和娛樂的誘惑，比較在乎他人對自己的評價。樹懶型的人雖然慢但屬於典型的厚積薄發，內心的負累一旦被卸掉，不再做「行動上的侏儒」，便會以驚人速度成長。

• **定型思維／增效型做功傾向的「犀牛型」**

　　犀牛雖然體型笨重，但體力旺盛、反應靈敏，如果需要（比如逃生時），能以每小時 45 公里的高速飛奔。這種動物具有很強的領地意識，為了保護自己的舒適圈，牠可以與闖入者搏殺到底。犀牛型的人精力旺盛，在自己熟悉的領域中通常遊刃有餘，也能找到樂趣，在熟人眼裡是個可靠的人。但定型思維使得他們對向外界開放有所保留，經常會用「戰術上的勤奮」掩蓋「戰略上的懶惰」以心安理得地留守在原地，有時候也會忍不住把自己的固有觀念強加給他人，令人產生壓力。

　　犀牛型的人不願意踏出舒適圈通常也有個客觀原因——個人的追求與社會期待很吻合，比如一個人做老師很多年，工作得心應手，收入也滿意，還有來自學生、家長、同行和社會的讚許加身，那有什麼改變的必要呢？很簡單：居安思危。不用為變而變，但要做好「變天」的準備。事實上，犀牛型的人有巨大的成長潛力，所謂的「變」也不是非要換個職業或離開熟悉的環境，而是先從定型思維轉變為成長型思維，給自己一個打開新世界大門的機會。

• **定型思維／內耗型做功傾向的「海鞘型」**

　　海鞘是一種神奇而古老的海洋物種，牠們從出生到成長完畢用不到 12 個小時，然後就會尋找自己的「家」——要麼扎根在一塊珊瑚礁上，要麼吸附在某條船的船底——總之，找到後就一生都不會再移動了。然後這個物種開始一項逆進化論的行為：由於這時候只需經過背部兩個孔洞就能從海水中獲取微生物養分，高耗能的大腦便被尚存在意識的海鞘判斷為「沒用了」，接著就

開始自我吸收——也就是把自己的腦子做為養分「吃」掉了，只剩下一個簡單的神經節。

海鞘型的人會將舒適圈視為最後的棲息地，即使內心備受折磨也難以下決心改變，認知能量日漸枯竭。這有點像宅在家裡什麼都不做、過了很久出門的感覺：對外部刺激反應遲鈍但情緒上又很敏感，對稍微複雜點的問題思考能力大幅下降，神經元之間的連接開始萎縮，連走起路來都覺得手腳的擺動有點陌生。這聽起來很絕望，但每個故事又都有另外一面：海鞘的血液中有一種特殊成分，使牠們具備超強的復原能力，身體即使被其他生物吃掉一塊也能迅速長回來。暫時是海鞘型，並不是多可怕的事，只要有改變的意願（哪怕只有微弱的一點點），便能嘗試從掃除精神垃圾開始，透過一個個關鍵行動逐步自我修復。

根據你的「封閉程度」和「做功阻力」評估結果，你也可以評估自己當前所屬的熵型。

---

### 我的成長熵型評估結果

我當前為（□海豚型 □樹懶型 □犀牛型 □海鞘型）成長熵型。

---

## 不要給自己貼標籤

需要特別說明的是，雖然我並不認為將人劃分類型的方式很恰當，但為了便於大家理解還是展示了 4 種熵型。隨著實踐的進行，你可能會

發現自己在某段時間內屬於犀牛型，而過了一段時間便成了樹懶型，或者在做某件事時屬於海鞘型，換了一件事做居然立刻成了海豚型，而環境一變又回到了海鞘型……這些變化非常正常，每個人的熵型都會因為一些情境因素和對不同事物的看法而在不知不覺中切換。透過這些變化我們能越來越了解一些事，比如「我到底是不是真的喜歡做這個？」「是不是受身邊人的影響，導致我習慣性以定型思維去思考問題？」「我這麼容易內耗，會不會因為就處在一個內耗環境裡？」……所以對於現在的熵型，你應該同樣把它看成暫時的傾向，避免給自己貼上「我就是這類人」的標籤。

　　現在你已經了解自己當前的熵維和熵型了——請牢牢記住「暫時」和「傾向」，不要將了解自己變成定義自己。下面我們進入實踐準備環節：清掃內心這個小黑屋裡的精神垃圾。

# 實踐準備：
# 為內心這個小黑屋做個大掃除

想專心一致做一件事，需要盡可能清理內心的垃圾、幫助意識輕裝上陣——這便是排出高熵。

內耗時人的腦中各種念頭毫無秩序地肆意狂奔、互相衝撞，這時候我們根本連在想些什麼都不知道，更別談控制了。為什麼發生在自己大腦裡的念頭，身為主人的我們卻看不到？因為這些念頭通常都在潛意識和意識的交界處遊走，清醒時的自我視角就像個微距鏡頭，經過緩慢對焦後最多也就瞄到一個局部——好像你現在應該不會注意到自己的腳趾有什麼感覺，但讀完這句話以後，你肯定就能清晰感覺到腳趾的存在了。

## 感知情緒，和內心對話

內心對自我來說就像一個漆黑一片的房間，意識這東西就像手電筒一樣，照到某個角落我們才會注意到那裡，但它永遠無法同時照亮整個房間。而在意識照不到的地方，潛伏著一個能幫我們感知這些念頭的助手——情緒。在還沒有能力控制意識前，情緒會告訴我們很多東西，尤其是「不快樂」的負面情緒。情緒覺察力高的人，並不會比其他人看到的更多，但更熟悉這個房間的氣息，憑一點微光也能大致感覺到在這個房間裡打架的「小人」都是誰。

負面情緒是一種古老的、接近本能的生物反應，它的響應速度遠

比人腦認知系統的處理速度快，所以意識無法直接干預它，只能在它發生時趕緊根據情況做掩飾性補救。比如電梯裡進來一個自己很討厭的人，明明內心厭惡得不行，表面上卻可以若無其事，甚至笑著打招呼——但厭惡是無法因此轉變成好感的。負面情緒或許能被壓抑，但絕不會說謊，因此它是最客觀的內心觀察員。只要能仔細聽明白這些聲音，就能知道自己到底在想什麼。

那麼情緒該怎麼去用呢？首先要了解一件事：**不同的情緒是有不同的時空指向性的。**

負面情緒的種類非常多，從熵減的角度，我們主要關注三種最容易被生理喚醒，也最容易被察覺到的情緒——悲傷、憂鬱、焦慮。這三種情緒分別製造的是「**過去之熵**」、「**現在之熵**」、「**未來之熵**」，傾聽它們的聲音便等於抓住了這些「小人」：「我知道你們在鬧什麼了，來談談吧！」

## 「過去之熵」發出的「悲傷之聲」

如果回顧一下人生中無數次哭得喘不過氣的經歷，我們會發現它們都有一個共通性，就是喪失：幼年失去了最喜歡的玩具，因為搬家不得不和最親密的朋友分離，懂事後總會有那麼一兩次無法挽回的失戀，隨著年紀漸長，身邊也開始有重要的親人離開……這種傷心甚至強烈到感覺身體的某些部分被掏走了。

這些經歷帶來的悲傷程度不同，但都來自一個和喪失有關的具體事件。任何一件事只要能挽回，悲傷就不是個問題，當怎麼都找不到的玩具突然在某個角落出現時，這個孩子的悲傷立刻煙消雲散。但生命中大多數失去是無法挽回或改變的：當看著《蝴蝶效應》中的伊凡一次又一次穿越回童年，試圖補救種種遺憾卻一次又一次失敗時，我們會跟著感

受到一波又一波的悲傷。這便是悲傷的特點——它指向的一定是過去，也就是那些讓人放不下的既定事實。

悲傷本質上是對喪失感的投射。我們的內心對這種失去越不甘，越忍不住想做點什麼，越會因為意識到自己的無力而生成更複雜的**複合情緒**[1]，包括沮喪、內疚、孤獨、懊悔等。這些以悲傷做為底色的複合情緒成因不同，但對我們提出的是同一個要求：「你內心有一塊一直空著，快點把它填補起來。」

悲傷難以排解的根本原因，是心理層面這種想「填補」的念頭難以遏制。這就是為什麼有些人每次失戀後都會以最快的速度找一個新歡，哪怕並不了解對方。對於悲傷的訴求，我們必須和它談判：「我知道自己改變不了什麼，但隨便找個東西填補上會傷害更大，請和我一起想想拿什麼填。」拿什麼填呢？便是那些因過去產生的熵。做法是：**降解**。

「過去之熵」都是些我們放不下的往事，比如那些逝去的青春、曾經的失敗、無法挽回的遺憾……它就像打翻的牛奶，隨著悲傷發酵、變質。降解的意思便是原地分解、埋葬過去，把腐化的牛奶重新分解為使內心更豐滿的潤土，填上這個缺口。悲傷是一種彌散性的陰性情緒。它就像沼澤那樣讓人很容易陷進去，不容易出來，越掙扎陷得越深，如果想用抽水機把沼澤抽乾會更危險。所以對待悲傷不能強來，封存或吸走都不行，只能慢慢將它從稀泥降解為略微硬實的潤土。

一個親測有效的方法，是在聽到「悲傷之聲」時把這個人、這

---

**1.** 複合情緒（Complex Emotion），由 20 世紀 70 年代美國心理學家卡洛爾‧伊扎德（Carroll Izard）在他的情緒刺激理論中提出。他從生物進化角度將人的情緒分為基本情緒和複合情緒。複合情緒主要來自基本情緒的混合體，比如內疚是由沮喪、羞愧、不安混合而成的。

件事、自己的感受盡可能詳細地寫在情緒日記中（掃 QR 碼可獲得【2. 情緒日記：排出內心的熵】模板）。在落筆的那一刻，我們就知道自己有了一個隨時探訪的墓地，可以來訴說，也可以來祭拜——它永遠不會丟，但已經不會再產生傷害了。

手機掃描 QR 碼
或瀏覽器輸入：
https://reurl.cc/nLVeVe

---

記錄日期：＿＿＿＿＿＿

## 情緒日記——我的「悲傷之聲」

我今天覺察到自己陷入悲傷，因為（寫下相關的人、事、地點、經過）：

＿＿＿＿＿＿＿＿＿＿＿＿＿＿＿＿＿＿＿＿＿＿＿＿。

我在這次悲傷過程中會自動想到（寫下當時冒出來的念頭、聯想）：

＿＿＿＿＿＿＿＿＿＿＿＿＿＿＿＿＿＿＿＿＿＿＿＿。

我這次的悲傷感受主要是：＿＿＿＿＿＿＿＿＿＿＿＿。

| 輕微 | 低度 | 中度 | 高度 |
|------|------|------|------|
| □倦乏 | □沮喪 | □哀傷 | □悲痛 |

致今天的悲傷君：謝謝你告訴我要放下過去！

---

寫情緒日記這種方法也適用於其他負面情緒，但對悲傷尤其有效，因為悲傷是有滯後性的，尤其是強烈的悲痛。

　　人們在失去一位親人、丟掉一份工作、和最愛的人分手時，發生的當下不一定有很強烈的感覺。那種逆流成河的悲傷通常發生在一段時間之後，比如路過某個地方、聽到某首歌時眼前瞬間浮現出那個影子，我們會先呆一下，還沒回過神來就崩潰了。觸景生情的那一刻其實也是最佳的記錄悲傷、降解「過去之熵」的機會，但人們大多任悲傷流淌，每次都得從頭品味一次慢慢變質的牛奶，內心的空缺被越積越多的熵占據。

　　我們都知道經常查看傷口不利於癒合，但傷口結痂時總是搔癢難耐，將無法改變的過去寫下來便是一個幫我們脫敏的過程，以免結痂時總忍不住去搔它。當你感到悲傷時，試一試把「過去之熵」寫到情緒日記裡，將其埋葬掉，你會感覺到和以往有些不一樣。

## 「現在之熵」發出的「憂鬱之聲」

　　首先要說明的是，這裡涉及的憂鬱並非指臨床診斷意義上的憂鬱症，而是指日常的憂鬱心境或憂鬱情緒。我們每個人都會在生活中時不時產生憂鬱情緒，它的痛苦程度和真正的憂鬱症不可相提並論。通常來說，只有當一些生理和心理指標達到顯著嚴重程度並持續至少兩週以上時，才有可能是憂鬱症。

　　憂鬱情緒，也稱抑鬱，從名稱上就能看出來，是抑制和積鬱。人在陷入憂鬱情緒時心理能量極低，流動性幾乎處於停滯狀態，外顯的表現就是對來自外部世界的刺激，不管是好是壞都沒什麼太大反應。這種狀態下的人經常會情緒低落，對改變現狀不怎麼抱希望，自我價值感低，容易陷入深深的空虛和自我懷疑中。**憂鬱指向的是現在——一看到**

現在的自己，一想到正在做的事，就提不起勁來。首先和應對前面的悲傷一樣，我們可以將日常產生的憂鬱事件記錄下來，降低對它的敏感度。

記錄日期：＿＿＿＿＿＿

## 情緒日記──我的「憂鬱之聲」

我今天覺察到自己陷入憂鬱，因為（寫下相關的人、事、地點、經過）：

＿＿＿＿＿＿＿＿＿＿＿＿＿＿＿＿＿＿＿＿＿＿＿＿＿＿＿。

我在這次憂鬱過程中會自動想到（寫下當時冒出來的念頭、聯想）：

＿＿＿＿＿＿＿＿＿＿＿＿＿＿＿＿＿＿＿＿＿＿＿＿＿＿＿。

我這次的憂鬱感受主要是：＿＿＿＿＿＿＿＿＿＿＿＿＿＿＿。

| 輕微 | 低度 | 中度 | 高度 |
|------|------|------|------|
| □淡漠 | □低落 | □無力 | □無望 |

致今天的憂鬱君：謝謝你告訴我要重視當下的感受！

把人拖入憂鬱情緒的因素很複雜，主要來自因長期忽略了自己當下的感受而產生的「現在之熵」。捲入現實而身不由己的我們，一方面

厭惡外部強加的那些成功標準，一方面又沉淪於追逐這些標準之中，透過過度消費、考試排名、職位提升、結婚生子、買車買房這些功能性的目標來定義自己。在長期帶著矛盾感追求所謂成功的過程中，我們幾乎需要投入全部的認知能量才能讓這些目標勉強還在視線內，代價就是自己的感受被長期忽略，最後身體終於站出來代表那個內心的你奮力反抗。怎麼反抗呢？透過憂鬱情緒收回心理能量，強迫我們停下來聽它說：「你真正想要的不是這些！它們在消耗你！」

那不是這些，又是什麼呢？

「你最想要什麼？」這個問題我也曾問過自己無數次，後來也問過身邊很多人。他們通常會羅列出一些基於功能性目標的回答。然後我追問：「這些東西是你『想要』的，還是你覺得『應該要』的？」一些想認真回答的人便猶豫了。「想要」來自很難覺察到的真正理由，「應該要」則是能說出口的功能性理由，前者就是內心的聲音，但聽不清楚。我知道他們不是在有意隱瞞，而是真的不知道自己想要什麼。就好像我們問一個學霸：「你為什麼這麼喜歡學習？」他可能會說自己想考清華、北大的研究所，或者想進心儀的大公司，其實真正的原因是「學習很爽，比打遊戲、滑抖音爽多了」──但這並不符合大眾的認知，解釋起來容易有誤解，所以乾脆給一個一聽就懂的理由。

普通人和學霸最大的差異並不在智商上，而在於後者每天很自然地在做自己覺得舒服的事，而前者每天在做不舒服且目的不明的事。如果說有什麼可以向學霸們學習的，那便是在覺察到憂鬱情緒時先和它說：「請給我一些能量，幫我一起找到『想要』的吧！」那怎麼找呢？與其漫無方向地找，不如先做反向選擇，把每天毫無感覺的事情先找出來丟掉，即**清空**。

「現在之熵」來自身邊的日常干擾，當我們的注意力被太多瑣碎的

事務呼來喝去時，我們內心一直處於無力做功的狀態。既然知道了憂鬱情緒指向現在，那就主動清空每天所做的事情，只留下那些想要的。除了情緒日記外，一個建議的追加方法是制訂「三任務列表」。

「三任務列表」就是，每天把三個最重要且自己最想做的任務寫在一頁紙的正面，然後把其他計畫做的事都做為備選任務列在這頁紙的背面。三個任務寫完就刻在腦子裡了，而在背面這頁紙上列完計畫做的事後便可以把它們忘掉（它們不會丟，所以可以放心忘掉）。比如我今天要完成的三個任務是——寫完現在的這個小節、讀完馬斯洛《人性能達到的境界》（*The Farther Reaches of Human Nature*）第二章並做筆記、出門慢跑 30 分鐘。如果臨時發生取快遞、約吃飯，甚至收到一則訊息一時半刻也不知道如何處理的，統統往背面這頁紙上「扔」，休息或上洗手間時掃一眼，覺得沒必要做的直接劃掉。

這麼做以後，我們的意識空間裡永遠只會有三個任務，保證認知能量不會渙散；一天結束後回顧一下今天做了哪些事、看看什麼事重要但感覺不舒服、什麼事不重要但自己很喜歡，這可以幫助我們覺察和權衡自己的內心偏好，慢慢便能找到保持心理能量流動的平衡點。

「三任務列表」看起來繁瑣，但等用得熟練後基本上只需要每天在腦子裡過一遍就行了。隨著範圍越縮越小，背面這頁紙上的事也會逐漸消失不見——這時候你會發現，原本自己以為不能疏忽的事，比如沒回的訊息、沒去的聚會，其實多數即使清空了也不會有太大影響。那些值得的人、值得的事永遠都在那邊，而這時的你已經有足夠的能量去更好地維護他 / 它們了。

## 「未來之熵」發出的「焦慮之聲」

焦慮是我們每個人的老朋友了。

陷入焦慮時，人先會感到緊張，然後心煩意亂，膚電反應增強，身體開始坐立不安。焦慮的指向性也很明確——**指向的一定是還沒發生的未來**。焦慮總會用「如果」這樣的虛擬語氣發出聲音，比如明天有個重要的面試，今天便會擔心「如果明天表現不好怎麼辦？主考官不喜歡我怎麼辦？塞車遲到怎麼辦？」由於這個未來還沒發生，但人又無法耐受這種不確定的感覺，在事情塵埃落定之前焦躁不安是很自然的反應。

　　有時候我們想到過去的事時也會焦慮，這是在擔憂悲劇在未來重演。這時候由於常常混雜了「悲傷之聲」和「憂鬱之聲」帶來的複合情緒，所以更令人難以分辨到底是什麼感覺。焦慮也經常會在生活中以其他情緒的方式表現出來，比如有時候你會看到一位同事被上司訓斥幾句後突然失控發飆、大吼大叫，這種反常很可能不是單純為維護自尊而反擊產生的憤怒，而是恐懼引發的神經性焦慮，至於恐懼什麼，便得借助心理動力學像考古一般抽絲剝繭了。

　　持續的焦慮是一種如溺水般喘不過氣的感受，它潛伏在生活的每個方面。這種難耐的感覺驅動人們必須立刻做點什麼來緩解，所以在聽到「焦慮之聲」時，我們應該回以兩個字：**行動**。大部分人在焦慮來襲時都會做些什麼試圖趕走它，但方式大不相同。有的人會用一些「儀式」給一個「我已經做了」的假象，比如去抽菸、滑短影片，或者去超市買啤酒灌兩口，但這些「儀式」不僅解決不了根本問題，還會導致一觸發某個情境就會焦慮的結果。

　　除了這些自欺欺人的做法，有的人還會主動採取應對式的行動。

　　其中一些應對方式是**現實適應性**的，比如當一想到第二天面試要面對一排主考官而焦躁不安時，有的人會花一兩個小時把可能的問題和回答寫下來，然後面對鏡子演習幾遍，或者找個朋友做一次模擬面試。這種額外的時間投入是理性的，做完後既能增強自己的信心和掌控感，又

能緩解焦慮，這是**適度應對**。

另外一些**非現實適應性**的應對方式則會出現兩種極端：一種極端是強迫症一般用盡每一分鐘不斷重複演習，筋疲力盡也不敢休息，更不願做生活中其他事情，比如做飯、洗澡，直到最後一刻被焦慮壓得喘不過氣時才會停下，也就是**過度應對**，導致最後面試時狀態並不好；還有一種極端便如同人生放棄者，一感受到壓力便立刻放棄，乾脆不去面試，也就是**沒有應對**。

這兩種非現實適應性的方式看起來好像是相反的：一個盡力了，一個棄療了，但事實上它們都是在追求速效地緩解焦慮。前者在每一次演習時會暫時感到壓力沒那麼大了，所以上癮般不斷重複這個過程，這種非理性的過度掌控反而會導致失控。而後者則是透過直接迴避現實來卸壓，不僅沒卸掉，還對人的成長產生破壞性的影響，因為它阻止了每一個面對和戰勝恐懼的機會，使人更難應對未來的焦慮。

達到速效是大部分人最常用的策略，但這是一種沒有複利效應的「救命稻草」行為。除了對還沒發生的事擔憂，人在無所事事時也會產生焦慮，甚至更強。當人在沒有目標的時候，身體是會感知到認知能量和心理能量在不斷流失的，於是聽到焦慮大聲地喊：「趕緊做點什麼阻止能量流失吧！」但很多人白白承受了焦慮的難耐，卻始終沒有轉化為有效行動，最終被越積越多的焦慮吞噬。

要應對焦慮，首先應該更多地看到其積極的功能性。它對還沒發生的未來有極強的預防和導正作用，甚至能影響到人們的潛意識反應，因此也是最有任務導向性的一種負面情緒。早年我還在某遊戲公司上班時，因為住所到公司需要 1.5 小時通勤，我每晚都會在手機上設好第二天 6 點 10 分的鬧鐘，結果那幾年這個鬧鐘竟然一次都沒有響過，因為每次「叫醒」我的，是擔心遲到產生的焦慮——對，它居然在我的潛意

識中自動設定了生理時鐘！後來在其他事上多次印證了這一點，只要第二天一早要趕時間，無論是開會、趕飛機，還是約了人，也無論需要多早起床，我每次都能在鬧鐘響之前 5 ～ 10 分鐘睜開眼，從容地將它關掉。這就是焦慮的價值！

　　焦慮發生時，我們同樣應該把它記錄在自己的情緒日記裡，但這時候自動聯想的念頭不再需要記錄，因為它們已經展現在採取的應對方式上了。觀察自己面對焦慮時習慣性的應對方式，能極大幫助我們自省。如果發現自己幾乎每次遇到讓人坐立不安的事時就採取非現實適應性的行動，便要嘗試轉變。最好的轉變方式，是透過熵減理念做一件事，在實際的行動中體驗掌控感，慢慢地，應對方式會自然向現實適應性靠攏。

........................................................

記錄日期：＿＿＿＿＿＿＿

### 情緒日記——我的「焦慮之聲」

　　我今天覺察到自己陷入焦慮，因為（寫下相關的人、事、地點、經過）：

＿＿＿＿＿＿＿＿＿＿＿＿＿＿＿＿＿＿＿＿＿＿＿＿＿＿＿。

　　我對這次焦慮來襲採取的應對方式是：＿＿＿＿＿＿＿＿＿＿＿。

□ 適度應對　　□ 過度應對　　□ 沒有應對

　　我這次的焦慮感受主要是：＿＿＿＿＿＿＿＿＿＿＿＿＿＿。

| 輕微 | 低度 | 中度 | 高度 |
|---|---|---|---|
| □不安 | □憂慮 | □煩躁 | □恐慌 |

致今天的焦慮君：謝謝你告訴我要採取有效行動！

焦慮做為未來之熵的產物，它的本意就是觸發人們將難耐的感覺轉化為有效行動，只要做到了，焦慮就會原地消失。所謂的有效行動，一方面要具有成長性，只有讓自己能感知到變得越來越好才能遏止焦慮，另一方面要遵循複利效應，告別速效，透過長期、穩定的行動告訴焦慮，「放心吧，我可以。」

除了悲傷、憂鬱、焦慮這些容易感知的情緒，在都市生活太久的人們還有一個更普遍的問題：「我好多感受都說不清楚啊！」下面就來看最後一組情緒的聲音──未知之聲。

## 「喪感之熵」發出的「未知之聲」

長大後我們都有個體會：相較於小的時候，現在想說清自己的感覺好難啊！

於是今天在網路上有了負面情緒的另一種表達：emo[2]，這是一種獨屬於個人，難以向他人表達和被他人感受的「喪」情緒。

你經常覺得「喪」嗎？是不是有時也會引用魯迅在《小雜感》中的「人類的悲歡並不相通，我只覺得他們吵鬧」這句話？其實將這句話

---

**2.** 「emo」全稱 emotional hardcore，它在網路用語中包含了「喪」、「傷感」、「憂鬱」等多種個人的複合感受。

改為「人類的歡喜大致相通，但悲傷不是」會更恰當一點，就好像我們時不時會在微博上看到的。

- 有人說「喪」是「對內捲常態化的絕望」，學業捲、工作捲、面子捲，以及無休止地活在他人眼光下的名利捲……經常「喪」可能是因為身心疲憊，有些無助、有些厭倦，還夾雜著對自己的失望和對未來的焦慮。

- 有人是因為「孤獨了太久」，對長期無人見證獨自奮鬥是否有意義越來越懷疑，但最後表示自己「已經不『喪』了」，因為「已經無時無刻不在『喪』之中」。

- 還有人是「對時間流逝的傷感，對離別的不捨」。即使此時此刻身邊熱熱鬧鬧，也知道都是暫時的，無可奈何又無法理解，只能告訴自己人生本就如此。

上面描述出來的這些內心感受屬於少數派，更常見的是那種什麼都沒說、發一張自拍標註「喪」一下的人，可能是在表達「我想被大家注意、接受和認可，但不知道怎麼說。」在多數情況下，他們內心那些細微的波瀾屬於「說都說不清楚」，最後面對他人的關心也只能來一句「算了，我一個人『喪』一會兒，你早點休息。」這也是這個時代的特徵：當人們在陷入不明所以的失落與傷感中時，腦袋想破也找不到能精確表達自己當下感受的詞。這也造成了傳統心理諮商的麻煩——當諮商師問「你現在是什麼感覺」時，如果回答「我有點『喪』」，你的諮商師只會瞬間變「方」。表達感受時詞窮，早就是一個全球化的現象。為了解決這個問題，一名叫約翰・凱尼格（John Koenig）的德國作家花了 8 年時間，專門從全球各地收錄那些隨著時代和社會變化越來

越說不清楚的情感體驗，然後為這些複合感受命名。最後他出版了一本書，叫《模糊悲傷詞典》（*The Dictionary of Obscure Sorrow*）。我選幾個詞條給大家體會一下。

- **Onism**

  為自己的身體只能困在原地而感到沮喪。比如當你站在機場的大螢幕前，上面閃爍著各種永遠沒有機會去的遠方，然後意識到在當前生活之外還有無數美好的東西，但肉身卻只能停留在眼前有限的世界中。

- **Vemödalen**

  對日光之下無新事的恐懼。比如當你在某個網紅打卡點選到一個絕佳角度，拍下一張自認為驚豔的自拍時，突然意識到同樣的照片已經有無數人拍過了，於是你的感覺瞬間從「獨一無二」跌落到「空洞廉價」，進而產生「我永遠都不會特別」的恐慌。

- **Exulansis**

  一種因為覺得他人無法理解，所以放棄嘗試表達的傾向。

- **Midding**

  當你和知心好友一起聚會時，雖然是社交，卻可以心安理得地遊離在參與和不參與的邊緣，這時所感到的一種靜靜流淌的愉悅感。比如知道自己即使一言不發，身邊這些人也不會覺得「你有病」的那種安全感和滿足感。

看，其實「喪」不是唯一的選項，只是要正確表達這些複合感受實在太麻煩了，以至於我們寧願用這類詞含含糊糊地帶過。然後越長大就

越感覺不了解自己，自我認知一直搖搖晃晃。這種現象用一個「術語」表達就是情緒澄清障礙，也可以說是情緒粒度[3]過於細微，以至於自己都無法分辨和描述出來。這種現象是如此普遍，於是 Google 特地發布了一個叫做 GoEmotions 的顆粒情緒分類數據庫，讓人們為這些現有詞彙無法概括的感受設定標籤，與全世界的人分享。

即使說不清楚，我們也要嘗試著在情緒日記中描述它。一個很好用的方法是借鑒《模糊悲傷詞典》中介紹的方法，為這種感受取個自己才懂的名字。曾經有一次我在超市排隊時被人插隊，很不爽但強忍著沒有去制止，隨後內心浮起了一種混雜著氣憤、厭惡、失望、羞愧的感覺。由於插隊的這個人買了一堆螺螄粉，我就給這種感覺取了個「螺螄粉」的名字，以後再產生類似的感覺，我就會說我感到很「螺螄粉」（螺螄粉，對不起）。

除了說不清的負面情緒，「未知之聲」裡當然也可以收錄各種細微的積極感受。比如今天在幫助了一個陌生人後，收穫到一種害羞、自豪、愉悅、如釋重負而又充滿動力的心情，連背著的雙肩包都輕了很多。這些積極感受能讓我們洞悉自己在什麼情況下最容易充滿力量，結合下面要介紹的價值傾向和優勢特質便能更精準地選擇適合的目標。

---

**3.** 情緒粒度（Emotional Granularity，EG）最早由神經生物學家麗薩・費爾德曼・巴雷特（Lisa Feldman Barrett）提出，是指個體在情感體驗和描述上的差異，以及把相似的情感體驗區分得更加細緻的能力。情緒粒度越細，辨別情緒的能力越強，反之越弱。

記錄日期：＿＿＿＿＿＿

## 情緒日記——我的「未知之聲」

我今天覺察到自己（描述感受細節）：

＿＿＿＿＿＿＿＿＿＿＿＿＿＿＿＿＿＿＿＿＿＿＿＿＿＿＿。

因為（寫下相關的人、事、地點、經過）：

＿＿＿＿＿＿＿＿＿＿＿＿＿＿＿＿＿＿＿＿＿＿＿＿＿＿＿。

我想把這次的感受叫做（取個名）：

＿＿＿＿＿＿＿＿＿＿＿＿＿＿＿＿＿＿＿＿＿＿＿＿＿＿＿。

致今天的未知君：謝謝你讓我更了解自己的顆粒情緒！

---

之所以主要用情緒日記記錄負面情緒，因為它們是各種熵的製造者。人類的大腦本身就有一種喜歡囤積負面情緒的偏好，不好的感受能隨時提醒我們「要小心，這有害」，這也是古時祖先們能生存下來的根本原因。但在訊息爆炸的時代，這些熵的囤積速度大大超過了內心所能承受的極限。在記錄情緒一段時間後，我們將越來越清楚內心這個小黑屋裡的垃圾主要來自哪裡：是悲傷的「過去之熵」、憂鬱的「現在之熵」、焦慮的「未來之熵」，還是未知的「喪感之熵」。把這些感受寫下來的目的，就像前面反覆提到的——為了脫敏。當我們在情緒平和

時再以第三人的視角回顧那些曾壓在心頭的感受，便是在進行客觀自省，不知不覺地，內心這個小黑屋裡的熵就被排解出去了。

所以在熵減實踐的過程中，請記得同步使用情緒日記，為自己保持一個輕裝上陣的狀態——只有當內心的熵值迅速降低後，我們才能在高度專注的條件下做一件事。

.

# 實踐第一步：
# 洞察自己的優勢特質和動機

## 審視你的天性價值觀

前面多次提到，抵禦外界侵擾、降低內耗的最佳途徑，是將自己的認知能量投放在一項符合自己真實意願的活動上。所謂意願就是驅動力，它是我們為什麼要做一件事的理由，也是驅使我們真正將想法付諸行動的心理「燃料」。驅動力有很多來源，比如想暴富、想出名、想獲得他人的認可和尊敬等，如果排除那些顯而易見的、受外部成功標準影響的動機，我們又如何知道自己真正的驅動力來自哪裡呢？答案就是：**價值觀**。

價值觀是自我認知的底層核心。在全社會都毫不避諱地大談特談打造人設的今天，人們會很自然地把價值觀視為自己理想人設的一部分，而在將它說給他人聽的那一刻，便無意識間開始了對人設的維護。當你聽到一個朋友說把保持獨立思辨做為個人的最高價值觀，然後又看到他不停地在朋友圈轉發那些閱讀量 10 萬＋的標題黨宣傳文，拿著他人觀點人云亦云地批判這個批判那個時，你就知道他的行為和價值觀不符，或者這只是他想要卻始終達不到的理想自我。

一個人說自己持有某種價值觀，本質上是在定義自己覺得什麼是「值得的」。從行為經濟學的角度，只需要弄清楚兩件事就能一窺自己真實的價值觀：第一件，怎麼在自己身上花時間和花錢；第二件，自

己最害怕失去的是什麼。前一個問題關於資源分配，後一個問題關於底線代價。現在我們來簡單試一試。

首先，請你列出對自己來說最重要的 5 個人生價值要素，比如家庭生活、親密關係、朋友社交、身體健康、娛樂享受、個人成長、社會讚許、事業成就、學業成就、財務安全等。

**我的價值要素排序是（從左到右，按最重要→最不重要填寫）：**

_____、_____、_____、_____、_____。

然後請回憶一下，你過去一週除了必要的吃飯、睡覺、工作、學習時間，剩餘的自主支配時間分別投在哪些和以上這些要素有關的活動上。注意，一定是自己能決定做什麼的自由時間。

**我的時間投入排序是（從左到右，按投入最多→投入最少填寫）：**

_____、_____、_____、_____、_____。

好了，如果排前三的價值要素恰好也是花時間最多的三項（順序不用完全一致），表示你的價值觀與理想自我完全匹配，便是所謂知行合一；如果排前三的價值要素，你都沒有為它們分配時間，那你需要想一想：為什麼會選擇把時間花在自己覺得不重要的事情上？那些自認為重要的價值要素，到底是自己要的，還是別人給的？

下面繼續，請你列出上個月可自由支配的收入（除去租房子、還貸款、繳水電瓦斯費、吃飯等必需開支）的去向，比如喝咖啡／奶茶、買書、買股票、進修、上鋼琴課、社交泡吧、辦健身卡、買衣服／鞋子、去美容院等。注意，幫孩子報補習班和去醫院看病這種屬於必需開支，你要列出的是完全自由決定用在自己身上的消費。

**我上個月最大的五項自由支出是（從左到右，按開支最多→最少填寫）：**

_____、_____、_____、_____、_____。

現在看一下這些支出中哪些屬於投資，哪些屬於消費，然後再深入分析：哪些是外部投資，哪些是自我投資，哪些是物質消費，哪些是精神消費，哪些是長期的，哪些是單次的。如果讓你將上個月支出最多的一項，比如花在每天一杯星巴克上的 1,050 元（一定是覺得值得），轉去花在健身或進修上，你覺得一樣值得嗎？如果回答是「一樣」，那麼在只能二選一的情況下，你選哪個？……這一系列對花錢的解釋，便反應了我們內心那個不輕易示人的天平。

觀察自己的時間和金錢都去哪兒了，能幫助我們洞悉自己價值觀的其中一面：理想自我與真實需求是否一致。而要明晰價值觀的另外一面：維護理想人生的動力，則需要誠實地回答一個問題，「我最怕失去什麼？」

每個人都有最怕失去的東西，比如房子、存款、地位、容顏，這些屬於外物；學識、獨立、名譽，生命，這些屬於內物；還有孩子、親人、朋友，以及他們對你的愛和讚賞，這些屬於他物。現在想一想：

**我最怕失去的是：**＿＿＿＿＿＿＿＿＿＿＿＿＿＿＿＿＿＿＿＿＿，

**屬於（□外物 □內物 □他物）。**

外物對維持生存很重要，但超過生存所需就無關緊要；他物更重要，但無法強留，有則珍惜，去則隨緣；內物的核心是自我認同，當失去其他兩物時，它是內心最後的支柱。為了保護最怕失去的東西，我們往往會不惜代價，因為這個東西一旦沒有了，人生的意義就好像隨之煙消雲散了。這其實是一種基於執念的價值觀，就像定型思維模式一樣，並不利於我們在漫漫長路上有彈性地成長。這幾年大家都能明顯感覺到，世界正變得無法預測，黑天鵝般的事情此起彼落，今天萬分驚訝，明天就接受了。既然我們能接受無常的世界，為什麼不能接受變化的自己呢？只有意識到大部分的東西控制不了，才能真切感知到自己能

控制的部分，就像在生活被疫情一路打亂節奏後，很多人對內心理想生活的樣子開始變得清晰起來。

　　上面這些簡單測試，展示的是自己當前的，或者說很久以前到今天為止的價值觀。價值觀不一定能完全改變，但它可以優化——還記得之前在熵維和熵型測試時反覆強調的「暫時」和「傾向」嗎？我們在為自己確定熵減實踐的目標前，還需要先找到現有價值觀中的天性優勢特質，然後將其發揮出來。在了解了優勢特質後，我們便有一套標準，判斷成長對自己到底意味著什麼、什麼樣的事既有利於自我成長又符合自己的意願和優勢，不至於因為各種彆扭最後做不下去。

手機掃描 QR 碼
或瀏覽器輸入：
https://reurl.cc/nLVeVe

　　請掃 QR 碼下載並完成【3. 天性價值類型評估表】，隨後回到這裡把結果填寫在下面。

　　**我當前的天性價值類型是：**＿＿＿＿＿＿＿＿＿＿＿＿＿＿＿。

　　☐ **A. 價值引領者**　　　☐ **B. 價值傳播者**

　　☐ **C. 價值增值者**　　　☐ **D. 價值創造者**

　　**我的最優價值組合是：**＿＿＿＿＿＿＿＿＋＿＿＿＿＿＿＿＿。

　　下面這張表對天性價值類型做了詳細說明，透過它，你可以了解自己所屬類型的優勢特質和動機。

**表 2 天性價值類型說明**

| 價值引領者 | | |
|---|---|---|
| 傾向描述 | | 需要很強的現實掌控感，擅長施加影響推動現有框架的變革，相比單打獨鬥，更願意激勵團隊展開協作 。 |
| 典型職業 | | 企業家、政治家、NGO 組織者、社區管理者 |
| 優勢特質 | | 有大局感，說服和談判能力強，充滿人格魅力，適合以凝聚群體共識為導向的活動，建議選擇能推動社會良性改變的領域設定成長目標 |
| 動機 | 內源性動機 | 運用天賦和追求個人信念，帶領群體實現共同目標 |
| | 外源性動機 | 利用群體對自己的信任滿足私利而不是利他 |
| | 模糊性動機 | 迷失了信念，陷入對權力的迷戀，又忍不住自我譴責 |

| 價值傳播者 | | |
|---|---|---|
| 傾向描述 | | 需要獨立學習和思考的空間，也喜歡向外輸出，相比金錢、權力，更珍視自己的知識儲備和外界認可 |
| 典型職業 | | 教師、培訓師、運動教練、自媒體博主 |
| 優勢特質 | | 能主動學習，樂於分享所知，引導他人變得更好，適合有定向傳播性和高回饋性的活動，建議選擇自己最自信的知識領域設定成長目標 |
| 動機 | 內源性動機 | 透過學習—分享—回饋的閉環獲得自我成長的滿足，透過利他感受幸福 |
| | 外源性動機 | 追求知識人設的快速變現，逐漸喪失學習熱情 |
| | 模糊性動機 | 在引導他人成長和利用他人出名之間搖擺不定，無法沉浸在學習中 |

| 價值增值者 | | |
|---|---|---|
| 傾向描述 | | 喜歡將手頭資源排列組合優化，能在確定框架內做到最大增值 |
| 典型職業 | | 程式設計師、室內設計師、工程師、治療師、廚師、醫生、律師、公務員 |
| 優勢特質 | | 對細節敏感，執行力和統籌力強，適合需要高度聚焦和穩定推進的活動，建議在自己最擅長的專業領域設定成長目標 |
| 動機 | 內源性動機 | 追求專業上的極致發揮，享受為服務對象提供價值的過程 |
| | 外源性動機 | 追求在框架內利用手頭資源最大化利己，逐漸喪失對專業的深入 |
| | 模糊性動機 | 目標不清，見機行事，兩頭不討好 |

| 價值創造者 | | |
|---|---|---|
| 傾向描述 | 敢於在未知中成長，喜歡從無到有創造出一個新事物 | |
| 典型職業 | 科技創業者、藝術家、科學家、作家 | |
| 優勢特質 | 精力充沛，好奇心旺盛，適應力強，適合在變化中探索最佳道路的活動，建議選擇自己有初步了解且充滿激情的挑戰領域設定成長目標 | |
| 動機 | 內源性動機 | 在專注創造中自得其樂，能在滿足自己和他人之間找到平衡 |
| | 外源性動機 | 一心透過才華和創意贏取名望和金錢，對創造逐漸漠視 |
| | 模糊性動機 | 既想享受創造又想迎合市場，經常與初心產生衝突 |

**我的優勢特質是：**＿＿＿＿＿＿＿＿＿＿＿＿＿＿＿＿＿＿＿。

　　每個人都有從自己的天性價值觀中衍生出的優勢特質，需要給它充分的發揮空間。不過我們也經常發現，那些能發揮自己優勢的事不一定是自己最喜歡的，而喜歡的那些事自己又不擅長，最終驅動我們去做那些並不十全十美符合心意的事的，就是前面多次提到的動機（Motivation）。動機決定了我們會如何去利用這些優勢特質，它就像一把水果刀，愛你的人拿著它會端上來一盤切好的新鮮水果，反社會人格的人拿著它就是凶器──如果動機不同，相同天性價值類型的人也會做出迥然不同的事。

# 動機：做一件事的理由

　　在表 2 中，每一個價值類型都有三種動機：**內源性動機、外源性動機、模糊性動機**，其熵值程度依次遞增。內源性動機和外源性動機的差異，簡單地說，就是前者是自願的、自我獎勵驅動的（比如我喜歡學英文，因為能讀英文原著很快樂，這本身就是一種回報），後者是被迫的、功能性的、外部獎勵驅動的（我必須學英文，因為想考「大學英語

四六級」考試，想進國際大廠拿更高的薪資）。這兩種動機並不互相排斥，我們每個人做事都會同時混合了內源和外源性動機，既有自發興趣的成分，也有想獲得外部回報的成分，只不過看哪個動機占比更大一些。

但模糊性動機則是另一回事，它帶給人的往往是一組矛盾的理由，內耗嚴重的人通常整天都在模糊性動機下行事。比如一個人一方面在工作中遊刃有餘、充滿成就感，另一方面又覺得這麼拚最後都是在為老闆賣命，於是在享受工作快感的同時內心又是牴觸和厭惡的。相比矛盾重重的模糊性動機，無所事事、漫無目的的模糊性動機更是災難。當一個人因為實在沒有其他事可做時才做一件事，這對人的內心秩序可謂是摧毀性的。

即使在做同一件事，動機類型不同最後帶來的心理感受也完全不同。當內源性動機是我們做一件事的主要驅動力時，整個過程會既輕鬆又享受，綜合情緒感受處於最佳狀態，熵值最低，也最有機會進入心流。而當外源性動機占主導時，雖然有熵的煩擾，如果我們依然可以集中認知能量完成任務，情緒不見得會多惡劣，最後若有好的結果也會令人振奮。但是模糊性動機需要一開始就擋在門外，持有這種和熵減理念背道而馳的動機去做一件事，還不如不做。

能在內源性動機下開展一個活動是最理想的。這種動機之所以熵值最低，因為它符合人性深處最根本的一個需求：自主權（我選的，我喜歡，我要做）。下面的這個小故事你可能聽過。

有一群屁孩每天在一位獨居老人家門口玩耍，喧鬧連天，人見人煩。有天老人終於受不了了，他走出門來，給了每個孩子20元，一臉笑容對他們說：「謝謝你們呀，我一個人住在這裡好孤獨，是你們讓

這兒熱鬧起來了，我感覺都變年輕了，明天一定再來。」屁孩們興高采烈，第二天又來嬉鬧而且更賣力了，老人再走出來，給了每個人 10 元，說：「很抱歉呀，我沒有收入，只能少給一點了，明天還請你們過來。」10 元也不少吧，孩子們拿了錢走了。第三天，熊孩子們準時來了，老人帶著歉意的笑臉，給了他們每人一塊錢硬幣，說：「明天見。」屁孩們勃然大怒，「玩一天才一塊？你知不知道我們多累！走了，再也不來這裡玩了！」

同樣是玩，為什麼有錢拿以後孩子們反而不樂意了？或者這麼說，老人給錢以後，到底改變了什麼？改變的就是一點——「玩」的自主權被剝奪了（拿了錢就得天天來「打卡」），這件事從找樂子變成了有償勞動，動機從內源驅動（自我獎勵）瞬間轉換為外源驅動（外部獎勵）——於是孩子們決定不玩了！

我們自己又何嘗不是如此？一旦把目光放在獲得多少外部獎勵上，這件事便多少變得索然無味了，這種經驗並不罕見。身為成年人，我們的動機隨時在跳來跳去，這也是我們內心變得越來越複雜、熵值越來越高的原因之一。一個人剛加入一個 NGO（非政府組織）時是被內源性動機驅動的，一心想著為弱勢群體爭取權益，堅守個人信念；但一段時間後可能因為一些失望，也可能因為沒能抵禦住誘惑，參與公益的動機變成了為自己輸送利益；再過一段時間又幡然醒悟想找回初心，回到以內源性動機驅動。一件事開展的初期也是動機最不穩定的時期，它的波動比多數人以為的要頻繁得多，所以我們開展實踐活動時，要隨時關注當下的自己是被什麼驅動的，要盡可能保持動機的一致來減少內心衝突。

最後說說最佳價值組合。和動機一樣，每個人的價值類型都是混合

的，一個人在具備引領者特質的同時也具有傳播者的天賦，這一點也不衝突，他既可以帶著一個團隊為了共同信念往前衝，也能靜下來獨立學習，然後將新的認知分享給更多人。一個善於創造新事物的創業者，也可以在公司上市後瞬間化身為一名執行力超強的增值型掌門人。如果去看各個行業的高手，比如在教育培訓、自媒體、手機製造領域曾掀起波瀾，最近又計畫進入 AR/VR 領域的羅永浩（商業上是否大獲成功，是受很多客觀因素影響的，這裡只說個人能力），你會發現他們很多都具備輕鬆跨界的能力，這種能力被稱為個人認知／價值體系的可遷移性。

在你了解自己的最優價值組合後，選擇目標時便不要過於受限，收回類似於「我年紀太大了，這是年輕人才能做的事吧」、「這事從沒做過，我一定不行」這些刻板的藉口，相信自己的優勢特質，多給自己突破和嘗試的機會。

# 實踐第二步：
# 選出值得投入認知能量的事

　　熵減，顧名思義，就是要從思維到行動都做「減法」。這個「減法」並不是少想少做，而是把混亂的想法梳理清晰，把複雜的行動化繁為簡。一時的辛苦能帶來長久的內心有序——這就是為什麼前面要花這麼大力氣梳理情緒、價值觀、優勢特質、動機，只為了下面選出來一件值得你投入認知能量的事。現在，我們就要為自己尋找那個行動目標了。

## 確定成長方向

　　選擇一個能在閒暇時間開展的行動目標，自然是為了獲得最有效的成長，正如前面所說，它應該是一個自身價值觀認可的、主觀上樂意的，同時能主動投入注意力的活動。透過上面一系列關於自我認知的測試後，現在的你已經知道自己的天性價值類型、最優價值組合、優勢特質了，想找的答案幾乎已經躍然紙上了。

　　比如我本人是價值創造者的類型，我也了解到自己的最優價值組合是價值創造者＋價值傳播者，於是在列出一堆和這兩類相關的優勢特質後，我開始嘗試做認知分享類自媒體，雖然當時連個片子都不會剪，但基於對自己學習能力的自信和與他人分享的激情，第二天我就完成並上傳了第一部影片。之後機緣巧合開始寫這本書，雖然從沒做過類似的事，我依然相信在優勢特質的加持下可以完成它。

對你來說可能也是如此，一個自發的、能發揮優勢特質的行動目標並不等於一件你做起來已經很熟練的事（否則就變成了工作的延續），它是那種能融入自己天性價值觀、在認真嘗試後能堅持下去的機率很大的活動。目標一開始不需要很大，甚至可以從非常微小的目標起步——請記住，我們開展熵減實踐的目的是在這個過程中降低自己的精神熵，而不是要取得多少外部成就。除了能發揮優勢特質，一件值得做的事還具有兩個判斷標準：**第一，必須是能帶來成長、符合成長型思維和開放性原則的；第二，必須是自我可控的，沒有他人也沒有外部阻力會干擾的。**

符合這兩個標準的都屬於能讓你打破平衡態、跳出舒適圈的有價值的事，無論大小都有成長性。現在請往上翻一翻之前填寫的價值要素排序，回顧一下自己最想要什麼。比如如果對你來說最重要的是「健康」，這就可以優先做為你的成長方向，當然也可以選擇別的。有了方向以後接著設定目標，每天做 10 個伏地挺身或三餐裡有一餐是低脂餐，都屬於有成長性的目標，雖然它們看起來那麼簡單，一點都不「燃」，但長期實行後的效果最終會令你的朋友們驚訝。有了方向和目標後，再看一下自己的優勢特質。如果你是一個價值傳播者，那麼可以試試把每天做 10 個伏地挺身的心得分享出去，透過與他人的互動得到正回饋；如果你是一個對細節敏感、喜歡鑽研的價值增值者，看似機械的伏地挺身有很多技術細節，比如新手應不應該用伏地挺身支架、兩掌間距寬度多少為佳、下壓到什麼程度、速度應該快還是慢……太多東西夠你研究成半個專家，並從中得到自給自足的樂趣。

方向和目標都有了，下一步便是確定是否自我可控了。什麼叫自我可控呢？——沒有資金障礙，沒他人幫助也能做，沒人強迫你做不做，做的時候能排除干擾，做成什麼樣子不需要妥協，不需要意志力強迫自

己做，在做的過程中能誠實面對自己的感受而不需要向任何人交代。比如每天做 10 個伏地挺身這種活動就非常可控，體力上一定能做到，不需要花很多錢添器材，隨時隨地可以進行。以此為例可以列出很多類似的行動目標。自我可控中最不可控的，可能是客觀的外部干擾，比如做到一半被一個電話打斷了、家人覺得你不務正業了、朋友抱怨你都不出來玩了等。所以我們需要在初期先盡可能預防干擾，事先和身邊的人說明以獲得他們的理解和支持。同時要為自己選擇低干擾的環境，比如在自己房間裡做伏地挺身、去圖書館寫書，期間把手機設定成靜音。

## 成長性／可控性原則：擺脫不值得做的事

現在我們選擇行動目標的邏輯就清楚了：**首先排除對個人成長無價值的事，然後在對成長有價值的選項裡選擇相對最可控的。**

手機掃描 QR 碼
或瀏覽器輸入：
https://reurl.cc/nLVeVe

在選出閒暇時間進行的熵減實踐行動目標前，先掃 QR 碼下載並完成【4. 成長性／可控性評估表】，分析一下在一個典型的工作日中（包含了強制性上班／學習和回家後的閒暇時間），我們的生活主要被什麼事務占據。雖然每個人都知道應該盡可能把時間分配給 A（2），也就是既能讓自己成長又可以自主決定的事，但當你試著填進去的時候就會發現，這類事比你自己想像的少得多。在現實中，大部分人的時間都用在了 B 類事務上，B（1）最典型的就是上班，被迫日復一日地重複勞動，或者在休息日被無所事事的朋友拉出去打發時間；B（2）就更多了，想想身邊有多少人一逮到空檔就馬上打開手機滑抖音、玩遊戲；B（3）也不算少，其中一些不僅對個人成長無價值而且還有危害，比如不顧家人反對濫賭成癮導致家破人亡這類事就是。

我對目前主要事務類型的一些建議如下。

- 如果你發現自己的日常大多被 B（1）占據，應該先想想如何拒絕大部分這類事務，要是工作也屬於這一類，請盡快讓自己變強大，直至有底氣擺脫它。

- 如果 B（2）和 B（3）居多，不用多說，這就是這本書一開始說過的要達到的目的——逐步用有成長性的事把無成長性的事替換掉，降低精神熵。

- 如果 A（1）居多，可以透過設計正回饋的方式，先讓自己做得不那麼痛苦，然後伺機逐漸減少這類事務，把時間、精力騰出來——很多工作確實是這樣的，雖然不得不做，但能學到東西。

- 如果你為自己想做的事屬於 A（3）而苦惱，請把苦惱收回，因為這表示你的內源性動機已經夠強，一旦障礙解除，成長就會非常快，不急一時。A（3）往往是真正最想做的事，甚至可能就是你的最終夢想，你可以先將它放在一個願望清單裡，有空時便想像你開始做這件事並寫下詳細的想法，比如怎麼實現它、會有什麼困難、需要哪些資源……提前為它做預演準備。

表 3 成長性 / 可控性評估表

| 可控性 | 成長性 | |
|---|---|---|
| | A 對個人成長有價值 | B 對個人成長無價值 |
| （1）不想做，但不得不做 | 建議：設計正回饋來做 | 建議：盡可能拒絕直至完全擺脫 |
| （2）可以選擇做或不做 | 建議：制訂計畫多做 | 建議：少做 |
| （3）客觀條件不允許做，或別人反對也想做 | 建議：創造條件多做 | 建議：不做 |

# 只聚焦一個行動目標

　　回到為自己選擇閒暇時間進行的活動，它們都在 A（2）這欄裡了——有成長性、最可控。這類活動有哪些呢？生活在現代社會的我們其實有很多選項，比如手繪、翻糖、配音、作曲、做瑜伽、健身、寫程式、學外語、寫小說，甚至玩劇本殺……只要是能讓你專注思考和感受的，都是個好選項。你也許會問：「這裡面沒多少正事，很多不都是玩嗎？」這點我不認同，因為做好這些事需要付出的認知強度是很高的——這就是對個人成長有益的事，只不過未必有確定的外部報酬（即所謂「正事」的目的）。

　　但是實踐能否持續進行下去取決於認知能量的分配。我們的注意力和時間是有限的，如果 A（2）裡有多個選項，一開始最好只專注於其中一個（如果你列出的都是做 10 個伏地挺身這樣的單一任務，那麼可以同時做幾個），隨著控制意識的能力越來越強，再考慮增加並行目標。那選哪個呢？如果你偏偏還有選擇困難症，下面這個簡單的方法可以試一試。

　　把這些選項都列出來，假設它們都在進行，你可以依次問自己兩個問題：「現在有人給一筆錢（比如 1,000 元）讓我不要做這件事，我願

意嗎？」「現在我必須要額外花一筆錢才能做這件事，我願意嗎？」

　　如果在某個選項上兩個問題的答案分別是「不願意」和「願意」，那就選這個做為你的熵減實踐行動目標，因為它展現了最強的內源性動機。如果答案都是「不願意」，那就問問自己哪些選項在第一個問題中自己更不願意，用排除法刪掉內源性動機相對弱的那些。按這個思路，最終會得到一件對你來說最願意去做的事，現在請把這個結果寫下來。

　　**我將會投入認知能量的行動目標是：**＿＿＿＿＿＿＿＿＿＿＿。

# 實踐第三步：明確定義你的行動目標

　　現在你已經有了一個行動目標，雖然我沒法看到你寫的是什麼，但想先分享一個行動前的規定動作：對它做出定義，也就是**讓它的意義和執行計畫明確**。

　　在剛念大學，還沒受過完整的學術研究訓練前，我在一篇論文初稿裡寫了這樣一句話：「國外遊戲產業開始出現一些媒體化特徵，透過遊戲植入廣告（In-Game Ads）擴展了收入來源。」交上去後被導師一頓批評：「『媒體化』什麼意思？指這些遊戲本身是承載訊息的媒體，還是指經營模式接近媒體廣告？定義不清！」當時我覺得很委屈，不就是有那麼一點點不嚴謹嗎，況且自己還沒有上研究方法課。這件已經過去快 20 年、本來應該被大腦突觸修剪掉的小事，居然還會不時在我腦中閃現出來。

　　之後工作、攻讀博士、創業一路走來，我越來越明白當時那位導師「小題大做」的必要性——定義不清不僅僅是學術研究中的根本性錯誤，在生活和工作中也是思維變得複雜臃腫的重要原因。自己想不清楚、和別人說不清楚，就必定會費大力氣做一堆意義不明的事，就好像人人都認同早起是個好習慣，為什麼很多人無法堅持下去呢？因為很多次早起後不知道做什麼，發著呆，看著窗外天色慢慢泛白、逐漸喧囂，內心反而生起惆悵。早起的意義在於，利用清晨這段身體和意識秩序程度最高、外界環境熵最低的黃金時間，想要健康體魄的出門去鍛鍊，想要提升認知的翻開書本學習，想要好情緒的為自己放點音樂，然

後從容地做一頓早餐……而不是因為它是個公認的「好習慣」。

到開始系統整理熵減實踐時，我更意識到為什麼「熵」這種東西會死死霸占著自己的內心，這是因為我們一直在以模糊的方式感知自己、描述世界、解釋現象。國人有一種非常值得商榷的處事態度，就是只要聊到嚴肅話題就總會有人來一句「幹麼那麼認真？」這裡想邀請你從明確定義行動目標開始，逐步到生活的其他方面也拒絕模模糊糊──相信我，模模糊糊只對那些別有用心的人有利，而對你只有壞處。那些人有另一套行為邏輯和影響他人的套路，而他們絕對不會翻開這本書，更不想看到一個變得越來越清澈、透亮的你。

## 讓行動目標從模糊到清晰

言歸正傳。為所選目標做出明確的行動定義，就是從什麼事值得做，進入說清具體做什麼、為什麼做、用什麼方式做、如何有計畫地做。「我想擺脫手機成癮」、「我想讀完 10 本心理學書」、「我想讓自己的身材變得更好」，這些是目標沒錯，但還屬於願望性的目標，而不是可執行的目標。一個可執行的目標是從願望開始，衍生出具有功能性和意義性的細化目標，最後透過一個有方向的計畫將行動分解。

拿「我想讀完 10 本心理學書」為例，可以這樣來發展它的行動目標：「我想透過讀 10 本心理學的書（初始願望）全面了解自己內心的問題（功能性目標），在這一年裡我會每天讀一至兩章並做筆記（行動計畫），將受到啟發的內容和內心困惑進行關聯，透過客觀自省接受真實的自己、獲得前進的動力（意義性目標）。」此外，我們要辨析自己初始願望的行動訴求的性質，比如「我想擺脫手機成癮」這樣的初始願望，從根本上看，需要透過其他活動填補原來玩手機的時間，因此行動目標就應該包含兩個方面：一是改變無節制玩手機的慣性，二是找到新

的事情填充閒暇時間。

　　我自己寫這本書時也有過發展行動目標的過程，並且隨著行動的進行不斷修正定義。

**表 4　定義和發展行動目標的流程**

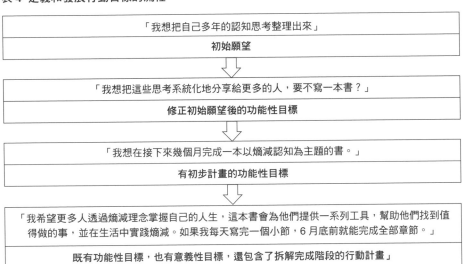

　　你看，我的初始願望和最後的行動目標相差很遠，其實其中還省略了無數次的反覆糾結。每個人在實踐過程中都會不斷回顧願望、挖掘意義，直至能觸及我們真正想得到的那個東西。而在你落筆寫下這個行動目標時會發現，想寫清楚真的很難——我們和那些行動派高手之間的差別，不在於執行力，也不在於意志力，而在於對目標清晰分解的能力和意義一致性的程度。一個模模糊糊的行動目標不是不能執行，真正的困難之處在於人的天性都不願意推翻已經思考過很久的東西，一旦不清楚下一步應該做什麼，便會在慣性認知的支配下放棄推進，轉向那些更舒適、更簡單的目標。

在發展行動目標的過程中，最難找到的是意義性目標，它可遇不可求，往往是在做這件事的過程中突然蹦出來的，我們不用強求一開始就做到位。所以現在定義的行動目標不清晰沒有關係，每個人都是在試錯中成長的，關鍵在於不能懼怕推翻自己，更不能任由慣性認知合理化自己的退縮。如果在你開展行動的過程中覺得迷失了方向，也可以回到這裡，掃 QR 碼獲得【5. 行動目標發展流程圖】，從個人願望開始重新梳理──記住一定要寫下來而不是只在腦子裡過一遍，因為大腦會自然地把寫下來的東西當回事，就像和自己簽訂契約一樣。

手機掃描 QR 碼
或瀏覽器輸入：
https://reurl.cc/nLVeVe

好了，現在請在下面寫下自己的行動目標。

**我定義的行動目標是：**＿＿＿＿＿＿＿＿＿＿＿＿＿＿＿＿＿＿＿。

# 實踐第四步：
# 診斷出阻礙你行動的元凶

## 提煉出關鍵行動

　　行動目標定義完畢後，就可以執行它了。所謂執行，就是提煉出行動目標中的關鍵行動，分解到一個個細化的時間單位來做。這個「關鍵行動」需要將具體行動進行量化並保證能反覆做到，最好以「天」為單位，你也可以根據自己的情況設定。比如我寫作計畫中的關鍵行動就是「每天寫完一小節」，而不是「6 個月寫完整本書」，也不是「每天寫作 8 小時」。你在上面定義的行動目標裡應該已經包含關鍵行動的描述了，現在請把它明確地再寫一次。

　　**我的關鍵行動是：**＿＿＿＿＿＿＿＿＿＿＿＿＿＿＿＿＿＿＿＿。

　　經驗告訴我們做一件事很少會一帆風順，而用意志力或其他極端方式（比如把自己鎖在一個酒店套房裡寫作）強迫自己更容易適得其反，也違背了熵減實踐的初衷（反而會導致大量熵增）。所以與其拚了命去保證做到，不如分析一下是什麼讓自己做不到。

　　簡單地說，一個關鍵行動能否做到取決於三個共同產生效果、彼此制約或促進的行動要素：

- **能力（Ability）**
- **動機（Motivation）**

- **挑戰**（Challenge）

# AMC 行動診斷模型

為了便於記憶，我用這三個要素的英文首字母命名了一個工具：**AMC 行動診斷模型**。下面就拿我寫這本書為例，說明到底哪些情況讓我們的行動或順順利利或阻礙重重。

開始寫作的第一天，我一口氣完成了兩個小節，於是我給自己定了「每天兩小節」的目標。但在後來的三天中，就算每天只吃兩餐、連續工作 12 個小時以上都無法完成——這表示挑戰是高於能力的。然後我把目標調整為「每天一小節」，讓自己的能力略高於挑戰（如圖 16 左邊的情況），則在這三個月裡除了偶爾要出門辦事或社交，只要在家全身心寫作我都做到了。那你也許會問，為什麼第一天做到了呢？因為第一天的動機強度特別高，像打了雞血一樣超常發揮了（也就是圖 16 中間的情況），並且之前為開篇看了很多資料醞釀已久，所以就會寫得比較順利——但很明顯，這是不可持續的。

透過這個例子，你大概也明白 AMC 行動診斷模型三個要素的關係了。

- 當能力略高於挑戰時，雖然動機強度一般，但關鍵行動一般都能做到。

- 當能力略低於挑戰，而動機強度很高時，關鍵行動有時也能做到。

- 當能力遠遠超過挑戰時，即使動機強度很低，關鍵行動通常也能做到。

這三個要素相互影響的情況在我們的生活中經常會發生，比如第一種對應的是每天寫日記的習慣；第二種對應的是雖不擅長收納但實在忍不了髒亂的房間而起身收拾；第三種對應的是窩在沙發裡滑手機。

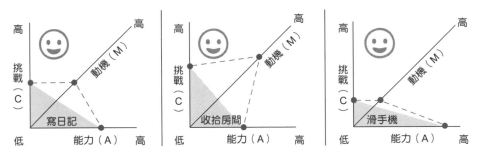

圖 16　AMC 行動診斷模型——行動成功的情況

　　上面三種行動成功的情況顯示了一個共通性：我們能做到的關鍵行動，動機通常都處於能力和挑戰三角區域的外圍——除了一個例外，就是當挑戰遠遠超過能力時，即使動機強到「爆表」通常也會失敗。比如

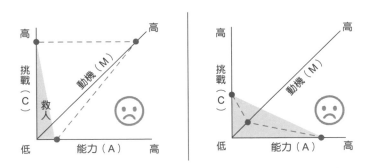

圖 17　AMC 行動診斷模型——行動失敗的情況

一個人游泳技能很弱，也沒有水中救人的經驗，當看到有人掉進河裡時，即使在想救人的超強動機下跳水奮力營救，成功的可能性也很微小（如圖 17 左邊的情況）。另外一種行動普遍失敗的情況，是動機很

弱，處於能力和挑戰三角區域的內側——在缺乏動機的情況下，哪怕能力很強也難以成功行動，比如讓一個不喜歡看書的人朗讀一本書的第一段，雖然他肯定有能力讀出來，但也會極不情願，尤其是在被強迫的情況下（如圖 17 右邊的情況）。

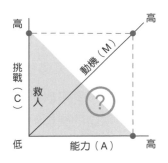

圖 18　AMC 行動診斷模型——
「不一定」的情況

還有一種「不一定」的情況：當挑戰和高能力差不多，但動機極強時，這個行動既有可能做到也有可能做不到。還是拿救人舉例，當看到一個孩子跑到馬路中央快被車撞到時，哪怕你不是劉翔也有可能超常發揮衝上去救了孩子。當然，如果動機弱，則肯定失敗。

AMC 行動診斷模型能幫助我們分析導致無法持續一個關鍵行動的障礙要素：一個人就算自身能力很強，要做的事也沒那麼難，如果缺乏動機，通常他也不會去主動行動。另外一個阻礙關鍵行動的要點是能力和挑戰不匹配。

- 如果挑戰過高，人會因感受到巨大的壓力而退縮，這時候指望靠超強動機救場的可能性微乎其微。

- 如果挑戰比能力低太多，人會覺得無聊，自然也沒動力做一件沒意思的事，當然這種事通常也對促進成長沒什麼用。

- 如果動機很弱又想做一件事，那就只能把挑戰的難度調整到最低，低到幾乎無須付出就可以完成的程度，比如實在無法專注地讀完某本書，那就滑滑讀書博主總結的要點吧，儘管這只是一種自欺欺人的「成長」。

所以分析一個關鍵行動的障礙，就是分析能力（A）、動機（M）、挑戰（C）中哪個處於失衡狀態，其中動機的強度是關鍵。而對促進成長效果最佳的——按照心流理論——**是那種挑戰比能力高一點，同時主要由內源性動機驅動的行動**，這種行動最具可持續性，也最有即時反饋的樂趣，能讓我們在伸展圈的適度壓力下充分享受到複利效應。

## 主動為自己注入動機

　　那麼強有力的動機又從何而來呢？我認為是從感受到一項活動為自己帶來益處而來的。

　　就算你是一個意志力強、信念堅定的人，如果做一件事的益處都是靠想像來支撐，哪怕能堅持一段時間也必定痛苦不堪。不做就感受不到益處，感受不到益處就沒動力開始做。「這不就是雞和蛋的問題嗎？」你或許會這樣問。事實上，這是一個從什麼角度來看的問題。你在週末早晨賴在床上，想讓你起床的爸媽認為早起有益處，賴床是浪費生命，而你覺得要離開溫暖的被窩才是巨大的犧牲和損失，這就是角度不同。設定行動目標時我們通常處於理性認知下，自然會認為做這件事是對自己有長久好處的。一旦真開始做了，遇到一點障礙和挫折，慣性認知就會占上風，然後我們內心會不自覺地感覺做這件事是在犧牲，運動是在犧牲和朋友玩的時間，看書是在犧牲看電視的時間……感受到的全是損失，沒有好處，這就是缺乏動機的真相。

　　缺乏動機很普遍，但我們也要知道另一個真相：學霸和那些事業高手們之所以都是動機很強的行動派，恰恰因為他們看一件事的角度和大多數人相反。這群人會覺得早起是比其他人多享受了一次日出，看書是在和其他人拉開認知差距，出門鍛鍊身體是為了使自己的狀態比其他人

更好……有的人深夜從實驗室回來時心情舒暢，因為他們知道多數人將這段時間都荒廢在喝酒、聊天、滑手機上——隨時感知到自己在受益，還有比這個更爽的嗎？

其實一些原本很令人討厭的事，也有機會讓人產生動力。

大學的某一個暑假，我去了一家廣告公司做設計師賺生活費。一天，主管將一個製藥廠廣告部的客戶帶到我的座位前，說他們這一季度的廣告創意由我出，主管交代了幾句就走了，然後我注意到周圍同事那種似是而非的表情。後來我才知道，這個客戶非常難纏，換了兩名設計師都說不滿意，公司也不太想接了，所以乾脆轉給我這個菜鳥，等於變相拒絕。這個客戶是一個40多歲的女士，脾氣確實很差，一會兒要「五彩斑斕的灰」，一會兒要「泛著微光的白」，正當我的耐性也快耗盡時，她接了個電話，突然像變了個人一樣既溫柔又有條理，原來她是在勸慰她正在住院的研究生兒子。

我隨口問了幾句她兒子的病情，這位女士突然開始滔滔不絕起來，講孩子、講工作、講各種煩心事。我笑著說：「您的情緒控制得真好呀，在這麼大的壓力下也沒讓孩子感覺到，就像我們這藥一樣，給患者可靠、安心的印象。」她笑了，說那怎麼表現出這種可靠、安心呢，不然你來出點子吧。這單居然被一個菜鳥拿下了！過後我意識到，其實和客戶一起聊天討論創意的過程是很有樂趣的，也能訓練自己的溝通分寸。暑假結束時，我竟然還對這份兼職有點依依不捨。事後我也反思了一下，如果當時沒有轉換動機，一直想著什麼時候才能定稿，那上班就只剩下痛苦了。

從一開始的沒有動機轉變到有動機、從外源性動機轉變到以內源性動機為主，這都是可能的，只要我們在做一件事時主動去尋找對自己的益處——尤其在沒有選擇的時候。

身為成年人，我們做一件事不僅要知道自己為什麼失敗，也要知道為什麼成功。AMC 行動診斷模型就是這樣一個工具。當你工作或生活進展不順利時，可以拿出它來看看，到底是能力、動機、挑戰三者中哪一個失衡了，然後做出調整；在進展順利時也要評估一下，自己是因為哪個要素受益最多，以後在開展其他行動目標時便能參考過去的成功經驗。提煉關鍵行動並分析它，是為了讓自己始終清楚在做什麼，這樣才能將認知能量聚集在手頭的事上，保證內心秩序井井有條，盡量不在意識空間裡給熵生成的機會。

如果你在執行關鍵行動時覺得遇到障礙，請用 AMC 行動診斷模型對三個要素做一次分析吧。掃 QR 碼獲得【6.AMC 行動診斷模型】，你可以在需要分析自己的行動障礙時拿出來用。

手機掃描 QR 碼
或瀏覽器輸入：
https://reurl.cc/nLVeVe

**我在開展關鍵行動時的主要障礙來自：**＿＿＿＿＿＿＿＿＿＿＿＿。

☐ **能力（A）**＿＿＿＿＿＿＿＿＿＿＿＿＿＿＿＿＿＿＿＿＿

☐ **動機（M）**＿＿＿＿＿＿＿＿＿＿＿＿＿＿＿＿＿＿＿＿

☐ **挑戰（C）**＿＿＿＿＿＿＿＿＿＿＿＿＿＿＿＿＿＿＿＿

# 實踐第五步：
# 透過行動鏈實現熵減生活

## 熵減行動鏈的漣漪效應

熵減實踐的最終目的，是透過先啟動一件能聚集認知能量、有成長性的事，以它做為起點，潤物細無聲地將熵減滲透到生活中其他的方面，全方位從混亂無序的內耗逐漸走向井然有序的心流。

從一個好的起點開始再串聯起一系列好的行動，逐漸將整個生活帶入一個正向循環，我稱之為**熵減行動鏈的漣漪效應**。一個陷入平衡態的生活就像一池不流動的湖水，毫無波瀾的湖面下積壓著大量汙垢，不斷消耗著這池水的生命力。我們正在進行的這件事就像一塊石頭，把它扔向平靜的湖水後，泛起的水波紋會擴散至很遠的地方，吸引來更多的生物參與生態修復。但漣漪效應到底帶來的是什麼，一開始扔下的石頭決定了一切。

當我們非常享受做一件成長性的事時，恨不得把所有時間和注意力都放在上面，無暇分心關注其他無關的事，當有干擾時也會主動去隔絕掉，於是從自身到環境的熵都會大幅降低；當然，如果非常享受一件對成長有害的事，漣漪效應也一樣會產生，最後就是蜷縮在舒適圈底部的那個懶人沙發上再也起不來。那麼行動鏈又是怎麼串起來的呢？舉個不太恰當的例子，這就像一個人得到了一條優雅貴重的領帶，為了配得上這條領帶，他計畫賺錢買同等級的西裝、皮鞋、襯衫，而在籌措這套行

頭的過程中他注意到了自己長期不控制的身材已經走樣到離譜，於是報名了健身課和高爾夫球課。最後他買下了想要的衣服，以最好的身體狀態穿上它，並收穫了一批自律優秀的新朋友。這麼說好像很虛（大部分人可能會將領帶直接上架「閒魚」[4]賣掉），那還是拿我自己舉例吧。

我在寫這本書之前其實處於一個半躺平狀態，旅居在大理太舒服了，沒有壓力也沒有刺激，但自己很明顯還是不開心，或者說沒什麼活力。這種處於平衡態的生活終於在動手寫這本書開始被打破了——確切地說，變化的起點是在我埋頭寫了一週、感受到寫作帶來的巨大快感的那一刻。為了完成每天一小節的目標，我開始做出一系列生活上的調整，其中一件是為自己規劃每天的三餐，不再是冰箱裡有什麼吃什麼或者去外面吃。身為一個烹飪苦手，我一直有個頑固的觀念，認為既然自己不喜歡也不擅長做飯，為什麼每天又耗時又費力地親手做？而事實證明，其實只要規劃好，給自己做一餐簡單營養的便飯不僅最省時間、更加健康，甚至還非常有樂趣（以前的自己完全想像不到）。我的生活觀念變得開放了，不再拒絕那些能提升生活品質的改變。

隨之帶來改變的是自己的訊息流、人際流和環境流。

我休息時不再滑新聞 App 打發時間，只讀與寫作任務有關的、能夠增進認知的書，或者選擇澈底休息。同時在寫作時我將微信狀態設定為「沉迷學習」，並告訴身邊最親近的幾個朋友，如果我在這個狀態，則無法及時回覆他們的訊息。很快地，我的訊息熵便大幅降低。這些朋友也不再拉我去參加純玩樂的活動（真的很感激他們給予我的尊重和理解），而會精選身邊高學養的人介紹給我，雖然我的社交頻率降低了，但品質顯著提高，人際熵也隨之降低。最後為了每天能順手地開展

---

4.二手物品交易網站。

寫作，我把房子裡的所有物品重新做了規劃，半年裡確定不會用到的東西全部扔掉或送人，可用可不用的東西收納起來。無論是在工作區還是休息區，手邊都是一定會用到的物品，沒有一件需要讓我想一想「這個應該放哪裡」，於是環境熵也控制住了。

圖19是我的行動鏈和相應的漣漪效應。你可以掃QR碼獲得一張空白的【7.熵減行動鏈流程圖】，評估自己在開展關鍵行動後，在生活的其他方面是否產生了熵增或熵減的漣漪效應。

手機掃描 QR 碼
或瀏覽器輸入：
https://reurl.cc/nLVeVe

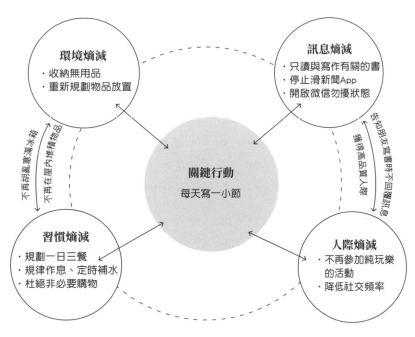

圖19　熵減行動鏈及漣漪效應

## 熵減的起點來自一個初心

　　這一系列熵減的成果，就源於一個起點——我想盡情享受寫作，以至於吝嗇到不願意分配認知能量到任何和這個初心無關的事務上。即使如此，身邊真正值得交的朋友都還在，而且更親密了。更讓我高興的是——他們中的一些也開始尋找能投入自己認知能量的行動目標，加入了熵減實踐的行列。

　　讀到這裡，相信你也早明白了：找到一件值得做的事行動起來，這是表象的目標，它真正的意義是透過扔出這塊石頭刺激人生各個環節的積極反饋——這個效果會自然地發生，我們不需要費力和刻意地去建構自己的行動鏈，只需要借力和借勢。找到能讓自己沉浸於過程中的事是非常幸運的，因為這意味著你有機會成為一名終身成長者。我也曾幾次問過自己：「如果這本書最終不能出版了，那還寫嗎？」內心的聲音是：「寫啊！這麼爽的事幹麼要停下來？」當下的我太幸運了，希望正在讀這本書的你也是。

　　我們每個人都有機會成為一名以長期學習代替臨時學習、以過程導向代替結果導向的終身成長者。只要能在生活中一直秉持開放性、非平衡態、非線性的原則做大部分的事，無論是否產出轟轟烈烈的成果，我們都會在過程中得到一項最寶貴的回報——對人生的掌控感。充滿掌控感意味著越來越確定自己想要什麼、不想要什麼，並為之付出行動，充滿信心地定義自己是誰。在前面的章節，我們一步步實踐了認知熵減的每個步驟，從打掃情緒熵、評估優勢特質和動機、選出值得做的事、診斷行動阻礙要素，到將其擴展到覆蓋生活各方面的行動鏈。

　　本章最後，你可以掃 QR 碼獲得【8. 熵減實踐的總框架】，在需要時隨時翻看。

手機掃描 QR 碼
或瀏覽器輸入：
https://reurl.cc/nLVeVe

上篇到此結束。

在接下來的中篇，讓我們一起把視線轉向充滿內耗的現實，將熵減理念運用到那些令人煩惱的困境中。

# 勇敢應對內耗的
# 現實世界

世界越來越複雜，用簡單不能對抗複雜，
唯有用複雜才能對抗複雜，又或極其簡單的人
不僅能對抗複雜，且能與複雜共生。


——達達（當代青年詩人）

# 第四章

# 都市文明病的熵減指南

. . .

**你將從本章了解到**

☑ 四大都市文明病：拖延症、強迫症、手機成癮症、
　選擇困難症

☑ 為什麼我們會在生活工作中習慣性拖延

☑ 為什麼我們無法放下一些強迫性的習慣

☑ 為什麼明知過度依賴手機不好就是改不掉

☑ 為什麼面對的選擇越多越會有壓力

☑ 如何有效應對這些文明病

. . .

# 拖延症：
# 一輛同時踩著油門和腳剎的車

　　從中篇開始，我們就要帶著熵減思維檢視現實中的問題啦。本章先一起來看看最容易帶來內耗的四大文明病：**拖延症、強迫症、手機成癮症、選擇困難症。**

　　如果把拖延症（Procrastination）列於四大都市文明病之首，大概不會有太多人反對。看看我們身邊有多少「拖延症互助小組」、「戰拖協會」，就知道有這種煩惱的人絕對不在少數。

　　拖延症在我們的生活中太普遍了：起個床內心像經歷了一場大戰，不掙扎到最後一秒都無法跨出被窩；買了一堆書想趁假期充實自己，卻遲遲無法翻開第一頁；期末論文出題了，明明有整個學期的時間寫卻非要拖到最後三天……**拖延症是非理性的延遲行為**，明知道一件事拖著對自己不好、再拖也不得不做，但就是沒辦法一咬牙趕緊做起來。

## 拖延症不是懶

　　面對一次次地習慣性拖延，很多人歸結於自己「懶癌發作」，這還真是個誤解。一個人出於懶拖著一件事不做，這不是拖延症，因為「懶」是一種心安理得的狀態，被催促了就會覺得很煩，但不會有明顯的焦慮感——這雖然不好，但內心是安然的。真正的拖延症一定在拖延的同時飽受焦慮的煎熬，他們的內心不是缺乏動力也不是只有阻力，而是動力和阻力在同時存在並對抗，就像德裔社會心理學家卡

倫‧霍尼（Karen Horney）說的：「好比是踩著剎車又想驅車前行。」只聽到輪胎在原地瘋狂空轉，車子沒往前挪一寸，油卻耗盡了。內心一直在做無效功的結果就是外表看起來毫無動彈，意識卻已經被熵壓癱瘓了。所以如果你想知道自己是懶還是拖延症，透過有沒有感受到焦慮來判斷就行了。我們要認真對待的也是會引起焦慮的非理性拖延，那些朋友間互相調侃的「自嘲拖」和為了獲得更好結果的理性拖延不在討論範圍內。

之所以要強調拖延症和懶惰的差別，是因為越常掛在嘴邊的問題越不被重視。你說你因為習慣性拖延症感到焦慮，周圍人要麼笑笑，要麼說你無病呻吟，「這不就是懶嘛！」確實，醫學診斷上也沒有「拖延症」這個名詞。事實上，很多嚴重拖延者的精神痛苦程度並不亞於焦慮症患者，但因為連自己都不當回事，最後真的發展成神經性焦慮症的例子也不罕見。所以請務必重視。

說到焦慮，你還記得這種情緒是什麼指向性嗎？對，它指向的是未來，我們所拖延的也都是還沒發生但必定會發生的事。下一個問題便是：為什麼會拖延？《戰拖行動》（The Procrastination Equation）的作者、加拿大卡爾加里大學教授皮爾斯‧斯蒂爾（Piers Steel）列舉了三個產生拖延動機的因素：期望、價值、時間。簡單地說，就是一個人對出現好結果越不抱希望（低期望）、越討厭這件事（低價值），以及截止日期越遙遠（可延遲時間），那麼馬上做這件事的動力就會越弱。說白了，拖延就是動力和阻力勢均力敵，而動力始終無法超過阻力。應對拖延症要麼是提升動力，要麼是降低阻力，這兩種策略對應的事務類型是不同的。下面透過 AMC 行動診斷模型，將拖延的事分成兩類情況分別分析。

- 第一類：能力明確大於挑戰的事。
- 第二類：挑戰大於能力，或和能力相當的事。

## 應對高能力、低挑戰的拖延

第一類情況的典型代表，就是起床和睡眠拖延。早上被鬧鐘叫醒，還是想在被窩裡多待一會兒，即使已經睡不著了也不願意起來。忙了一天很累，眼睛都快睜不開了還是死死盯著手機，哪怕已經沒什麼好滑的了，就是不想關燈睡覺……說的是不是你？立刻起床和馬上睡覺，很顯然，單純看能力，都是想做就能做到的，那麼問題就出在動機強度——它實在太低了啊！明明翻個身就能起床、關個燈就能睡覺，為什麼百般不情願？很簡單：因為大腦認定了做這些行為是「損失」，拖延是為了延遲損失的兌現。

損失了什麼呢？回想一下不想起床時的內心旁白都是些什麼：「被窩這麼舒服不想起啊！待會兒不遲到就行了」、「一起來就要開始忙，想起來就煩……先多舒服一會！」……馬上起床損失的就是「舒服」，再加上起床後通常做的都不是很情願的事，憑什麼要犧牲眼前的舒服？

不想睡覺時則是另一套旁白：「上班做了一天不喜歡的事，剛才還陪他看那麼無聊的電影，我必須要補回來！」……晚睡屬於強迫式的拖延，它是對現實中失去掌控感的報復性反彈——身不由己一天了，怎麼樣都要自己做主一次吧？馬上睡覺損失的是稀缺的「自主」，於是那些以自己的能力可以選擇做不做、怎麼做的事，便成了彰顯主權的巔峰時刻，比如選擇熬夜。

拖延起床和睡覺真的讓我們感覺更好嗎？內心那七上八下的焦慮就說明了一切。這些分分鐘可以做到的事會讓人特別容易喪失警惕感，我

們的肉身會對焦慮選擇性忽視，「騙」自己拖延是為自己好——這就給了慣性認知一個絕好的接手機會：那就別耗費能量想這麼多了，下次幫你自動拖延不就行啦！「騙」的次數多了就被強化成一個個路徑依賴，正如提出這個理論的社會學家道格拉斯‧諾斯所說：當我們認為自己從中獲得了益處（延長了舒服和掌控感）時，便不會再讓自己輕易走出去。

還記得第二章中提到過的熵減第一條件：認知的開放性嗎？總是固執地將某件事視為損失就是定型思維的展現，因此會在迴避損失的慣性拖延中被熵乘虛而入。如果你暫時還是定型思維傾向，請把這次的「戰拖」做為一次難得的轉換思維模式的機會。

拖延的路徑依賴很頑固，但相對來說，這種能力遠大於挑戰的拖延事務是最容易扭轉的。有些人為了讓自己改掉賴床和熬夜的習慣，會採取一些有懲罰性的措施，比如將開了鬧鐘的手機放在手搆不到的位置，第二天逼迫自己從被窩裡出來去關，或者睡前把手機放得遠遠的強迫自己不去碰。這些措施考驗的都是意志力——順便說一句，意志力真的不好用，任何以強迫為本的改變只會製造厭惡感。討厭熬夜不見得就能對早睡有好感，最後只是更討厭那個沒有意志力的自己，即使人在短期內能透過負面刺激做出改變，長期都會因損失厭惡乾脆澈底迴避改變。

要回到正向激勵，我們得借力於一些認知行為理論，**將原本的「損失認知」轉換為「收益認知」來提升動力**。也就是說，與其聽著焦慮大聲喊「不起床、不睡覺才是損失」，不如自己承認「起床、睡覺才有收益」，讓在犧牲變成在獲得，自然提升行動動機。認知轉換本質上是轉換看事情的視角（對於成長型思維的開放者來說不是難事），這時候就必須祭出如雷貫耳的**認知失調**理論了。

該理論認為人在心裡不舒服的情況下必須找一個方式讓自己舒服——拿提出該理論的利昂·費斯廷格（Leon Festinger）的話來說，人類內心的和諧來自「對這個世界的看法與自己的所知所為保持一致」。如果個體察覺到認知和行為不兼容，便會本能地選擇最容易調整的要素來與其他要素同步。比如一個天天熬夜不想睡的人，本身對熬夜就有焦慮，當他讀到一篇報導，稱研究表明，長期熬夜會對人的大腦認知水準造成不可逆的危害時，他要麼改變行為與認知一致（「算了，那就早點睡吧」），要麼為熬夜做合理性辯護（「白天太委屈了，除了熬夜喘口氣沒別的選擇啊」），以保持行為不變——很顯然地，多數人會選後一種方式，因為最容易啊！

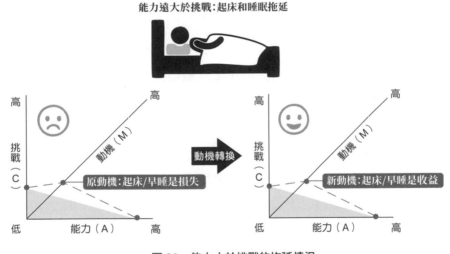

圖 20　能力大於挑戰的拖延情況

1. 認知失調（Cognitive Dissonance）指的是，當人產生矛盾的認知時，會因感覺到不一致或接收到互相對立的訊息時而產生的心理不適感。這些訊息包括人的行為、情緒、想法、信念、價值觀、信仰、外界環境中的事物等。認知失調通常展現在因進行與自己的思想、價值或自我概念相悖的行為，而產生的心理壓力或焦慮。根據認知失調理論，為了緩解這種壓力與不適，人會努力更改矛盾的認知，使其調和一致。

從內耗變心流　155

既然人性喜歡容易，那我們就讓起床和睡覺變得更容易，最好還有點誘惑力。這裡有個具體做法。

　　首先，當賴床和熬夜冒出想舒服、要自由的念頭時，先掐斷它，然後想想馬上起床和睡覺能得到什麼。比如我會想到馬上可以為自己煮杯香氣四溢的咖啡，熬夜時會想到某次一有睡意馬上倒向枕頭的非常舒服的深度睡眠體驗。將起床和睡覺變成一種充滿誘惑的動力，需要發揮想像的力量，當然這種誘惑要自己真的體驗過才有說服力。

　　然後我們繼續發揮想像力：當想起床或想睡覺卻動不了時，在腦海中想像自己開始做每一個動作，這能幫助我們大大提升真的做這些動作時的心理動力。這種想像越具體、越細節越好，比如起床這套動作，先在腦海裡預演自己移動四肢，比如用手臂撐起身體、將腿移出被子坐在床邊（但沒有拿起手機解鎖！如果你有這個習慣的話），然後站起來走向放衣物的地方，套上衣服，轉身去洗手間，打開水龍頭等熱水出來前，擠上牙膏開始刷牙……直至站在咖啡機前聞著彌散到客廳的香味。

　　在花幾秒鐘快速想像一輪後，你會驚訝地發現自己居然真的開始動起來了，毫不費力地起床了！原因就是當我們腦中已經做完了一系列動作，而身體沒有真的去執行時，就會有一種不適的感覺——按照認知失調理論，我們必須調整自己的行動，來與認知裡已經透過的想法保持一致。在多次這麼做以後，大腦就接受了新的行為模式，原本那個頑固路徑依賴會隨之改變，一個新的正向路徑依賴開始形成。

　　直接以行動改變認知，比指望讓自己想明白要有效得多。所以別多想，先做，讓你的認知來適應行動。

　　還有一個小技巧可以同步使用。早上醒來時，刻意加快睜眼的速度讓自己快速清醒，然後在腦子一幕幕回放時迅速跟上節奏，離開床穿好衣服。晚上睡覺時也一樣，先閉上眼睛，然後把注意力放在自己

的呼吸上，手輕輕搭在胸腔或腹部，感受自己的身體跟隨著呼吸的律動。也許有人會覺得一開始就這麼一步到位，好難啊！能不能從簡單的慢慢來，比如從原先賴床 20 分鐘變成 15 分鐘，再縮短到 10 分鐘、5 分鐘……對不起，如果你有這樣的想法，表示還是沒把「損失認知」轉化為「受益認知」（如果一早去和喜歡的人約會，你還賴床，算我輸），請重新認真思考到底起床和睡覺對你有什麼好處。

## 應對高挑戰、長時間跨度的拖延

第一類情況並不算棘手，因為能力夠、時間短，只要把思維角度變一變，行動上再推自己一把，就能感受到改變了。真正棘手的是第二類拖延情況：面對的是挑戰大於能力且不是馬上有結果的事——這就給了拖延充足的醞釀發酵空間。這類拖延比第一類要更複雜和困難，通常會讓人感覺做不好、做不到或不想做。比如寫論文、準備研究所、讀書、打掃全屋、節食健身這樣的事，只要最後期限離現在還早或沒有強制的截止日期，就會在一拖再拖中永遠起不了那個頭。

第二類拖延除了有上面說的損失感（比如準備考試會犧牲社交、節食健身會犧牲美食），還有對收益的不確定性，因為想像中的好處都發生在很久之後，而痛苦就在眼前。

拿準備考研究所來說。很多「考研黨」起初都鬥志昂揚，做了計畫買了參考書，一邊做考古題一邊上線上課，一段時間後卻越來越想拖，最終到距離考試兩三個月才真正開始備考。這種現象用一個行為經濟學上的**前景理論**[2]來解釋，就是等待回報的時間越長，一個人能感知到這個回報的價值就越低。由於考研這件事要明年下半年才會發生，能否成功這個結果更是要到後年春節之後才能得知，對於今年就開始備考的人來說整個戰線實在太長了，結果就是——「好好備考才能收穫考研

成功的巨大喜悅」，這種反覆想像的回報在頭 3 個月後吸引力就日漸降低。然後到第 4 個月，隨著備考越來越深入，做的題越來越難，想像中考研成功後的喜悅也就那樣，而想逃離這種痛苦感的欲望越來越有誘惑力，這時候只要再對自己來次靈魂拷問：「我到底能不能考上呢？」基本就已經打開拖延模式了。

為什麼呢？因為備考的預期價值一路降低、痛苦感一路上升，壓倒內心動力的最後一根稻草，就是失敗的可能性有多大。你要不要猜猜看：能把人逼成退堂鼓專家的機率有多大？前景理論告訴我們，在戰線拉得太長的情況下，只要 10%！——如果這個人覺得自己有十分之一的可能性在一年後一無所獲（沒考上研究所，也沒有工作），即使不放棄也會傾向於拖、拖、拖，延遲投入到這件越想越有恐懼感的事情上。複習備考是高強度的腦力活動，在避開痛苦的本能驅動下，人的思緒就開始飄散，看到桌上有零食馬上拆開一包，想到晚上要和同學吃飯馬上打開手機搜餐廳，做會兒題很快又難受了，乾脆清一下微信上的小紅點，直到晚上吃飯時書還停留在同一頁。

這就是在面對一件挑戰大於能力、戰線拉得很長的事時一名拖延者的日常。解決的辦法也是針對事務特性著手：**降低挑戰、縮短戰線、簡化準備**，盡量消解行動阻力。具體做法有兩個。

- **拆分任務、弱化恐懼**。將一個大任務拆分成小任務、將一個大截止日拆分成多個小截止日。如果你原先計畫裡的任務是「每

---

2. 前景理論（Prospect Theory），又稱展望理論，是一個經典行為經濟學理論，由行為心理學家、2002 年諾貝爾經濟學獎獲得者、《快思慢想》的作者丹尼爾‧康納曼和阿莫斯‧特沃斯基在 20 世紀 70 年代聯合提出。這個理論的假設之一是，每個人基於初始狀況的不同，對風險會有不同的態度。

天上午看書，下午做考古題」，而執行時經常冒出「行不行啊」、「考得上嗎」這些雜七雜八的念頭，表示你感覺自己掌控不了。那就學學雷軍，把時間按小時為單位劃分，將任務拆分為：「每天上午 8 ～ 10 點看政治、外語考研書各一節，10 ～ 11 點看基礎課考研書一節，11 ～ 12 點看專業課考研書一節；下午 1 ～ 4 點做一套考古題並搞清所有錯誤點，5 ～ 6 點複習全天內容並做好次日計畫」，一直細分到你覺得自己有信心能控制每個最小單位任務為止。相應地，「好好備考」也不再是戰線拉滿一年直到考完才算完成的目標，配合拆分過的任務進度設立一個個階段性的小目標，比如「本週末複習兩章」。那種不知道什麼時候是個頭的恐懼感便弱化了。

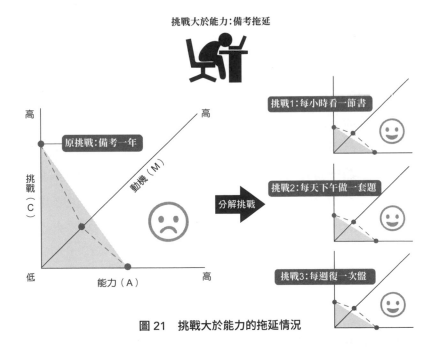

圖 21　挑戰大於能力的拖延情況

- **降低阻力，移除藉口。** 在此基礎上，另一個重要原則是讓自己隨時能「開始做」。當我們面對一件心裡沒底的事時，經常出現的一個現象就是如臨大敵般要做好萬全準備才開始。但準備工作做得越詳盡、步驟越多，開始的動力就越低，因為我們總會告訴自己還沒準備好——這其實是另一種隱性的逃避，為拖延找合理性藉口。降低這種行動阻力，便要讓自己無論何時何地都能馬上進入任務。比如我寫這本書時，並不限制自己必須在書房裡整整齊齊地準備好所有參考書、手邊放好筆記本和筆才能打開電腦開始寫。而是在書房放一臺處於休眠狀態但永不關機的桌機和正在用的幾本參考書，客廳放一臺筆記型電腦和含有所有參考書電子版的 Kindle，然後自己的筆記全部寫在手機放在雲端同步隨身帶著，這樣就能保證無論是身處客廳還是書房，只要一有靈感馬上就能開始寫，不需要有什麼準備工作。當我們在做一件長期的事情時，讓自己隨時保持在能進入任務的狀態，便會大幅減少拖延的藉口。

這兩個方法尤其對那些截止日期不明確的事情（比如長期健身），或者察覺到自己老因為怕做不好而不敢行動的事情（比如準備一次辯論賽）有效。這類任務有的甚至會持續一生，所以必須透過分解目標和簡化步驟來改造任務。當我們的掌控感提升後，就不至於因為區區 10% 失敗的可能性而無限拖延。

## 三個輔助的戰拖技巧

還有三個提升動力的小技巧可以使戰拖效果更顯著。

- **轉換動機的內涵，將這個任務與自己真正有內源激勵作用的目**

標連結在一起。比如我經常會拖延澈底打掃屋子的計畫，除非有客人來才會臨時大掃除一番，但由於我很愛自己的貓，於是便把打掃屋子這個任務重新定義為「為牠提供一個總是清潔、舒適又溫暖的家（畢竟貓的大半輩子都在這麼一個有限的空間裡）。」順便說一句，即使一個人在屋內什麼都不碰，這個屋子也會越來越髒亂，這就是熵增定律，而屋子裡面有隻貓，更會加速熵增，只有能心甘情願為了牠主動做功，才會獲得一個比一個人生活時熵值更低的環境。

- **越是長期的任務，越要給自己設定一個有長期獎勵的正回饋。** 拖延者通常也都有一個問題，要麼在迴避痛苦時選擇即時滿足的獎勵（比如喝奶茶、滑抖音），要麼完全不給自己獎勵。對於挑戰高、時間長的任務，最適合給自己的是那種和任務進程同步的延遲滿足型獎勵。我有一次寫論文期間正好 Switch 在香港上市，非常想用它玩朝思暮想的《薩爾達傳說：曠野之息》，但知道沒時間，於是準備了一個透明的存錢罐，每天完成當日階段性目標就放 20 港幣（為此我還特地去銀行換了一堆十元硬幣）進去，預計 3 個月後寫完交稿的同時就去專賣店買下它。存錢罐看起來又傻又土，但這種看得見的獎勵作用卻不容小覷，它能將拖延症常見的習得性無助變為習得性激勵。最後我成功得到了這臺獎勵自己的 Switch，雖然不是真的抱著這一堆硬幣去買的。

- 第三個技巧和第二個有關聯，就是**在已經習慣獎勵的時候給自己製造點難受。** 在你進行一個分解任務（比如背單詞）快到 70% 進度的時候，可以放下它去做其他的任務。然後你發現自

己會時不時見縫插針，像小時候趁爸媽出門趕緊玩幾把遊戲一樣，抓住點計畫外時間就趕緊背幾輪剩下的單詞，最後在其他任務沒落下的同時把剩下 30% 的背單詞進度也超額完成了——這時候哪怕不再給這部分進度分配獎勵都沒關係了。這個技巧的原理來自契可尼效應[3]，人對已經開始但沒畫下句號的任務格外難受，尤其那些已經建立了良好感覺、完成了大半的事情，被中斷時就像有根刺卡在心頭，一定要把它拔掉才會舒暢。

拖延症是持久戰，關鍵在於扭轉造成拖延的原路徑依賴，透過時間的力量建立起新路徑依賴。上面說到的方法，我都親測有效，請選適合你的試一下吧！

---

**3.** 契可尼效應（Zeigarnik Effect）是由心理學家布魯瑪・契可尼（Bluma Zeigarnik）提出並透過多個試驗證明的記憶現象。它指的是一般人對已完成了的、已有結果的事情極易忘懷，而對中斷了的、尚未完成的、未達目標的事情卻總是記憶猶新。

# 強迫症：停不下來的消滅小紅點之戰

現在看一個和拖延症正好相反的文明病：凡事必須馬上做才能舒坦的強迫症。

提到強迫症（Obsessive-Compulsive Disorder，OCD），我們腦子裡立刻會出現電影裡那些不停洗手的病態畫面，覺得自己完全不是這樣的人啊。其實在快節奏的現代社會，很多人多少有一些屬於自己的有強迫傾向的小習慣，比如不管多難看的片都會從頭看到底絕不棄劇，剛出門一定要回去看看瓦斯關了沒有，網購了明知道沒那麼快到還是會一天好幾次確認物流訊息……再比如我自己，有時候上樓梯只要左腿跨了兩層階梯右腿一定也要跨兩層，否則就會不舒服。

## 不是每種固執都是強迫症

強迫症的標籤也不是想貼就能貼的。究竟一個習慣算不算有強迫性，有個核心判斷標準：自身和這個強迫行為之間有沒有對抗。就拿確認物流訊息來說，如果一個人一方面內心深處知道沒必要老盯著，一方面又像著了魔一樣，「不確認物流就不會有進展」的感覺不停在心頭盤旋，這種忍不住再三查看的習慣就屬於有強迫性。如果換另一個人，雖然他也老是盯著物流訊息但心安理得，沒覺得自己這樣是不對的，那就沒有強迫性（比如一個習慣隨時掌握多件商品發貨進度的淘寶買家）。和上面的拖延症與懶惰的差異一樣，即使同樣的行為，只要內心沒有對抗式的衝突，也沒有產生自責、不安、煩躁這些在心頭抓撓的不

良感覺，就沒有什麼問題。

　　對於大部分輕量級的強迫性習慣，比如剛出門就想回去檢查一下門窗、睡覺前一定要把拖鞋擺放得整整齊齊之類，只要我們本人覺得對生活沒太大影響就不用去管。但如果人都到公司了還得拚命壓制想立刻搭車回家檢查的衝動，同時內心又不斷譴責自己有毛病的話，那還是調整一下為好，因為這些內心的對抗會一直占用著認知系統，早晚當機。

　　我們的認知系統就像一臺多工運作的電腦，可以同時打開播放器放著電影、執行 Photoshop 和 Word，旁邊再開著個網頁買東西。你想專心看電影就把播放視窗設為全螢幕，想休息一下就把 Photoshop 和 Word 窗口最小化，想去做點別的就讓電腦進入休眠狀態顯示黑幕。如果這臺電腦感染了強迫症那就麻煩了：某個應用程式不知為什麼開啟了前置模式，你不得不一直盯著這個最前面的視窗，它無法最小化也無法關掉。不做這個了離開做點別的吧，但只要一回到螢幕前看到的又是這個視窗，認知能量始終被它占據著，想跑都跑不掉，只能任由不斷產生的熵消耗自己。

　　要把這個被感染的程式強制關掉，傳統上有兩種常用的行為療法：**厭惡療法和暴露療法。**

　　厭惡療法是利用制約原理（還記得巴甫洛夫的狗嗎），在強迫行為一發生就給一個懲罰性的刺激，透過大腦建立兩者之間的強連結來消退這種行為對人的吸引力，比如出門後門把手就通了電，再想進門一握把手就給個電擊，讓人以後一產生想回去檢查的念頭就同時產生對電擊的恐懼。這種基於恐懼反應的療法把人視為動物或機器，不道德，而且不治本，已經被現代行為學派拋棄。雖然少數治療師在針對某些嚴重成癮行為時還會用，但主流早已不推薦了。

　　相對於激進的厭惡療法，暴露療法就緩和得多，它透過阻斷強迫念

頭發生時的慣性行為來產生效果。比如想洗手想到心生焦躁時，禁止這個人用自己習慣的方法，也就是不停洗手來緩解焦躁。這時候不但不能洗手還要觸摸髒東西，摸完就待在原地，等這種針扎式的焦躁到達頂峰後自行消退下去。反覆多次後，強迫念頭和強迫行為的關聯就弱化了。暴露療法的原理是越怕什麼就越給什麼，然後透過禁止習慣行為幫助人對強迫源脫敏，這有點像我們寫的情緒日記──只要能經常直面和表達不良感受，它就沒以前那麼容易傷害到我們。

　　上面兩種行為療法通常針對的是嚴重強迫症（持有根深柢固的偏執認知，而且會無止境地用行為強化這種認知），前一種已經堆在歷史的垃圾堆裡，而後一種暴露療法則比較可靠，也是美國心理學會（APA）在《強迫症治療實用指南》中推薦的治療方法之一，但需要在專業醫師指導下進行。

　　對於有輕度強迫傾向的人（認知上接受自己的念頭是不理性的，只是行為上無法控制），在日常生活中更值得一試的是源自西方神經症療法，經過東方智慧改良後的**森田療法**[4]。森田療法可以說是一種更舒緩自然的東方式暴露療法，尤其適合我們中國人。它的思路非常簡單：當強迫性的洗手念頭出現時，把它晾在一邊，自己該幹麼幹麼，可以去洗手也可以去拆快遞、泡茶喝，也就是「帶著症狀去生活」。當感知到症狀時，只要別如臨大敵老去想著它、不刻意調用認知能量去對付它，一段時間後就會發現症狀不知不覺消失了。從森田療法的視角看，我們的內心就像一面湖水，症狀發作就像往湖面扔了塊石頭後掀起一波波漣

---

**4.** 森田療法（Morita Therapy）是日本已故精神醫學家森田正馬於 1919 年創立的，目前被公認為對治療輕度神經質症，尤其是強迫症、焦慮症等有較好的療效。該療法的核心理念是：順其自然，為所當為，透過現實生活中獲得新的積極體驗，讓人自然而然地不再把注意力放在強迫體驗上，以此斷了這個症狀發展的動力。

漪，想讓湖水重返平靜，最好的做法就是什麼都不做，任漣漪散去。這種「無為而無不為」的東方處事理念就是在阻斷精神熵產生的源頭——想太多又控制不了。

## 訊息強迫症：向小紅點宣戰

森田療法能解決的是那些人腦中產生的強迫動機，但它解決不了一種現實中最麻煩、對生活影響最大的強迫症——**訊息強迫症**，也被稱為訊息焦慮症。

每次一打開手機焦慮就來了：App 上那些未讀訊息的小紅點和彈出通知真是個「偉大的發明」，不消除它們讓我們不舒服，澈底關閉提示又讓我們不安，越來越多人前仆後繼地加入消滅小紅點之戰，一個個活生生被逼成了訊息強迫症的奴隸。為什麼訊息會有強迫性呢？我很喜歡的萬維鋼老師曾說過這麼一段話：

以前社會名流聚會時喜歡攀比奢侈品，比如：「你的包是在哪裡買的呀？好用嗎？」「你的手錶是什麼牌子的呀？」現在更喜歡攀比談資，談的是自己知道但別人不知道的新聞，是自己對一些事物獨到的看法。人們更在意你提供的訊息的價值和帶來的機會。

在過度競爭已成常態的今天，訊息不僅是競爭力，還是人際交往的貨幣、自我認同的強化劑。生活在訊息時代的我們最怕的是什麼？怕錯過對自己有用的訊息，同時心裡又清楚大部分訊息是沒用的，於是一次又一次地消滅小紅點來安慰自己，「我沒有錯過，我挑選過了。」這種典型的強迫習慣，是讓我們像水果忍者般頻繁地點、點、點來緩解訊息焦慮。

除了小紅點，無目的地頻繁解鎖手機也是一種典型症狀。

10 年前便有一項研究指出，美國本土的智慧型手機用戶平均每天必須查看手機 34 次，有時頻率更高，達每 10 分鐘 1 次，哪怕手機什麼通知也沒有。赫爾辛基訊息科技研究所（Helsinki Institute for Information Technology）的一項研究更顯示，美國人看一次手機通常不會超過 30 秒，很多都只是打開螢幕鎖或點開某個 App，隨便劃兩下就鎖屏了；也就是說，這都是強迫性的路徑依賴下的無意識行為，而不是因為有什麼需要或目的。那麼中國手機用戶的訊息強迫症有多嚴重呢？我想也不會好到哪裡去。

　　既然訊息強迫症的載體主要是手機，很顯然，上面說的暴露療法和森田療法都不會有太大作用。因為這些小紅點並不是我們的大腦製造的，既沒法和它講道理，也不能永遠不看它。這還真是一個一直處於前置模式的視窗，我們就像《發條橘子》中那個被厭惡療法用夾子強行撐開眼皮的問題少年，被迫接收著永無止境的垃圾訊息——其實更悲哀，因為我們的大腦實際上喜歡這些帶來刺激感的垃圾，厭惡的只是自己不由自主的行為。

　　那怎麼辦呢？

　　我曾經也是訊息強迫症的受害者，還挺重度的，隨時渴望新資訊，每天要把幾個關注的新聞 App 的內容列表從頭翻到尾，確認有沒有漏掉什麼值得閱讀的東西。更早時滑微博、滑朋友圈，剛滑完一輪新的一輪又開始了，停都停不下來。如果發了篇文章就更離譜，幾分鐘看一下有沒有評論，給別人留言後心裡總惦記著回覆了沒有。在等待的過程中備受煎熬，除非那個小紅點或者彈出通知一閃，心情又立刻明亮起來⋯⋯那段時間我無法專注思考，只要一做事就走神，內心充滿負罪感，我很快意識到了嚴重性——我成了被訊息操縱的木偶！於是我停止滑微博（到現在也沒再發過一條）、關閉訊息通知、強迫自己不再看朋

友圈，事實證明，雖然這些戒斷措施我都可以做到，但注意力依然渙散，內心焦慮無處安放。

對抗訊息強迫症耗費了我大量的時間、精力，一直沒有穩定的效果，慢慢地我也就不那麼執著了。接著當自己的研究專案開展起來後，每天大量讀文獻、跑模型、分析數據……我驚喜地發現在那期間我沒有牽掛過那些小紅點，不是因為意志力變強了，而是因為——忘了。再到現在寫這本書，雖然手機一直在旁邊，桌機版微信視窗也是打開狀態，我卻發現自己已經可以連續寫作幾個小時不去碰手機，而注意力竟然也沒被工作列閃爍的微信圖示吸引過去。對現在的我來說，不去點掉那些小紅點不再有難受的感覺，因為對於「錯過」沒以前那麼在意了；換句話說，當我不再想控制訊息時，它也無法控制我。

沒有去刻意對付，卻不知道什麼時候擺脫了訊息的奴役，這讓我感到了真正的自由。這段個人體驗讓我親身驗證了契克森米哈伊所說的心流之神奇：在一個人找到一項能長久凝聚自己注意力的活動後，確實再多的外界侵擾也不足為懼。如果你正在經受訊息強迫症的困擾，我想對你來說最好的方法也是找到一項活動，讓心流帶著你走出來。在此之前，先試著不要太在意「錯過」，從放過那些小紅點開始放過自己。

# 手機依賴症：沒了它就不知如何生活

## 你是不是手機的迷戀型依戀者

手機依賴症，毫無疑問，它是拖延、強迫、成癮、專注力喪失等各大文明病的集大成者。

現在請你先做一件事：把手機關機放在離自己比較遠的地方，然後花 5 分鐘隨便做點什麼：看書、在屋子裡躂躂、看著窗外發呆⋯⋯5 分鐘後回來，重新打開手機。

好，歡迎回來。這段時間你有惦記自己的手機嗎？記住這種感覺。

下面先說個無關手機的話題：戀愛中人的**依附類型**[5]。這個理論簡單地說，就是當一個人處在親密關係中時，按照他對另一半的焦慮和迴避程度，可以分為 4 種依附類型：安全型、疏離型、迷戀型、恐懼型。一起來看看臨床心理學家大衛・沃林（David Wallin）對其中一種類型——**迷戀型依附者**（高焦慮、低迴避）的特徵描述。

> 對伴侶高度重視，心思完全被其占據⋯⋯對他們最大的威脅是分離、喪失和孤單一人，將保持這份親密視為自己的最高利益⋯⋯他們對伴侶有著畸形的依賴，經常牢牢占據另一半的大部分時間，壓得對方喘

---

**5.** 依附類型（Attachment Style）最早由英國發展心理學家約翰・鮑比（John Bowlby）在 20 世紀 40 年代提出，該理論當時用於研究嬰兒和父母之間的情感關係。到了 80 年代，Hazan 和 Shaver 將這種依附理論放在用於研究成人戀情的關係中。正如佛洛伊德所說，成年人的行為可以從他的兒時找到痕跡。

不過氣來⋯⋯非常渴望對方能隨時陪在自己身邊，如果分開片刻，他們會感到十分焦慮、痛苦⋯⋯他們極度害怕那種被拋棄的感覺，結果往往適得其反，當另一半受不了時，只能提出分手。

回憶一下剛才和手機分開 5 分鐘時你是什麼感覺？如果有點像上面描述的迷戀型依戀，那表示你對手機有點過度依賴了，只不過手機不會提出分手，它能毫無怨言地陪你到天荒地老。

說到手機依賴，與其問自己什麼時候需要它陪，不如問什麼時候能沒有它陪。

早晨一睜開眼看手機、刷牙時看手機、吃飯時看手機、上廁所時看手機、走路時看手機、等車時看手機、坐車時看手機、看電視時看手機、在超市排隊結帳時看手機、社交時看手機⋯⋯在工作、睡覺之外那些屬於自己的時間裡，我們幾乎都在看手機。

這麼依賴手機，真的是因為它讓我們感覺更好嗎？紐約大學斯特恩商學院教授亞當・阿爾特（Adam Alter）曾做過一項這樣的調查，結果發現經常使用運動、閱讀、教育、健康類 App 能讓人感覺還不錯，可惜人們每天花在這些 App 上的時間只有區區 9 分鐘。那剩下的手機時間呢？要麼用在社交、遊戲、娛樂、新聞的 App 上，要麼即使沒什麼可看的也要像個強迫症患者一樣頻繁解鎖螢幕，又頻繁關閉螢幕。阿爾特對主要將時間花在這些 App 上的人進行了採訪，他們普遍承認自己在生活中感覺並不好，尤其在每次放下手機回到現實中時，但實在忍不住。

手機依賴很像尼古丁成癮：很多人都以為戒菸難是因為抽菸很快樂，真相恰恰相反，有菸癮的人不斷抽菸不是為了獲得快樂，而是為了緩解痛苦（當然，重度菸民自己是意識不到的），因為尼古丁的戒斷反

應實在太難受了。我們對手機的依賴也是一樣，即使感覺很差也無法離開它，別說分離了，當手機電量低於 50% 時就開始瑟瑟發抖，到處去找最近的行動電源租借站。

## 讓自己擺脫手機依賴的訓練

會選擇這本書並且讀到現在的你，相信並不需要先聽一堆過度依賴手機的危害，你已經有擺脫的意願了。那就直接進入下一個話題：**怎樣讓自己離得開手機**。

離得開手機不是指不去用手機（這也是不可能的），而是不讓它成為你生活掌控感的唯一來源。我們之所以一離開手機就坐立不安，是因為潛意識中認為它比現實中的自己更全面、更強大，就好像面對生活中大大小小的考試有了一件作弊神器一樣，沒了它就沒安全感。想想也是，社交需要透過它，網購需要透過它，手裡又是鬧鐘又是地圖，又是相機又是遊戲機……把手機放下的那一刻就感覺控制不了自己的生活了，就算沒什麼需要做的，拿起手機也幾乎是填補空隙時間的唯一選項。但真的是這樣嗎？做為從沒有 3G/4G 網絡、只有貪吃蛇和多媒體簡訊功能的手機時代穿越過來的人，我想說，那時候的手機就是工具，我們才是它的主人。

所以與其說要打破對手機的依賴，不如說是從它手裡收回對生活的控制權，讓它回歸僕人的原本角色，一方面讓它變得沒那麼重要，另一方面讓自己變得更重要。具體做法有三個。

- **刻意練習**：適應人機分離，控制手機使用。
- **主動替換**：引入替代活動，還原手機功能。
- **設定障礙**：利用 AMC 原理，讓依賴變難。

先說第一個做法：**刻意練習。**

就像抽菸有戒斷期，需要慢慢減少尼古丁攝入一樣，離開手機也需要一點一點適應。

想一想，我們平常玩手機最頻繁的場景是什麼？大概是各種空隙時間：坐手扶梯時、去洗手間時、超市排隊時、地鐵等車時，逮到空隙時間就習慣性滑幾下……其實這些時間短到根本做不了什麼，我們只是習慣性地見縫插針而已。

因此刻意練習的第一層，便是抓住這些空隙時間讓自己逐漸適應和手機的分離，原則自然是從最容易的練起。

首先，是坐手扶梯和去洗手間的間隙時間，這短短幾十秒不去碰手機非常容易做到，是非常好的初始練習；然後可以試著突破到超市排隊和地鐵等車的間隙時間，幾分鐘和手機的分離會讓人有點不習慣，在這段時間裡將注意力放在觀察周圍的人和事上會好過一些，也能幫助我們重新建立和現實的連結；在幾分鐘也能做到且沒有特別不適後，便可以挑戰最久的間隙時間，比如在 20 ～ 30 分鐘的吃便當時間收起手機認真吃飯、和同事聊天。透過這些間隙時間的練習，我們慢慢就會發現手機並不需要滲透到生活的每個角落，而生活是因為有自己的參與才變得重要。

刻意練習的第二層，是在大塊時間被手機占據時訓練自己想停就停。

這個訓練其實是幫助提升自省力。自省力強的人通常比較容易控制自己對手機的依賴，因為他們相當於有「另一個自己」在隨時審視天性行為，在生活中通常能做到專注力收放自如，不會被碎片化的、隨機的娛樂訊號隨意支配。而對自省力一般的人來說，因為天性的力量過於強大，某音、某手這些短影音 App 只要一啟動，大腦就全程被一個又一

個爽點劫持，「另一個自己」根本沒有介入的機會。這些 App 是操控天性的專家，但也是絕佳的自省力訓練工具。

首先，我們不用強迫自己遠離某音、某手，娛樂沒有罪。在玩這些 App 時加一個簡單的練習：看了幾段影片後、在滑下一段影片前，對自己說，「這個影片看完後暫停 5 秒」，讓「另一個自己」有一個短暫的審視和反思的喘息空間。這個訓練方法就一條原則：**沒說就不做，說了就做到**。反覆以往，像訓練肌肉記憶一樣，我們的自省力就覺醒了，對手機使用的控制力也會相應地大大增強，想停就可以停下來。

但光能停下來還不夠，原本用來滑手機的大塊時間總不能就這麼空著吧——畢竟這不是短短的間隙時間。

下面就來說第二個做法：**主動替換**。

主動替換的 A 面是找回人類原本的自然活動。在進入智慧型手機時代前，人們在自己支配的自由時間裡會做些什麼，現在就「抄作業」做回去。那最好做些什麼呢？我會建議多進行一些不能帶手機的活動，比如游泳、泡溫泉；或者會限制用手機的活動，比如聽音樂會、看電影。這些活動因為本身就不方便用手機，便不會讓我們的心裡有太大損失感。除了這些活動，其他時間並不需要刻意禁止玩手機——與其完全不讓一個有菸癮的人抽菸，不如設定好禁菸區和吸菸區，跟著規則走，人的內心也會更安定。

主動替換的 B 面是分析自己使用頻率最高的手機功能，逐步用專門設備將這些功能替換掉。喜歡手機拍照？用專業相機也很好啊（除非是放不下手機上那些美肌濾鏡）；喜歡手機閱讀？Kindle 的不傷眼、無打擾體驗太舒服了；喜歡玩手機遊戲？說真的，遊戲這麼耗時間，不如用 Switch 去玩些真正值得的好作品吧。當然我也知道手機又全能又方便，全換成單一功能的設備肯定會讓大部分人猶豫，包包裡帶一堆設備

出門也不是今天的生活方式。但在被手機依賴牽著鼻子走的這些年，我越來越意識到：在資本力量肆無忌憚的今天，多少要對他們極力推給我們的那些看似「方便」、「好玩」、「潮流」的東西有所警惕。有時候去用那些返璞歸真的替代品，是為了保住自己那份自由和清醒。

第三個做法：**設定障礙**，就是利用 AMC 模型來個反向操作，讓依賴手機變得沒那麼容易。

人類的行為習慣可以分兩大類：上坡型習慣和下坡型習慣。前者是一些需要努力維持才能形成、一旦鬆懈就很容易前功盡棄的習慣，比如寫情緒日記、健身節食、不拖延、不晚睡等，通常好習慣都是這種費力的上坡型習慣；後者則是那些按慣性行事且很容易剎不住車的壞習慣，手機依賴症就是下坡型習慣的典型代表。對於上坡型習慣，用 AMC 模型來看，最有效的是在動機上大力推一把，其次是提升能力；但對於下坡型習慣，老實說，指望滑坡時靠拉住不良動機來終止手機依賴這種壞習慣不太務實，所以重點應該放在「讓壞習慣沒那麼容易做」上面。

怎麼讓手機依賴變得不容易做呢？這裡有如下兩個參考做法。

- **降低能力**。平常將手機放在隨身帶的包裡，不放在桌子上，也不放在口袋裡，讓自己不再隨時隨地能拿起手機，要用的時候需要付出額外體力起身去從包裡掏出來。

- **提升挑戰**。思考讓自己最成癮而又最對成長無用的 App 有哪些，取消臉部和指紋 ID 快速登入，轉為設定密碼登入。同時這個密碼不能是你習慣的常用密碼，而要採用無規律的數字、字母、特殊符號組合以防止自己背下來，把它寫在一張紙上放在抽屜裡。

這樣做，以後當你每次習慣性想拿起手機時，還得先從包裡翻出來，要打開那些成癮 App 就更麻煩了，在找密碼紙的過程中想要馬上快樂一把的衝動必定消退了一半（也不用擔心這張密碼紙丟失，畢竟能用手機找回密碼），逐漸地，你對手機的依賴就沒那麼頑固了。

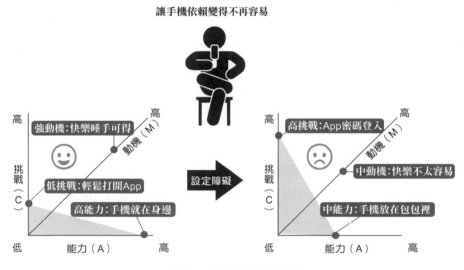

圖 22　為手機依賴設定障礙

你可以根據這個思路為自己設定類似的障礙，相信堅定地想擺脫手機奴役的你，想像力應該比我豐富得多。

好了，經過上面一系列的操作：**刻意練習、主動替換、設定障礙**，手機依賴症對你來說已經從不可控逐步變得可控了。之所以要這麼認真看待手機依賴，因為它是奪走我們生活掌控感的罪魁禍首，如果放任自流，想獲得一個熵減的，甚至有心流相伴的人生便是空想。別手軟，加油！

# 選擇困難症：誰來幫我做個決定

本章最後，我們來聊一個以糾結著稱的文明病：選擇困難症。

在生活中，我們每天都會不斷進行選擇。身處現代社會的一個好處是：大到嫁什麼人、選什麼工作，小到叫哪個外賣、看哪部電影，幾乎每一次的選擇都能找到不只一個的備選方案。選擇困難症其實是享受現代社會便利的副產品，代價就是在反覆糾結中過度思考，給內心招來了增加煩惱的精神熵。

我們為什麼會選擇困難呢？哥倫比亞大學商學院教授希娜・艾揚格（Sheena Iyengar）在史丹福大學擔任研究員期間，曾領軍做過一個關於「選擇」的有趣實驗。

幾個研究員假扮成果醬供應商，在當地一家雜貨店放了兩張桌子，一張上面擺了 6 種口味的果醬，另一張擺了 24 種口味的果醬。他們打出廣告歡迎到店顧客免費試吃，然後統計這些人試吃的種類，並觀察多少人試吃後真的掏腰包購買。結果發現，儘管有 24 種口味的那一桌吸引了更多的顧客，也都一窩蜂地擠在一起試吃過多種口味，但最後幾乎沒人買。而去了 6 種口味的那桌的顧客大多只嚐了 2 ～ 3 種口味，卻有大約 30% 的人在品嘗後真的買了其中一種果醬！

這個實驗說明：當選項太多，而以我們當前的能力或眼前的訊息無法仔細比較所有的選項時，大部分人會乾脆放棄選擇。後繼的追加實驗還發現，如果真的從一大堆選項中選了其中一個，過後人們也會對這個選擇不滿意，容易後悔。

在現實中的我們選擇困難時，商家比我們更急，會明裡暗裡變著法子幫顧客解決糾結。比如我們在逛商場時經常會發現，一家賣鞋的品牌店會在最顯眼的位置放三雙當季主推的鞋：一雙打九折的中端鞋、一雙打五折的中端鞋、一雙不打折的高端鞋。商家真的是為了同時推這三款鞋嗎？當然不是，他們真正指望跑量衝業績的，是那雙打五折的中端鞋，另兩雙鞋其實是暗樁，是炮灰，用來襯托出主推鞋的性價比，幫助猶豫不決的我們做決定的。

所以一開始就排除或減少選項，是避免自己選擇困難最基本的做法。

當然，我們在現實中面臨的情境還要比實驗複雜得多。除了選項過多這個基本原因，研究者還歸納了選擇困難的另外兩大主因。

第一個是選擇情境的特點，當選項之間用於比較的屬性高度同質化，沒有哪一個占據絕對優勢時，儘管選項並不多還是會令人十分糾結。當我們要從一堆同等級的安卓手機中選擇時，就是這種糾結的情境。

這種情境下會不會選擇困難，取決於第二個主因——選擇者是否有清晰的偏好。

如同想為一個朋友介紹對象，最難介紹成功的是那種「我沒有標準，看感覺」的。一群朋友出去吃飯，最令負責點菜任務的那個人頭大的，是說「吃什麼隨便」的人，當然也確實有真的對吃什麼不太在乎的人，比如我，但應該說清楚忌口，比如「我什麼都吃，但對蝦過敏，不喜歡太多薑。」搞清楚自己的偏好，是一個簡化選項的方法，先清楚需要取捨的屬性有哪些，再問自己最看重什麼，比如手機能考慮的屬性有拍照、續航、聲音、隱私和系統友好度，如果自己喜歡拍照，又不喜歡外放音樂，那就很容易決定了。

## 選擇困難的根源：「最優型」決策風格

上面說的這些外顯的原因都不難解決，下面這個才是真正造成無休止糾結的心理成因——我們內隱的決策風格。行為心理學上經典的「理性 / 有限選擇模型」[6]曾區分出人們具有的兩種決策風格。

- **「最優型」決策者**：這種類型的人心懷執念，面對任何決策情境，都會窮盡所有屬性選項，無止境地追求最優解。

- **「滿意型」決策者**：這種類型的人知足常樂，不追求最優解，有一個點到為止的好的選項就行，他們關注的是在決策當下是否滿意、舒服。

面對選擇時，這兩種人的表現是截然不同的。相較於「滿意型」，「最優型」決策者願意投入更多的時間、精力成本蒐集訊息，尋找更多的選項。而「最優型」決策者正是頑固型選擇困難症的「重災區」。那麼，如果你發現自己是「最優型」決策者，並且已經因為選擇困難而痛苦不堪，那還有沒有救呢？還真有一個方法，可能還是你意想不到的。

在講方法前，我們再多了解一下「最優型」決策者那種停不下來的糾結是怎麼來的。

拿找對象為例，有研究發現：這個族群在婚友平臺會瀏覽更多潛在對象的資料，這是因為他們眼中的「最優」往往還具有強烈的社會功能性，也就是說，選的對象不僅是自己眼中最好的，還必須是別人眼中最好的。因此除了自己的偏好，他們還會將別人會欣賞什麼樣的人納入選

---

**6.** 見 Schwartz, B., Ward, A., Monterosso, J., Lyubomirsky, S.,White, K., & Lehman, D. R. (2002). *Maximizing versus satisficing: Happiness is a matter of choice.* Journal of Personality and Social Psychology, 83, 1178–1197.

擇屬性——很明顯，這樣的決策風格，沒有重度選擇困難才怪。

客觀地看，尋求最優解的執著對個人的外部發展是有好處的。有調查顯示，在職涯起步階段，深思熟慮的「最優型」決策者薪資增長比較快，相對於更普遍的「滿意型」平均高出 20%；但另一方面，「最優型」決策者又經常對自己的選擇不滿意，更容易在決策後感到後悔，所以整體幸福感更低，有更強烈的憂鬱傾向。這也很好理解，畢竟人生中是沒有所謂「最優解」的，而為了追求「最優解」又必須去迎合他人的標準，就會令自己過得非常辛苦。

所以「最優型」決策者在外部發展順利的同時，內部的自我發展卻通常充滿障礙，而「滿意型」決策者雖然知足常樂，卻也難免留下未能發揮全部潛力的遺憾。那麼究竟是做一個痛苦而高效的人，還是做一個滿足而不那麼高效的人，又是一個沒有對錯、令人糾結的選擇。

## 丟硬幣法：給「最優型」決策者的解藥

如果你恰好就是個「最優型」決策者，已經因為重度選擇困難痛苦不堪，想要做點改變來平衡自己的內心，那麼下面的內容就是為你量身打造的。

你有沒有想過，為什麼自己會成長為這個類型的決策者？

我身邊有些重度選擇困難的朋友也曾在痛苦不堪時來問怎麼辦——很顯然，那些針對普通選擇困難的建議對他們幾乎起不到作用。透過提煉這些朋友的共通性，我形成一個自己的判斷（沒有學術依據，純個人觀察）。首先，這些朋友都非常聰明，家人寄予他們很高的期望，且一路控制著他們的發展，從出生、小學、中學，到考什麼大學、念什麼科系，多半也是家人或他人給做主。然後大學畢業進入職場，他們突然發現自己可以決定一些事，感受到「掌控感」了，便開始追求這種感

覺，只要是自己能決定的事，一定要窮盡所有選項，找到最優解——這其實就是在追求控制的過程中失控了。

而如果一個人從小就一件一件事學著自己拿主意，有的做得成有的沒做成，便能經常體驗到一種正確的、平衡的掌控感，在日後不至於走向「最優型」的極端。那麼到底是種什麼樣的感覺呢？現在我們馬上試一下。

先想一件嚴肅且 AB 兩難的事，比如要不要跳槽、要不要分手。然後準備一枚硬幣，告訴自己「丟出正面就做 A，反面就做 B。」好了，馬上丟！然後看清楚是正面還是反面。

現在我問你：「要不要再丟一次？」

如果不出意外，你現在大概在罵：「這是什麼鬼，小孩子才這樣做選擇！」

其實並不是。無論你覺得多荒唐，只要你動了想再丟一次的念頭，就表示潛意識幫你選擇了另一個選項；也就是說，你心裡其實早選了 A 或 B，而你之所以 AB 兩難，只是又想要這個選項的好處又不願承擔其背後的潛在後果而已。上面說的那種正確的、平衡的掌控感，都不是來自反覆琢磨，而是來自「我決定了，就做了，天也沒塌」的認知慣性。

所以對付重度選擇困難最好的方法，不是深思熟慮，而是一個「執行」的儀式。一件事無論多麻煩，只要「執行」了，我們的內心就能恢復堅韌、平靜，各種假設性的恐懼也會煙消雲散。在我們逐漸接受丟硬幣法後，就不需要拿個硬幣在手裡了，腦子裡預演一下過程就行，潛意識這臺超靈敏的天平要麼會傾向一邊告訴你答案，要麼會兩邊都沒動靜，你就知道都不是內心想要的——什麼都不做，很多時候其實是最好的選擇。

對於重度選擇困難者，有三個很重要的提示。

- 在做選擇前，你一定會在頭腦中推演選擇的各個結果，只將注意力放在最糟糕的情況該如何處理上。如果無法處理，那就想清楚如何承受，然後執行。

- 執行完畢後，不要馬上進入復盤，因為只會懊惱。平靜幾天後，將自己放在一個第三人的角度，客觀地自省之前決策過程中，外部不可控的因素和自己可控的盲點。

- 自省過後，無論後面如何發展，都接受和承擔或好或壞的結果，因為這就是生活，然後放下，不要反覆反思。

　　為什麼要有這三個提示呢？因為「最優型」決策者其實有個矛盾的地方。一方面對選擇痛苦和恐懼，另一方面又迷戀這個過程。對他們來說，無休止地兩難是過癮的。而要真正逃脫出來，就是要讓所有的事有一個清楚的開端——就是丟硬幣，和一個清楚的結束——就是自省、封存。然後我們的生活就能繼續了。

　　這一章關於都市年輕人的四大頑疾：拖延症、強迫症、手機依賴症、選擇困難症就講到這裡。這些文明病是給我們日常帶來最多精神熵的罪魁禍首，和它們打交道時請記住三個要點——**看清本質、簡化思維、果斷行動**。而當你全身心投入自己的熵減行動目標時更會體驗到：這時候的你即使想和它們一戰高下都很難狹路相逢，縱使遇上了也往往會不戰而勝。

# 第五章

# 複雜頭腦的熵減指南

. . .

**你將從本章了解到**

☑ 大名鼎鼎的心智理論是什麼

☑ 如何運用心智力做決策

☑ 如何提升心智意向性層級

☑ 內語是什麼，它是怎麼發生的、有什麼用

☑ 多巴胺帶來的快樂到底是怎麼回事

☑ 如何利用多巴胺的翹翹板機制去做困難的事

. . .

# 心智理論：
# 「我知道你知道我在想什麼」

## 心智理論的前世今生

精神熵增是人類獨有的痛苦，因為這個複雜的頭腦經常會「想太多」又「想不明白」。

在人腦演化的漫漫長河中，由前額葉皮層掌管的理性認知只有 200 多萬年的「打怪」經驗，龜速的處理能力遠跟不上迅猛的時代發展。所以睿智的先輩們發明出一系列簡化思維的方法，比如數學、幾何學、經典物理學等，幫助後人順利度過「新手村」。

到了現代，人和人之間除了智力差距，還有認知差距。一個將認知化繁為簡的途徑就是提高自己的心智層級，現在來認識一下著名的**心智理論**（Theory of Mind）。

心智理論研究的是人與人之間感知、推測他人腦中動機、欲望、信念、隱喻、情緒變化，以及欺騙偽裝的心智應用差異，被譽為人和人拉開認知差距的終極能力。和潛意識不同的是，高層級的心智能力是意識的主場，因此是可以後天習得的。這些年懸疑劇火紅，這些劇本設計的背後原則，都來自心智理論。喜歡看懸疑燒腦劇的人，多半心智層級也比較高。

這個理論的脈絡太龐大了，我們先梳理一下背景。

「心智能力」的概念最早在 1978 年由兩名賓夕法尼亞州大學心理

學系教授大衛‧普雷馬克（David Premack）、蓋‧伍德魯夫（Guy Woodruff）在他們的一篇實驗論文中提出。當時這個實驗的對象並不是人類，而是黑猩猩。研究者讓一群演員假扮黑猩猩，然後假裝陷入不同難度的困境（如搆不到香蕉、逃不出酷熱的籠子），借此來觀察黑猩猩會不會像人類一樣有疑惑、猜測、確信等心理歷程和提供幫助的行為。到了 20 世紀 80 年代，這個概念被發展為心智理論，一開始主要用來研究兒童的心智意向層級發展[1]，看不同年齡層的孩子在什麼時候能夠感知和解讀他人的想法，然後根據自己的意圖說實話或說謊（比如告訴好朋友玩具在哪裡，故意告訴陌生人玩具在另一個地方）。

　　隨著神經科學的發展，後期的心智理論研究步入了探索特定神經元的時代，對象也從兒童衍生到成人，並應用到犯罪心理領域，比如測謊、動機分析、暴力預測、性格側寫等。心智理論在發展心理學、認知心理學、神經心理學和精神病理學中都是一個熱門話題，有人甚至將之神化為「讀心術」，但這是不正確的。由於心智這種東西無法直接觀測到，我們只能以設定條件、觀察現象的方式來推測心智的存在，所以心智理論更像量子物理學出現前的「廣義相對論」，是一種假設性理論。

## 心智能力的測量：意向性層級

　　心智這種看不見摸不著的能力怎麼分高下呢？心智理論的研究者制定了一個規範，將人的心智所處層級以「**意向性**」（Intentionality）做為度量標準。層級越高，思維越簡潔高效，不容易總是胡思亂想把自己捲進去，自然內心的熵值也越低。

---

**1.** 以兒童為對象的經典心智理論實驗：1983 年 Wimmer 和 Perner 的「錯誤信念測驗」（False Believe Tasks）。

下面來看看一對情侶吵架時的對話。

「我不懂你在說什麼。」

「我覺得你不懂我在說什麼。」

「我看你也知道你不懂我在說什麼。」

這三句話，從上往下是不是一句比一句更拗口？

第一句，「我不懂你在說什麼。」這是自我的直覺反應，情緒表達。第二句，「我覺得你不懂我在說什麼。」這是略微想了一下對方反應後的反應。

第三句，「我看你也知道你不懂我在說什麼。」這是充分換位思考後的結論性反應。

這三句話分別代表了一級意向性、二級意向性、三級意向性，層級越高代表思考維度越複雜，也聽起來越不像「人話」。

**一級意向性**，即擁有自我意識，並能從自己的角度表達。比如 2 ～ 3 歲的幼兒照鏡子，他就會意識到鏡中的人是自己。

**二級意向性**，即以自己為主體，推斷他人對自己的想法。比如我感覺到他發現我很有魅力。

**三級意向性**，個體推斷一個人如何思考另一個人的想法。比如我懷疑他也發現了她很喜歡他。

越高的意向性層級，越能精確地對自己和他人的心理狀態進行類推，我們在日常社交活動中經常會用到第三層級的意向性。下面再往三級以上走。

**四級意向性**，指的是個體推斷一個人怎樣揣測另一個人如何思考第

三方的想法。比如我猜你也認為他以為她喜歡他。到第四層級，就是比較高級的心智能力了。一些工作，比如創作流行網文的作者，需要擁有至少四級。

**五級意向性**，指的是個體推斷一個人怎樣揣測另一個人如何思考第三方對第四方的想法。比如我覺得你在暗示她想要小李相信小王在喜歡她。

是不是光聽完這句話就只想抓頭了？五級意向性需要在推測的同時，加入更抽象的邏輯假設，一些偉大文學作品的作家或影視劇的編劇，比如《三體》作者劉慈欣，都能到五級以上。

那麼心智意向性的下限和上限在哪呢？

一些研究發現：絕大部分哺乳動物都擁有一級意向性；黑猩猩和紅猩猩的心智意向性在理論上差不多能到二級；至於經過上百萬年進化的人類，實驗條件下目前可達到的極限是七級意向性。同時研究也指出，大部分普通成年人的意向性集中在三至五級，這就決定了我們平常能接受的一些事物或文藝作品的上限。演化心理學家、牛津大學認知及演化人類學學院前院長羅賓・鄧巴（Robin Dunbar）曾以《奧賽羅》這個故事為例解釋了這一點。

觀眾在仔細思考莎士比亞的《奧賽羅》時，他們不得不從四個意向層面來進行：我（觀眾）相信伊阿古意圖讓奧賽羅以為苔絲狄蒙娜想要移情別戀，當莎士比亞把這齣戲在舞臺上呈現在觀眾眼前時，他會在關鍵的場景中讓四個人相互作用，這樣觀眾的思維就得上升到第五個層級——也是大多數人所能達到的極限。

想一想，我們平常追的劇，那些在看的時候毫不費力，甚至可以邊

滑手機邊看或開倍數也不會跟丟的劇，需要調用的意向性都在四級之下。如果是滑搞笑短影音，只需要二級最多三級就夠了。而那些需要我們集中注意力才能跟上的劇，都會觸及四級或以上的意向性，而這些劇的創作者自己則需要更高層級的心智才能創作出來。優秀的創作者能在掌握作品裡所有人物的想法和相互關係的同時，還能假設讀者的想法，有的意向性甚至能達到六至七級，比如那部無數人苦手的《百年孤寂》。所以讀一些好作品雖然耗費腦細胞，但只要能跟得上，看完後就會很爽，這也是為什麼一些優質的懸疑劇令人著迷，很多人會二刷三刷。

　　人類的心智能力分布也符合二八定律。大多數人在日常生活中只會用到二至四級意向性，只有不到 20% 的成年人能達到並經常用到五級意向性，這些人在面對普通複雜度的事情時也不太會「想太多」又「想不明白」。

## 你的心智大概在哪個層級

　　讀到這裡的你，是不是也很好奇自己當前處於哪個心智層級呢？心智理論畢竟也發展了快半個世紀，目前確實有一些具有參考價值的測量方法。但和純做題的智商測試不同的是，測量心智意向性需要在現場結合互動和觀察才能完成，這本書裡做不了。不過別失望，你可以用一個簡單的方法先粗略自測看看，就是回想一下自己平常看的劇哪些毫不費力、哪些死命都跟不上，差不多就是自己當前心智意向性的下限和上限了。這裡我自製了一個燒腦懸疑劇的心智意向性層級座標圖（非常主觀，僅供參考）。

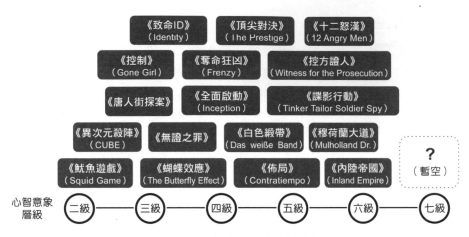

圖 23　心智意向性層級座標圖

　　那麼高層級的心智意向性和我們又有什麼關係呢？一句話：能幫助我們做出簡潔而高品質的判斷。下面將用兩個小故事來說說「決策」這件最燒腦、最需要判斷力的事。

# 「選醜」與「選美」：
# 運用心智力做決策

## 兩個關於決策的小故事

我們生活的每一天幾乎都離不開決策，如果人人能運用好自己的心智意向性，至少選擇困難症帶來的熵增會降低一半。先講第一個我自己的小故事，關於「選醜」。

如果你和我一樣都是 80 後，應該記得 20 世紀 90 年代初，港臺流行樂在內地的風光。那時我也是隻可憐的「小學雞」，整天垂涎著同學的隨身聽，只有幫他們做點作業才能蹭著聽一會兒。聽什麼歌當然不能選，機器裡有什麼卡帶就聽什麼，那些歌星誰是誰都搞不清。後來有次考得好，在對爸媽的死纏爛打下，我終於得到了自己的第一臺隨身聽。那時新華書店一盒引進版卡帶是 9.7 元。但是，爸媽給我的買卡帶的錢只有 10 元……那個年代，店裡當然沒有試聽，更沒有手機網路能查查評價之類。我站在唱片櫃前，盯著陳列出來的上百款卡帶，一臉迷茫：要從一堆陌生的臉和名字裡選出一盒，可不就等同在抽盲盒嘛！

這裡停一停思考一下：如果換作是你，在當時的條件下會怎麼選？

幸好呢，新華書店會把當月最暢銷的卡帶陳列在櫃臺最上一排，那麼範圍就縮小到這十幾款，但從這十幾款裡選，也和瞎子摸象差不多。我想了想，先明確需求：要選出唱歌最好聽的。然後仔細看了一下這一排卡帶的封面，有男有女，有美有醜……嗯！一個念頭突然冒了出

來：長得好看的歌星自然會受歡迎，那長得不好看的，還有那麼多人喜歡……一定是因為唱得好啊！

目標確定了：選長得最醜的！

所以我買了人生的第一盒卡帶——張學友的《真情流露》（Jacky哥，對不起）。嘗到甜頭後，我後面陸續用這個策略買下了呂方、張鎬哲、Elton John 的卡帶。一次都沒讓我失望過！

我的「選醜大法」講完了，下面講第二個小故事：凱恩斯的選美理論。

凱恩斯（John Maynard Keynes）在研究市場的不確定性時，以形象化的語言描述了自己在金融市場投資的理念，那就是金融投資如同選美：在有 100 名美女參加的選美比賽中，如果猜中了誰能夠得冠軍，你就可以得到大獎。

再停一下，如果換作是你，你會怎麼猜？

凱恩斯告訴我們，別猜你認為最漂亮的美女能夠拿冠軍，而應該猜大家會選哪個美女做冠軍。即使那個女孩醜得像諧星，只要大家都投她的票你就應該選她，而不能選那個長得像你夢中情人的美女。這裡決策的關鍵就是要猜準大眾的選美傾向和投票行為。因此對於一個聰明的投資者來說，他需要考慮到這個問題的第三層甚至更高的級別，「如果每個人都在猜別人會怎麼選，那麼最後他們最有可能選誰？」

兩個故事講完，聰明的你一定抓住了要點。對，高品質的決策有兩個特點：**高機率性和高預測性**。

根據心智理論，如果僅用一級和二級意向性，我選卡帶的決策就會變成「我喜歡這張臉」，這是一級；或者「我同學都覺得他好看，就這盒了」，這是二級；到第三個層級（我知道你知道他知道什麼）就是，「那麼多人都喜歡好看的歌星，但會為不好看的他買單，唱片

公司知道這一點，所以也願意包裝不好看的他，那他一定是唱功特別好。」有人會說，那長得好看，業務能力又強的明星也很多啊。

這就是關鍵了：決策的第一原則不是要選到最好的，而是要選到正確機率最高的。如果從 100 個好看的明星和 100 個不好看的明星中隨機各抽一名，抽到業務能力好的機率在哪個群組更大，就是我當時的選擇依據。

## 賽局：利用心智力做預測

說完了這個在生活中提高決策機率性的例子，下面繼續分析凱恩斯選美理論展現的一個更複雜的賽局情境——決策的預測性。

「預測」是一場無窮無盡的「猜想」遊戲，也是賽局理論研究的精髓。賽局理論的英文是 Game Theory，聽起來好像遊戲，而這個遊戲還真在現實中驗證過。

1987 年的某一天，英國《金融時報》上出現了一則奇怪的競猜廣告，邀請大眾參加一個數字競猜比賽，參與者必須在 0 到 100 之間選擇一個整數寄回去，誰猜的數字最接近平均值的三分之二就是贏家，獎品是一套價值超過一萬美元的從倫敦到紐約頭等艙的聯合航空來回機票。

這個遊戲的發起人來自《錯誤的行為》一書的作者、獲得 2017 年諾貝爾經濟學獎的理查德‧塞勒（Richard Thaler）。遊戲最終的獲勝數字是 13，因為參賽者們所選數字的平均值是 19.5。隨後不久，美國《紐約時報》也發布了一個幾乎一模一樣的遊戲，這次一共有 6 萬個玩家參加，所猜數字的平均值是 28，因此最終獲獎數字是該值的三分之二，即 19。

驚人的巧合嗎？當然不是。

從《金融時報》發布的結果看：大約 5% 的讀者，3,000 人左右選

擇了「50」這個數字,這些讀者可以被稱為第一層級的參與者,根本沒動腦子;接下來,大約有 10% 的讀者,6,000 人左右,選擇了 33,他們是第二層級思考者,因為至少做了第一步推算,即 50 的三分之二等於 33;再接下來,有大約 6% 的讀者選擇了 22,這些讀者屬於第三層級思考者,比前面兩個群體又多想了一步,在 33 的基礎上再乘以三分之二;最後選中 19 的人數大約為 1.2%,除去那些運氣爆棚的,真正運用到第四層級以上意向性,也就是預測了多少比例的人會走到第二、第三步,再根據這個來進行複雜推算的思考者不到 1%。所以最終的獲勝者不僅自己能夠在高意向性層級思考,還要預測低層級的人會怎麼做,以及他們大概占多少比例,即所謂的策略性降級競爭。

然而這個遊戲也曝出了一些醜聞:少數達到第四層級以上的人會故意放出自己的推算來誤導他人,並透過一些方式引導其他搖擺者選出自己(達到第四層級以上的人)希望的數字。從凱恩斯選美理論的這個現實版例子可以看出,如果是在一個關係到眾人利益的賽局情境下,比如股市,從第四層級再往上走便不可避免地需要做一些「人為操控」了。這裡需要敲下黑板畫重點:這種情況需要我們有意識地去避免,無論是做投資還是和朋友相處,如果將心智理論用於玩弄心理,最終會深深地傷害到我們自己,也和心流理念背道而馳。

總之,我們研究任何理論都是為了讓自己更幸福,而不是所謂的「更成功」。

## 提升你的心智意向性層級

在現實中,那些投資高手通常能在五級或以上的層級思考,然後降到三至四級去洞悉大眾的有限理性,進而做出更好的投資決策。優秀的文藝創作者可以在六級甚至七級進行思考,創作出複雜作品,同時又能

夠降到二至四級用易懂的文字向大眾表達。

為什麼這些人的意向性能如此遊刃有餘地在高低層級遊走呢？

前面提到的牛津大學教授羅賓・鄧巴在他的著作《人類的演化》中給出了生理上的答案：現代神經科學透過對神經影像研究的結果顯示，神經元的數量和心智能力有著直接關係；也就是說，眶額皮質越厚，意向能力越強。除了極少數天才，大部分心智高手都不是天生的，他們透過長時間的訓練，使神經元增多、眶額皮層增大增厚，伴隨而來的就是高層級的意向性。

即使普通如你我，我們的心智能力也可以透過訓練來提升。下面提供幾個在生活中就可以練習的建議。

第一是拆解文學作品。我們閱讀經典文學作品，除了汲取美感和力量，其實潛移默化地也在進行思維訓練。有一種透過講故事提升心智意向性層級的方法，是透過拆解經典文學作品釐清故事結構、畫出人物關係圖譜、掌握人物之間是如何相互作用的。

第二是日常冥想。很多頂級高手，比如已經過世的 Apple 的賈伯斯、微軟的比爾・蓋茲、橋水基金創始人瑞・達利歐、《黑天鵝》作者納西姆・尼可拉斯・塔雷伯等，都有長期進行冥想的習慣。冥想可增加前額皮質的厚度，而這些區域是控制人注意力和感知能力的地方。

第三是嘗試寫作。有關寫作的益處已經很多人說過了，在此不多贅言，看再多的書和文章，都不如自己提筆寫作對心智意向性層級的提升作用大。做為起點，我會建議從輕小說入手。在嘗試創作出一個超過 4 個人物相互作用的小故事後，你自然會明白意向性是如何展現的。

透過這些日積月累的訓練，我們的神經元會增多、眶額皮質會增厚，心智能力便走向了更高的意向性層級——最重要的是，你會發現自己不再像以前那樣老是「想太多」又「想不明白」了！

# 「內語」：
# 認真聆聽自己腦中的那個聲音

## 誰老在我們腦子裡說話

我們的大腦不僅會想太多，而且有時候話也多。來看一個困擾了我多年，可能也困擾了你多年的疑問：當我們在看一本書、思考一個問題，或在心中縱情歌唱時，那個在自己腦子裡說話和唱歌的聲音，到底是誰的？

而且這個聲音，有時還會配合場景自動變化語音語調。比如我在默讀巴爾札克的《葛朗苔》時，每當輪到這個小裡小氣的雞毛老頭說話時，腦子裡就自動會幫他「配音」，用的還是「地主家也沒餘糧呀」那個陰陽怪氣的調調[2]。這種體驗你肯定也有，有時哪怕只是靜靜地躺著想問題，也會聽到有個清晰的聲音像在和你一問一答。這個現象其實從 20 世紀 30 年代就有人開始研究了，其中貢獻最大的是一名叫利維·維谷斯基（Lev Vygotsky）的心理學家。他在 1934 年給了這個現象一個學名叫做 Inner Speech，中文可以稱之為「內語」。會發生「內語」的原因，簡單地說，就是說話這種外部社交行為的內心化，是我們無意識中在用和他人交流的方式「腦補」出一個聲音與自己交流，而出現這種現象表示你正處在思考過程中。那這聲音是怎麼腦補出來的呢？

---

2. 電影《甲方乙方》中，葛優飾演角色的一句經典臺詞。

神經科學研究發現，雖然我們沒有刻意去指示大腦「說點什麼」，但被一個和說話直接相關的重要腦區——布羅卡氏區代勞了，它會假設我們真的開口說話了一樣，自動生成我們真實聲音的一個副本。這個「副本」怎麼看待呢？比如你正在做一個細微平衡的瑜伽動作，這時你的大腦在給肌肉系統發送一個「去做」的神經訊號時，會同時生成這個訊號的一個副本同步給認知和感知系統，讓它們迅速地「憑空模擬」一次這個動作並提前存儲在肌肉記憶中。然後你在真實做這個動作時不用再消耗認知能量去控制，而可以把這部分注意力放在觀察周圍環境，避免外部突發情況，這個過程就叫做「伴隨放電或感知副本」。

當然「內語」時的這個副本和運動時的也不太一樣，因為這是在沒有動作真實發生時生成的。當我們在默讀一篇文章時，雖然沒有真的說話，這個副本還是會發送到 4 個和選擇詞彙、組織語法、提取字音、輸出音節有關的腦區，然後生成的聲音就會在腦海裡「說話」了。這時候也有點像聽有聲書，但是一個主動的學習行為——自己念給自己聽一遍，該記住的就記住了。

發生「內語」實際上是大腦在幫我們走一個學習的捷徑。你大概也有這樣的經驗，當來了個人問一個你自己都沒太想清楚的問題時，你為了為人講清楚拚命思考，結果講著講著把自己也講明白了。很多問題自己苦苦思索效率是很低的，一個模模糊糊的想法經常是在和他人聊天時變清晰的，這個不是別人的功勞，是你自己在表達的過程中，將想法中模糊的地方和不連貫的邏輯用語言理順了。這就是「內語」的重要功能——透過和自己對話來釐清混亂的思維、進行簡潔的思考，雖然沒有實驗證據，但我猜測經常體驗到「內語」的人也會有較高的心智意向性層級。

# 關於「內語」的冷知識

　　然而並不是每個人的「內語」功能都是正常的。一些精神分裂症患者便無法分辨腦子裡的聲音到底是自己內部生成的，還是來自外部的他人在說話，於是就會被多個「副本」的聲音逼到分裂。此外，我們經常聽到的「閱讀障礙」則是個反例，有這個障礙的族群，他們的大腦在閱讀時無法產生副本，就是聽不到自己思考時的聲音。他們的問題是認知系統接收不到文字輸入後的訊號，最後的結果就是沒辦法順暢閱讀。

　　肯定還有「好奇寶寶」要繼續追問：「那這個聲音為什麼比我自己朗讀、唱歌還生動，聲情並茂，好像專業聲優似的，有時還有口音？」

　　這個問題問得好，這正是「內語」最新研究的焦點。近年來，研究者們提出了各種假設，爭論不休，目前還沒有定論。其中有一個從「模式識別」角度的解釋還挺有意思，它說的是我們每個人的潛意識裡都有一個不外顯的、模糊的「身分化」欲望，比如在什麼情況下自己會是什麼樣、會做些什麼。這就像我們的夢境體驗，夢裡見到的人、聽到的聲音，各種細節都是那麼真實，場面比好萊塢投資幾億美元的大片還講究，而實際上這只是感覺上的真實而已。除了一些天才事後能透過文字和繪畫表現出那些感覺，我們大多數人醒來後，是無法超越當前的認知限制將其描述出來的，真要描述時會發現，每個方面都很模糊。

　　而在「內語」時，我們是清醒的，反而能在「模式識別」時調用經驗和記憶，將自己的認知用到極限去加工這些聲音，內心覺得應該什麼樣，就能出來什麼聲。這個過程是大腦幫我們自動完成的，可以說是人類腦進化的紅利。而當前關於「內語」口音方面的研究有一點基本達成了共識：腦海裡那個聲音的基礎音色，就來自我們自己的聲音！比如你是女性，你聽到的「內語」通常也是一個聲音和你有點像的女聲。但這個聲音的音色，通常會比你我認為的自己真實的聲音更好聽一些。

說到這裡又有一個冷知識了。

有研究發現，大多數人聽到的自己的聲音是透過鼻腔共鳴後發出的，這和他人在透過空氣傳播後聽到的聲音是不同的。所以很多人覺得自己的聲音不好聽、對面那個人的聲音比較好聽，其實對方也這麼覺得。所以在「內語」時，大腦會自動幫我們填補這個缺憾，讓這個聲音的音色更接近理想中自己的聲音。下次你再遇到「內語」時，仔細聽一下它的音色特質，你就知道自己希望在說話時讓他人聽到的是什麼樣的聲音了。

## 「內語」和「耳蟲」

最後，需要區分一下「內語」和「耳蟲」。有人曾問過我：「不知道在哪兒聽到一首抖音神曲，這兩天腦子裡一直單曲重播，這也是內語嗎？」這並不是「內語」而是「耳蟲」。「耳蟲」往往是聽到那些簡單、重複的旋律或節奏的音樂時的一種洗腦現象，它是被動的。倫敦大學的一項研究還指出：相對於普通人，有一定強迫症和神經質的人更容易被洗腦，因為這類人群對於重複性的刺激反應更敏感，全程都沒有什麼抵抗力，很無助。那麼我們在什麼情況下最容易被洗腦神曲入侵呢？一些研究發現，人們產生「耳蟲」時經常伴隨著一種焦躁，這是因為眶額皮質中大腦灰質的容積已經容納不下所收到的情緒刺激了。所以當我們本身情緒不佳或者非常疲倦時，那些神曲就特別容易在腦內循環。還有一種情況就是我們雖然不累但注意力無法集中，很想偷懶神遊，這時就處於眶額皮質的活動需要被抑制或休息的狀態。處於這種狀態時，除了旋律，我們會更容易被歌詞入侵，開始了「神曲＋歌詞」的「升級版耳蟲」。

「內語」和「耳蟲」是非常不同的，前者是處於主動學習思考的熵

減狀態，後者正好相反，是疲勞和喪失專注的熵增狀態。所以如果你經常體驗到「內語」，首先明白這是正常的大腦副本，然後要知道這是在幫助你提升思考效率的好現象。而在遇到「耳蟲」時，別強迫自己擺脫這種腦內循環（這就好像聖母峰上有頭大象。讓你忘記這頭大象，你忘掉了嗎），不妨讓自己休息一下，出門透口氣吧。

# 多巴胺翹翹板：
# 如何「騙」大腦去做困難的事

大腦是運用棒子和胡蘿蔔的高手。除了祭出心智這根棒子來做理性決策，它還會丟出多巴胺這根胡蘿蔔誘惑我們順應感性、滿足欲望。

## 多巴胺：快樂只是故事的一半

很多人稱多巴胺這種神經傳導物質為「快樂素」，無論是玩遊戲、滑某音、吃高熱量食品，還是創作、運動、學習，它都會一視同仁地釋放出來，讓我們快樂。但你有沒有想過一個問題：為什麼前幾件事情在結束後快樂的感覺會消失得特別快，同時還伴隨著焦慮、空虛等負面情緒，而後者通常不會呢？一本新出版的名為《多巴胺國度》（*Dopamine Nation: Finding Balance in the Age of Indulgence*）的書給出了答案，這本「矽谷新聖經」，我們先一起看看裡面的核心知識點。

多巴胺確實能帶來快感，但這只是故事的一半。神經生物學家發現，人腦產生快感和痛感刺激的區域其實是重疊的，每一次多巴胺產生快感的同時，我們也會感受到一定痛感。以大家鍾愛的「快樂水」為例，每一口喝下去感覺爽的同時會有刺痛感，這種混合的刺激感會迅速消失，然後我們迫切需要補上一口、又一口……為什麼會停不下來呢？因為快感和痛感失衡了。研究結果顯示，人腦的神經系統會自動平衡快感和痛感，以此讓身體逐步回到初始的狀態。這個機制就像一個翹翹板，當我們在娛樂時，翹翹板便會向快感的這邊傾斜，這時神經系統會

釋放一些痛感，如果我們沒有接收到額外的刺激，等到對等的痛感釋放完畢，這個翹翹板就回至平衡狀態——這在生理學上叫做體內平衡，有冥想習慣的朋友應該很熟悉。

體內平衡是一個自然的、健康的過程，因為平衡過後，我們便能重新體會到快感了。問題是當我們在滑某音、喝可樂時，快感來得太快、太密集，痛感還沒來得及釋放，就被接踵而至的快感淹沒了，神經系統只能持續釋放痛感。而這時我們身體的感覺是：產生想要更多的欲望，並夾雜著波浪般的焦慮；為了緩解焦慮又會加碼更多欲望，再用更多的欲望來緩解更多的焦慮……反覆加碼循環後，快樂上漲到閾值不再增加了，而焦慮卻會長時間待在翹翹板上——這也是快樂的代價：多巴胺導致的上癮。

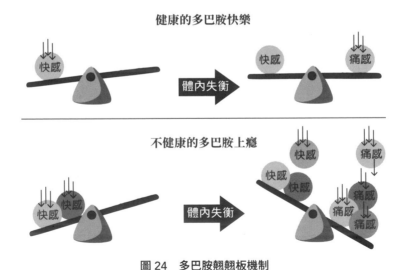

圖 24　多巴胺翹翹板機制

最後我們向多巴胺索取的，已經不再是快樂，而僅僅是逃避痛苦。多巴胺上癮既然是上癮行為，自然也能戒，作者在書中的建議是：如果

某個快感行為已經影響到生活，最好的恢復方式是戒斷一個月，讓大腦的激素自動恢複平衡，生活也能恢複平靜。而長期追求低級快樂帶來的快感，最大的問題是它會讓人進入多巴胺枯竭的狀態，以至於很難有動力做一些稍有點困難的事。比如早上一睜開眼就滑某音，絕對會讓你連起床都變得無比困難。

## 在工作中利用多巴胺

好了，既然現在了解了多巴胺背後的神經機制，那我們是不是能利用這個機制的原理，反過來讓多巴胺幫助降低焦慮，推動我們愉快地去做一些困難，甚至有點痛苦的事呢？當然是可以的。

說到「痛苦」，先來點想像：你身邊有一個放滿 14℃ 冷水的浴缸，現在讓你躺進去維持 1 個小時，然後你會很快樂。要不要？

「當然不要啊，太痛苦了！」

在 2000 年的一個實驗裡這件事發生過。在一篇發表在《歐洲應用心理學期刊》、名為「人在浸泡在不同溫度水中的心理反應[3]」的論文裡，研究者招募了一群志願者，讓他們分別浸泡在 32℃、20℃ 和 14℃ 的水中，結束後採集每組志願者的血樣後發現，被分配到 14℃ 的 10 名志願者的多巴胺水準，相較於對照組平均提升了 2.5 倍——對，正如多巴胺翹翹板機制的原理所描述的，當我們先在痛感那頭施加壓力時，身體便會自動用「快感」來平衡這個翹翹板。這就是為什麼有人喜歡洗冷水澡，還有人對冬泳上癮。

這是第一個利用多巴胺原理的方法：在打算以專注狀態開工前先給

---

**3.** 原文標題為：*Human Physiological responses to immersion into water of different temperatures.* 發表於 European journal of Applied physiology.

自己來一點輕微的痛感，可以讓多巴胺水準自然升高。

　　注意，痛感不能太高，否則又會回到反向的不平衡狀態。比如洗冷水澡對目前的自己太痛苦，那就用冷水洗個臉、沖個手。很多人也都有這樣的體驗，在用冷水拍過臉後注意力會高度集中，並且充滿做事的動力。這個原理也能應用到生活的其他方面，比如間歇性斷食或素食。如果你非常喜歡吃肉，可以試試每個月來一兩次全日素食，這種偶爾給自己施加的輕微的不舒適、不習慣，能獲得身心平衡的愉悅。

　　運動健身更是這個方法的最佳詮釋：在我們做完一次重訓、跑完一次步後，除了多巴胺，我們還會獲得比其他活動更多的內啡肽。內啡肽這種激素在生理止痛的同時，會帶來和多巴胺的愉悅感不同的寧靜感和充實感，可謂是雙倍的快樂。充分做完健身後，人其實是不會特別累的，反而會在一段很長的時間內充滿動力。如果這時候進入學習，專注效果會非常好。

　　這個先「痛感再快感」的方法和先「快感再痛感」相比，最大的不同是不會累積焦慮，而會釋放焦慮。所以在生活中可以試試先找到一件容易操作、能體會輕微痛感的事，在慢慢熟悉這個感覺後，再去嘗試更困難的事就輕鬆多了。

　　下面說第二個利用多巴胺原理的方法：在一堆事務的清單中，先做困難的，再做簡單的。

　　工作時有些事是先做後做都可以的，這時候應該借助還有點庫存的多巴胺先做困難的事，讓困難的事促使身體分泌更多的多巴胺維持動力。比如我每天要完成寫一小節的任務，比較困難的部分是釐清內容邏輯和完成寫作，相對簡單的部分是製作插圖。雖然這兩個部分哪個先做哪個後做都行，我還是選擇先做比較難的部分。如果反過來，可能隨著多巴胺的消耗就撐不住日復一日地寫作了。

最後分享一個和多巴胺相處的方法，就是主動延遲消費多巴胺。

我們都有過這種「突然想要」的經驗，比如半夜突然很想攝入高熱量食物，恨不得立刻打開冰箱找點東西塞進嘴裡，但如果等幾分鐘又好像沒那麼需要。這就是我們慣性認知的天性部分在向大腦索要主權，這時候我們就要用理性認知思考一下：「我晚上吃了多少？攝入是不是太少了？」如果答案是否定的，就不能被天性牽著鼻子走，應該留出空間平復一下多巴胺驅使的欲望，等待翹翹板自然回到平衡狀態。

綜上所述，多巴胺是好是壞，取決於我們如何和它相處。

在今天這個高度追求快速享受的時代，我們能做的就是管理好自己的多巴胺，借助它本身的特性，在不過度消費它的前提下充分享受親情、友情、愛情、學習和創作的樂趣。當多巴胺能為你所控時，它便成為熵減實踐路上的得力助手，希望讀到這裡的你能獲得這種充滿自由的快樂。

第六章

# 複雜關係的熵減指南

. . .

**你將從本章了解到**

☑ 為何有的人是戀愛腦

☑ 如何澈底走出失戀的陰影

☑ 面對過多無效社交該怎麼辦

☑ 如何識別身邊的思維害蟲

. . .

# 給戀愛中的你：
# 別成為熵值爆棚的戀愛腦

在現實生活中，我們內心一部分精神熵必定是由各種不良的複雜關係塞進來的，對有的人來說甚至是絕大部分。本章就先從親密關係中的老大難戀愛腦開始。

前一陣子，我在追陳坤和辛芷蕾的一部商戰職場劇《輸贏》。其中一集有這樣一段：號稱「南周銳」、「北駱伽」的兩人分別在互相競爭的 IT 公司擔任業務總監，很俗套也很自然地，他們在競爭中彼此欣賞，走到了一起；而在關係變了以後，駱伽卻無法接受在一次司空見慣的商業較量時中招落敗，大罵周銳是「騙子」，完全忘了雙方的專業身分都是代表各自公司的利益。

看到這裡我突然發現：這女孩恐怕是戀愛腦上頭了。她沒意識到自己的指責正在將親密關係和專業標準混為一談，失去了以往的公私分明和客觀理性。久經沙場的老手都會因戀愛腦心智下降，何況我們這些普通的工作者。

## 為什麼有人會陷入戀愛腦

那麼戀愛腦到底是怎麼回事呢？

先說一本很有名的書，大家可能都讀過或知道，叫做《匱乏經濟學：為什麼擁有的老是比想要的少？面對匱乏感最強烈的時刻，你該如何做聰明抉擇？》（*Scarcity: The True Cost of not Having Enough*）。作

者 森迪爾・穆蘭納珊（Sendhil Mullainathan）講述「稀缺」這個概念，簡單地說，是指一種造成「又窮又忙」、「越忙越窮」惡性循環的心態。這種心態怎麼來的呢？他舉了一個自己做過的觀察實驗案例，實驗的對象是印度的蔗農。

　　和全世界的務農者一樣，在採收季節前夕這些蔗農的經濟拮据也到了高峰，經常被當下的生計牽動情緒，每天心事重重。在這種情況下，他們的心理狀態也有肉眼可見的變化，缺乏耐心、目光短淺，遇到一件事，比如如何好好利用分配的資源，無論從判斷力、行動力、自控力，還是執行力來看，都顯得心智意向性層級十分低。而有趣的是，當過了採收季節，他們的收入大大增加後，這些蔗農的認知水準和決策品質也隨之提升了——情緒穩定、思路清晰，能按照規劃好的目標快速反應，懂得如何聰明地利用資源，為自己謀取更大的利益。這個現象表示，貧窮造成的稀缺感，會讓人把當下的注意力全部用於應付「眼前重要而緊急」或「不重要但緊急」的事，同時不得不挪用本應用於解決「長久重要但不緊急」的資源和精力，長此以往，便降低了心智，做出很多對未來不利的決定。

　　現在我們來看戀愛腦。戀愛腦的人也有稀缺心態，但稀缺的不是錢，是愛。這裡又不得不提到「萬能」的原生家庭論了。每當幼年的自己極度缺乏安全感，而被疲於生計的父母忽視時，就是我們感覺到缺愛的時候，這種稀缺感就會讓我們把注意力都放在蒐集「被愛」的訊號上。這種慣性會一直延續到成年。開始戀愛後，有些人特別是感受過激情期的人，大多會進入戀愛腦模式，因為激情期的特點就是雙方荷爾蒙不斷互撩，這個階段雙方給彼此的關注度都是令人滿意的。但在激情慢慢回落、逐漸消散的一刻，在戀愛腦的腦迴路裡就出現了「愛會消失」的恐懼。

說白了，戀愛腦是對自己的認可不足，以至於把自我價值全寄託在對方身上——在這樣的狀態下，內耗導致的精神熵必定會激增。要解決這個問題，也得從注意力入手。在稀缺感強烈時，要麼降低期望，要麼轉移注意力，後者更容易做到。其實除了把注意力放在對方身上，還有很多能得到「被愛」、「被認可」的事可以做。伴侶是很重要，但他不應該是我們獲取認可的唯一來源，因為所謂自我價值是自己主動創造、自己欣然認可的。比如你今天救助了一隻流浪貓，就是在產生自我價值；你今天幫一個朋友解決了難題，也是在產生自我價值；你今天拍了一張漂亮的照片，讓人一看就感到很開心，這就是自我認可。

　　至於那個他認不認可，其實不重要，因為「認可」對自己的重要性取決於角度。如果你做了一件事很開心，那個人從他的角度不認可、很漠然，只能說明他分享不到，很可惜。戀愛腦雖然不完全是我們自己可以控制的，但長期來說，的確對親密關係沒什麼幫助，而提升自我價值則一定會對自己有幫助，也會在關鍵時刻對親密關係有幫助。

## 戀愛腦的扭曲形態：病理性迷戀

　　上面說的戀愛腦尚在正常範圍內，最後特別想提一種真正需要重視，也是精神熵爆棚的戀愛腦，學名叫做「病理性迷戀」，也就是我們常聽說的虐戀傾向。

　　病理性迷戀是那種看起來很美，其實很危險的東西。我第一次聽到林宥嘉那首《浪費》時曾一哆嗦，別人覺得歌詞很浪漫、很痴情，我聽到的卻是一個病理性迷戀者的自白。病理性迷戀不是健康的愛情，它的真面目是受虐性親密關係。在嚴重的病理性迷戀的狀況中，個體會不自知地挑選一個沒有能力，或者沒有意願回應自己的愛的人做為愛的對象。他們往往覺得自己可以為了這個不和自己互惠、相愛的對象，完全

犧牲自身的所有利益，甚至可能為了短暫地與迷戀對象產生連結，還會做出那些至關重要的人生決定，比如搬遷、結婚、生育、放棄計畫的事業等。

　　如果你覺得自己可能屬於病理性迷戀，請切記不要在這段迷戀期做出任何至關重要的人生決定，尤其是在極度憤怒的時候。如果你有控制這種無止境迷戀的意願，可以試著強迫自己和所迷戀的對象進入一個澈底分離的狀態，這樣也能在一定程度上剝離迷戀。同時請清楚一點：病理性迷戀關係也有可能慢慢發展成長期穩定的親密關係（雖然這種情況很少），但這並不表示你和他不會分開，因為你很有可能一開始選擇的就是一個不可能的人。但是在這個發展親密關係的過程中，如果對方是一個安全型的、同理心強的人，你的心智會得到成長；如果最終還是出現了任何你不想要的結果，也請接受它；如果發現自己實在無法接受，請接受專業諮商心理師的幫助。

　　陷入重度的戀愛腦模式不僅會令自己胡思亂想、精神熵爆棚，還會把這些熵帶到對方身上，使雙方都不堪重負。一段健康的親密關係是處在獨立和依賴之間那個中間地帶的，找到兩個人都覺得舒適自然的那個區域，也是感情中最重要的功課之一。發現自己的價值，保持適當的距離，努力先成為那個平和的、低熵的伴侶，這對於任何類型的另一半來說都是天然的、他人無可替代的吸引力。

# 給走不出失戀的你：
# 一個硬核辦法請收好

　　相較於如何好好談戀愛，如何應對失敗的感情是個更值得探討的話題，因為失戀時的我們往往處於內耗的峰值狀態。進入戀愛是自然而然的事，外部各種推波助瀾，自己通常隨波逐流。但失戀後能不能盡快走出來就真的是純靠自己了，外部很難雪中送炭。所以幸福是自己的事，而如果你不幸失戀了，我希望能幫幫你。

　　身為一名死理性派，我要分享的方法可能會讓你覺得很冰冷，但經過多人測試都反應很有效，不過它也有個副作用——就是太有效了，實踐一段時間後，你不會再對這個人念念不忘，真的沒有然後了。如果你還處於猶猶豫豫要不要復合的階段，就先不要看，這個方法只適合已經「物理上」澈底分開，但情感上還是走不出來的失戀者。

## 做一張錙銖必較的心智圖

　　既然是熵減指南，這個方法也是簡單直接。常言道，遇事不決，交給心智圖。

　　首先你需要做一張簡單的心智圖，可以照下面的範例，手畫或在 Word 上繪製，也可以去下載一個心智圖 App，比如 XMind、MindMaster。建議用 App 管理，方便隨時添加、隨時查看。然後第一層主題寫：為什麼這個人不值得我浪費感情。

　　再建立第二層分支，列出幾個主題——外在、內在、三觀、家庭、

生活，接著就開始記錄啦。

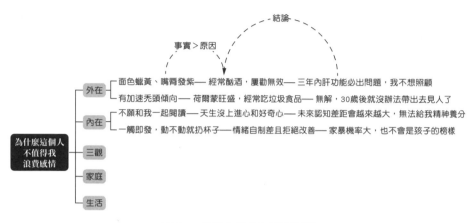

圖 25　走出失戀的心智圖範例

　　在每個主題下，寫出你對他不滿意的點，每個點後面再展開兩點，分別寫下原因和結論。注意，這些例子要麼是已經發生過的，要麼是曾經在你腦海裡反覆出現的，但當時「為了愛」說服自己它們不重要，但其實還挺介意的事。

　　在第二層主題下記錄的每一個例子都遵循從「事實」到「原因」，最後得出「結論」的邏輯來展開，你也不要覺得記那些雞毛蒜皮的事顯得自己很小家子氣，很計較。「他有時很摳，對朋友比對我大方」，寫！「他不好溝通，總是小題大做」，寫！總之，越細越好。

　　真要這麼計較嗎？其實你試了就知道，在剛開始寫的時候，你可能都想不出來幾個不滿意的點。剛失戀時，你的大腦還對那個他有記憶加成，你的認知系統在幫你美化那個人，同時透過自我歸咎來讓你反省──雖然反省是必要的，但不是現在！當你還處在一想到他的音容笑貌就心情複雜，對過去他施捨的小恩小惠心存感激，然後想到自己和這

些再也沒關係了，便開始心痛流淚、憂鬱頹廢的時候，任何反省都只是在合理化你的放不下。

一段感情的結束當然雙方都有問題，每個人都有好的一面，也有不好的一面，但在剛失戀就進行客觀的審視，只會將你帶到自我歸咎再自我否定的溝裡去。雖然任由這個過程發生也不是不行，每個人失戀了都能慢慢自癒，但可能要一年，甚至兩三年，嚴重影響你開始下一段感情。在這張心智圖上只記錄不滿意的點，就是為了只記住他的不好，把你先從失戀的陰影中拽出來再說。

要知道，大部分失戀不會像歌裡輕飄飄唱的，只是「一場情緒感冒，很快就過去了」。這個病不輕也不重，足以讓你無法正常分泌激素，體內好幾個激素水平遠遠偏離正常值，然後免疫系統失調──哦！這時候確實容易感冒。然後你的大腦也無法進行簡單的認知思考。如果你是上班族，你承擔工作壓力的閾值大大降低；如果你是學生，考試不要考了嗎？剛失戀的你，對他人的任何言行的敏感度都上升三級。你失眠、喪失食欲或暴飲暴食的同時，還得維持正常社交，見老闆、見朋友、見新認識的人。你說，你得花多大力氣才能勉強將生活維持正軌，這時候大腦還要逼你客觀、自我歸咎？開什麼玩笑！記住，這時的你一定要先向外歸因。

所以好好做這張心智圖，完成後存在手機裡或上傳到雲端。三個月內只要你一發覺自己開始脆弱、控制不住又開始美化上段感情，或者又想起他時，就把這個掏出來看看，必要時邊看邊念。失戀從來都不是一個逆來順受的過程，失戀是一場戰鬥。你要對抗的，就是這三個月內每一次趁你沒有防備偷偷襲來的負面情緒，而你最強有力的武器，就是堅定地嫌棄。

# 三個失戀後不回頭的提示

再強調一次，別因為只寫對方的不好，就覺得自己小心眼、不善良，記住：他最大的魅力，就是你的想像力。這份心智圖唯一的目的就是幫你盡快走出來，也別去上什麼情感療癒課，或者花冤枉錢算八字。嫌棄，就請嫌棄到底，自己執行就夠了。最後再補充三個提示。

- 無論你多難受也不要借酒澆愁。原來就喜歡喝酒的，這三個月內戒酒精，遠離可能引發酒精攝入失控的場合，比如夜店、派對。酒精會讓你在情感支配下「想太多」又「想不明白」，導致之前一切理性的努力前功盡棄。

- 在你感到孤獨無助時就擺出一個「直男姿勢」，哪怕你是女生。什麼叫「直男姿勢」呢？就是直直地坐，雙腿叉開，雙肩打開，下巴抬起，越拽越好。因為你的肢體語言會影響你的情緒，一個愛誰誰的姿勢，能讓你感覺變好。

- 如果想哭，那就哭，但設個鬧鐘，就哭 5 分鐘。5 分鐘後站起來，雙手叉腰，雙腿打開，下巴仰起，挺起胸，想像自己是一個五百強企業的老總，然後掏出手機，看一看你做的這張心智圖。三個月裡常寫常看，當像考試背重點那樣爛熟於心時——叮咚！你會驚喜地發現，「我走出失戀了！」

最後想說的是，雖然這份走出失戀指南可能很有效，但它只適用於應急。失戀是人生挫敗經歷的一種，和任何其他類型的挫敗（比如失業、破產）一樣，打贏這場戰役不是最難的，最難的是之後怎麼走。這個問題的答案，我想，讀完全本書之後你自然就有了。

# 給社交苦手的你：
# 如何做一個「社雜」青年

　　好的社交能為我們帶來負熵，反之則帶來的是讓人壓力重重的人際熵。這些年我們發現身邊「社恐」（對社交恐懼、憂慮）的人越來越多了，「社交10分鐘，充電2小時」，這樣的話曾幾何時也不再只是調侃。尤其對於從小就透過網路和表情包才能順暢交流的新生代，面對面的社交有時會讓大腦一下負載過大，不知所措，尤其在面對陌生人時。應對這種壓力，一種很具新生代特色的方式便是化身「社牛」（對社交不膽怯，溝通遊刃有餘，與「社恐」對應）達人，但這裡面有多少只是換了一副面具呢？

## 「社恐」、「社牛」、「社雜」

　　先問個問題：你覺得自己是「社恐」還是「社牛」？

　　如果你沒辦法毫不猶豫地回答，那我再來靈魂拷問一下，請先回答下面的問題：

- 當在電梯裡遇到認識但不熟的人時，你會低頭假裝滑手機嗎？
- 當看到別人當著你的面竊竊私語時，你會忍不住胡思亂想嗎？
- 當和別人約好某個休閒活動時，出門前你有沒有經常想反悔？

　　如果三個都中，那你可能確實有點「社恐」問題，但這只是症狀。真正醫學診斷標準上的「社恐」需達到對任何人、在任何場合都有以上

症狀，且持續 6 個月以上，同時發作時會伴隨噁心、心悸、胃部抽搐等痛苦的生理反應。

再來看看「社牛」——無交友門檻的自來熟、海王式的放飛社交、百科全書式的聊天、無視周遭眼光的自信。在醫學上是沒有「社牛」這個詞的，比較接近的定義是「表演性人格」，過度了就是「人來瘋」，瘋過後會瞬間低落是「雙相情感障礙」。雖然很多人羨慕「社牛」那種「只要我不尷尬，尷尬的就是別人」的自在，但它有時候也是副面具，很多行為上明顯失控的「社牛」，其實是「外向型社恐」的一種保護色，為了掩蓋自己特別在意他人眼光的反向操作。

現在你再問問自己：「我究竟是不是『真社恐』或『真社牛』？」「我是無差別地害怕社交，還是有選擇地拒絕無效社交？」「我是不分對象地瘋狂輸出，還是只有到了自己的話題主場才表達欲爆棚？」

如果你判斷自己更多的是在兩者之間跳來跳去，那恭喜你，你可能就是下面要說的「社雜」青年了。

在職場與家庭之間、在死黨或長輩面前，「社雜」青年的社交人設可以根據場合在「社恐」和「社牛」間自如切換。對於「社雜」體驗也有網友表示：自己並不是什麼「社恐」，但是一到陌生環境就無法自理，忍不住緊張、臉紅，甚至焦慮。但如果有朋友在身邊的話，就瞬間變身「社牛」了，笑聲比喇叭還響。

老實說，你是不是也這樣？

「社雜」青年主要產自 90 後、00 後的年輕一代。和父母輩相比，這些新生代的個人意識空前覺醒，他們更關注自己內心的感受，不願遷就他人而委屈自己，也不願迎合別人而刻意表現。展現在社交態度上就是，遇到聊得來的人就多聊幾句，全情投入，真誠滿分；遇到聊不來或者不喜歡的人，他們不想強迫自己去忍受尬聊。尤其對那些偏內向、內

在自給自足的人來說，騰出時間和精力進行不樂意的社交，本身就是一件非常消耗自己的事情。

## 試著切換社交模式

而這種社交態度對於在高度集體化的生活中長大、「大廠大院都是兄弟姐妹」的 60 後、70 後父母來說是難以理解的。比如過年的時候，父母迫不及待地開啟走馬燈串門子的模式，而這代年輕人對串門子的熱情遠不如對交流如何應付奇葩親戚的心得高；父母精力充沛地呼朋引伴去爬山、逛街、跳廣場舞，而這代年輕人的快樂是三五好友約個酒、搓個麻將，人少沒關係，人對是關鍵。

每年一到逢年過節，就有高情商過某節的指南滿天飛。什麼「回應煩人親戚的萬能話術」、「走親訪友如何避免尬聊」之類。這些技巧性的提示不能說沒用，只是沒有必要。因為很多時候，尤其像過年這種場合，成長背景帶來的觀念代溝比你想像得大得多。別想著以理服人，也別想著真情換理解，與其研究那些情商指南，不如簡單點，早日將自己修練成一個熟練的「社雜」青年吧！

當不想妥協自己的時候，你就是「社恐」。告訴爸媽「今年工作壓力太大，待在人多的場合就不自在，讓我慢慢調整吧」，然後「社恐」外套一披就跳回自己的世界。用「我害怕」來包裝「我不願意」，悄悄退出無效社交，無須過招，輕鬆快速，還順便給了對方一個臺階。

為什麼切換成「社恐」會有效呢？因為我們在嬰幼兒時期都是「社恐」。那時我們大腦中的神經元沒有發育完全，基本上只能以自己為中心，無法根據環境調適自己。當父母看到我們「社恐」時，他們即使再疑惑、再不滿，被記憶喚起的本能反應也會要先保護我們。

# 為什麼一些社交讓我們想逃

一些社交讓人想逃，甚至不惜為了逃避，訓練自己切換模式，說到底是因為我們所處的這個人情社會的社交界限一貫模糊。

社交在本質上可以分為兩種：一種是「共感社交」，一種是「互利社交」。前者指的是提供情緒撫慰、排解無聊，或基於共同興趣產生的社交，比如失戀時需要人傾訴、逛街時需要人陪伴、打球時馬上想到某個同樣熱愛運動的球友等。後者則是指在互相欣賞對方某種品質或能力的基礎上發生的社交，比如一起聊天時會交換各自領域的訊息，交流內容有營養而不是各說各地閒扯，有事時能夠互相幫助而不是單方面索取。兩種社交之間的最大差別是：「共感社交」不挑人，但價值低；「互利社交」挑人，但價值高。而我們也都能看到，身邊那些越獨立、心智越成熟的人，越是對「共感社交」不太在乎，因為這些人有完善的人格和社會生存能力，他們內心能自給自足，情感能自我排解，不太需要僅為打發時間而開展低價值社交。

那麼人情社會的社交問題在哪裡呢？就是太多人和你之間是「共感社交」的關係，但總對你提出「互利社交」類的要求，且覺得理所當然。比如你是一名設計師，十之八九會有一種朋友找你設計個LOGO，不但免費得理所當然，還會說「不就是點幾下滑鼠嘛」；你在國外留學，那些平常不往來的親戚突然在你快回國前「冒出來」，找你代購，不僅不給代購費，超過免稅額的部分你還要自己繳稅並「人肉」扛回來。

這些分不清社交邊界的根源在於，它其實與我們這片土地上的傳統文化觀念是一脈相承的。「在家靠父母，出門靠朋友」、「朋友不就是要互相麻煩的嘛」……在這些普遍流傳的觀念下，所謂經營人脈就是到處交朋友、套近乎，先建立「共感關係」，為的是在提出「互利關

係」層級的要求時，你為了不背負「不會做人」、「不懂情分」、「不夠朋友」的名聲而不好意思拒絕。讓這種情況變得更嚴重的是，我們身邊大多數人根本就一直將兩種社交混為一談，甚至認為邊界不清才是對的人際關係，才是有人情味的——這讓一些人，尤其是那些自身已經有一定累積或成就的人，對這種不清不楚的、讓人喘不過氣的社交唯恐避之不及，但經常因不被理解而苦惱。

這種情況在這個大環境下一時半刻還改變不了，但我們自己要有個意識：對於「共感關係」的朋友，我們只能心安理得地提出共感類需求，比如傷心時請他陪你喝酒、聽你哭訴，開心時抓著他一起瘋玩。但當涉及「互利關係」的需求時，就應該按照互利社交的界限去和對方溝通。比如你計畫出遠門，需要朋友幫忙每天大老遠來你家餵一下貓，這時你應該提出按貓旅館收取的費用付給對方，即使對方說舉手之勞，不用放在心上，你心裡也要清楚這不是理所應當的，要記在心裡感謝他。而如果對方拒絕了你，你也應該明白，做為「共感關係」的朋友，他沒有義務為你提供「互利關係」的幫助，這不應該影響你們日後繼續做朋友。同樣地，當你遇到他人提出超出界限的要求且對方自身還沒有意識到時，請清楚自己完全有資格毫無內疚地拒絕他，而如果對方因此指責你⋯⋯趁機斷掉這種關係，其實你這是在為自己做人際熵減。

客觀地看，「社雜」青年都是人間小清醒。他們並不是真的恐懼社交，也不是真的需要被關注，他們只是想迴避這個複雜聒噪的人情社會中那些以「社交」之名產生的蓄意打擾和利用。無效社交是生活中熵增的主要來源，而且我們出於各種顧慮，很多時候無法任性脫身，所以為了自己內心的秩序，請學習做一個界限分明的「社雜」青年吧。

# 給捲入惡性競爭的你：
# 警惕身邊的「幼稚社達」

　　職場是一個高熵培養皿，裡面總會充斥著各種擅長給他人帶來內耗念頭的害蟲。如果你是一名職場人，身邊多少會存在這樣一種人：他們堅信只有最強者才能生存的叢林法則，同時又持有一組看似矛盾的觀念，把別人的不幸歸結於咎由自取、你弱你活該，輪到自己遇到同樣的事時便是抱怨遭遇不公和階級僵化。他們能心安理得地把操縱別人看作可以接受的取得成功的途徑，只反對別人壓迫自己，但不反對自己壓迫別人——這就是接下來要重點提醒你警覺的「幼稚的社會達爾文主義者」（Naive Social Darwinism），簡稱「幼稚社達」。

## 內心扭曲的「幼稚社達」

　　幼稚社達，為什麼說幼稚呢？因為他們「弱肉強食」信念的背後有一種類似於精神分裂的思維，一方面痛恨權力，一方面又崇拜權力；一方面反對不平等，一方面又合理化不平等，有著非常混亂、不穩定且脆弱的自我認知。這種奇妙的心態折射出的是這類人的現實社會處境：認為自己持有頂層規則制定者的觀念，但自己並沒站在食物鏈頂端，其實還處於中下端，甚至更低。

　　毫無意外，這樣的分裂思維必然會導致部分心理功能失調。來自波蘭科學院和華沙大學心理學系的兩名學者，皮奧特・瑞德奇維茲（Piotr Radkiewicz）、克雷斯蒂娜・斯卡瑞斯卡（Krystyna Skarzynska），2021

年在網路學術期刊 PLOS ONE 上發表了一個有 2,933 名參與者的多項人格測試[1]，結果發現：

- 「幼稚社達」在「大五」（Big Five）人格量表中，宜人性得分低，意味著他們缺乏親社會行為、不信任別人、口是心非、無法妥協。

- 「幼稚社達」在「暗黑三體」（Dark Triad）人格量表中得分高，意味著他們是權術主義人格，具有自私、不信任他人和虛偽的特徵，且缺乏同理心和同情心。

- 在「依附類型」（Attachment Style）測試中，「幼稚社達」顯示出恐懼依附風格，通常會因為害怕被拒絕而避免親密關係，並且自我接納程度低、敵意水平高。

對此研究者們表示，「幼稚社達」對他人的敵意和對權力的追求，可能是一種心理補償策略，這個群體的內心深處一直覺得自己缺乏社會認可，因此必須做出一些反應，但他們知行不合一的做法，卻給自己造成更多的社會疏離感和被排斥感，進而形成一個惡性循環。

## 別讓「幼稚社達」拖你下水

為什麼這裡要專門講一下「幼稚社達」呢？因為在這個內捲白熱化的現實中，這種傾向的人必定會越來越多。他們往往能將普通競爭弄成惡意競爭，享受不擇手段達到目的的快感且事後不會有罪惡感，同時很

---

**1.** 發表該結果的論文題目為：*Who are the 'social Darwinists'? On dispositional determinants of perceiving the social world as competitive jungle.*

善於 PUA（精神控制）他人，容易讓初涉職場者或本性善良的人感到他們很有魅力，產生他們是強者的錯覺。如果你內心不夠強大、思維不夠獨立，就會不自覺地去追隨那些魔性的意見，而和「幼稚社達」靠太近就像玩俄羅斯方塊，一旦去和他們「合群」，你就會被「吞噬」，然後「消失」。所以當你與這樣的人在一個團隊中共事時，要非常小心被這些煽動情緒的高手當槍使、做炮灰。

　　即使沒有利益糾葛，「幼稚社達」的扭曲思維也能輕易把身邊人拖下水，其中一個典型的現象，就是一個人做為前輩會習慣性批判某人是「學生思維」。在他們眼中，「學生思維」意味著過高的道德水準，代表著無知、幼稚、好利用、易欺騙。他們以自己的無下限為榮，以「學生思維」的高道德為恥，認為這種思維是一個人在社會上弱小的展現，極力踩踏和貶低還未被汙染的新人。

　　但人類社會畢竟不是自然界，人也不是動物。達爾文《進化論》中「適者生存」的核心思想，其實指的是自然生態下物種的本能行為。人是有意識、有思考的，內捲再白熱化，社會依然有著自我調節的能力，「適者生存」對個體來說更多的不是殺遍對手，而是主動尋找更適合自己的棲息地。

　　「幼稚社達」長期的定型思維慣性不可避免地影響了他們在工作生活中的直覺和潛意識行為，和這些人頻繁接觸會讓你也變得越來越偏執，無法用開放型思維思考，帶著存量信念和紅燈慣性行事。更危險的是，「幼稚社達」一直有「要給人上一課」的衝動，一旦有機會便會毫不猶豫地傷害身邊的人，以此來證明自己這種思維的正確性，而這時的你受到的則是價值觀和心理上的雙重暴擊，搞不好就會懷疑人生──但如果你已經被洗腦了，可能還會將其視為一種「成長」。

　　總之，如果你遇到「幼稚社達」，不要掉以輕心，如果情況允許，

請避免糾纏，立即遠離。如果情況不允許，比如你們不得不在一個團隊中共事，那在極力避免被同化的同時你要有意識收集他操控自己的證據（比如來往郵件或微信訊息），以便在對方突破你的底線時有籌碼說「不」。如果對方很不幸還是你的上司，那你要認真考慮停損，哪怕另謀高就也在所不惜，不要幻想「幼稚社達」型主管會有所改變。在你一步步邁向更高的階層時，就會發現真正的強者和那些毫無底線、口是心非的「幼稚社達」大相逕庭，持有這種有害思維的人其實走不高也走不遠。到了那個時候，你自會有自己的判斷，但在這之前一定要好好保護自己。

　　好了，中篇到此結束。在下篇我們將一起繼續探討一個投入的和有意義的人生是什麼樣子的。我們先從進入「心流」──一個波瀾壯闊的負熵世界開始。

# 擁抱更高級的 ————
# 快 樂

對生命胸有成竹的人，
內心的力量與寧靜，就是內在一致的最高境界。
方向、決心加上和諧，
就能把生命轉為天衣無縫的心流體驗，並賦予人生意義。


——米哈里‧契克森米哈伊／《心流》

第七章

# 心流：無與倫比的
# 負熵體驗

. . .

**你將從本章了解到**

☑ 心流是什麼，進入心流到底是什麼感覺

☑ 為什麼透過遊戲獲得的心流有成癮性

☑ 如何將自己做的事改造得符合心流原理

☑ 如何提升對專注力的控制

☑ 如何透過感知自己的心理狀況判斷離心流有多遠

☑ 能輕鬆進入深度心流的高手是什麼樣的

☑ 什麼是「沉浸的人生」

. . .

# 「反心流」的現代生活

　　歡迎來到下篇！還記得第一章中提到的幸福三角嗎？那「沉浸的人生」究竟是什麼樣的呢？答案便是有心流相伴的人生。

　　「心流」的提出者契克森米哈伊教授是正向心理學（Positive Psychology）的兩名奠基人之一（另一名是曾提出習得性無助的賓夕法尼亞州大學心理學教授馬汀‧賽利格曼）——當然心流也是正向理論中的核心構念。

　　契克森米哈伊早年人生可謂曲折，二次大戰時期他跟隨家人從祖國羅馬尼亞逃往義大利，童年在炮火中度過，青年時移民至美國攻讀心理學，跟隨的導師是如雷貫耳的卡爾‧榮格。在取得博士學位後，契克森米哈伊確定了自己一生的研究方向：為什麼同樣歷經戰亂打擊、同樣處於失控的人生階段，有的人非但沒有倒下，反而表現出更專心致志投入生活的狀態。正因為在人生低谷時受到他那些直擊人心的研究啟發，我才在前些年開始探索心流，並發展出你現在看到的這套認知熵減框架。我不止一次地想像過有一天和他老人家面對面探討，但遺憾的是，這本書還沒寫完，卻得知了他去世的消息，我日後只能從他留在世間的珍貴文字中追尋星光了。

　　讀完上篇和中篇的你，應該已經對日常如何應對精神熵、降低內耗有心得了，下篇我們一起升級，探索心流這種更高級的快樂。負熵的心流是內耗這種高熵體驗的反面，可以說內耗讓人有多痛苦，心流就讓人有多快樂。這裡看起來有個矛盾：複雜不是會導致熵增嗎，為什麼反

而會產生心流？當我們把視野拉得更高些時，我們便能看到差別了——**心流來自複雜中的井然有序，內耗來自複雜中的混亂無序**。而我們在前兩篇開展的熵減實踐，是先將各種複雜降低（只專注一件事、減少訊息熵、人際熵、環境熵的干擾）來獲得簡單中的井然有序，為進入心流的世界打好基礎。

說到降低複雜度，是不是就是將生活簡化到幾乎無事可做呢？絕對不是——無所事事不僅不會熵減，反而會因無聊產生大量無關念頭而急劇熵增。熵減的核心是透過做一件有效的事，找到一個正好能駕馭這件事的平衡點。而到了心流這種最高層面的熵減（負熵），人便擁有了一種自如遊走於複雜之間、能把任何無謂的念頭擋在外界、不會自尋困擾的能力。

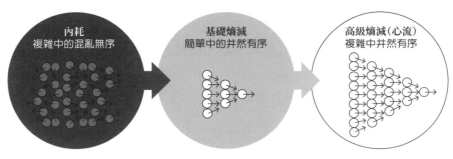

圖 26　從內耗到心流

這個世界因複雜而絢麗，流淌著心流的內心也是如此。事實上，最大的心流都始於一個極度無序和掙扎的境況，而在解決這些非比尋常的麻煩的過程中（就好像完成一幅 10,000 塊的超級拼圖）產生，這就是為什麼對心流上癮的人通常會拒絕不勞而獲，這真的不是來自道德的約束。這種更高級的快樂來自對複雜的內外部世界的全方位掌控，是融合了投入和自律的人生——正如清華大學社科院正向心理學研究中心副主

任趙昱鯤教授所說：「**那些能夠整合無比複雜的人生、找到人生意義，整合無比複雜的世界、形成自己的世界觀，整合無比複雜、經常是相對矛盾的價值觀，形成自己的價值觀的人，有最大的『大心流』。**」

那麼進入心流時究竟是一種什麼感覺呢？

簡單地說，便是失去時間感、對周圍環境的感知變得模糊、能感受到全部認知能量自動向一個方向高效率輸出。在這種狀態下不僅工作學習如開掛，而且更是不知焦慮、憂鬱為何物。當手上任務完成、從心流回到現實時，人先是會有一種充滿能量且延綿不絕的滿足感，然後重歸平靜。由於此時內心熵值已降到最低，便會產生一種思緒如冰晶般通透、情緒如雪水般暢流的感覺——這是發生在大腦裡的奇蹟，也是任何外界獎勵都無法提供、由負熵帶給我們的深度自我取悅。

也許你會質疑：這是真的嗎？怎麼聽起來像神祕兮兮的「大師」在談玄學？我在最初讀這本書時（那時中文版還沒出版）也是這個感覺，讀著讀著還是心動了（畢竟是想解決自己的問題），於是某天嘗試了書中的部分原則，收回渙散的認知能量並將它集中在一個任務上，幾天後已困擾自己一段時間的憂鬱情緒明顯緩解了，也不再動不動就「想太多」！此後我逢人便推薦心流，意料之中的，大部分人不會當回事，有的人帶著懷疑的心態試了一下但也沒有效果——自己親身證實過的體驗無法讓他人重現，這也讓當時的我有點挫敗。但後來想清楚了：對都市人來說，心流是一種難以獲得的奢侈體驗——事實上，它本身就不應該屬於現代生活。

想想我們每天的生活是什麼狀態：隨時承受無數碎片訊息的侵襲，注意力大量匱乏，喜好被大數據不斷計算，取悅自己的方式變得追求速效；社會潮流變化迅速，今天得跟上熱門梗，明天得跟上「自律給我自由」的風潮，後天發現別人都開始聊正念冥想、刻意練習了，不趕快做

點什麼焦慮就不斷上漲⋯⋯天天都有嶄新的、一看就很重要的目標出現，跟不上節奏是必然的。那怎麼辦？假裝吧。辦張健身卡假裝在鍛鍊，每天打卡讀書小組假裝在閱讀⋯⋯這是花錢造人設？其實未必，我相信花錢的那一刻大多數人是真心決定要改變自己的，但早已學會走捷徑的大腦一直在慫恿我們「假裝」。

現代生活的特性就是「反心流」的，包括我們已經無法在大多數嚴肅事務上保持專注的大腦。這也是為什麼契克森米哈伊在他書中提到能產生大量心流的例子都是些古老的活動，比如航海、下棋、打獵、攀岩——這些活動最大的特點就是無法假裝專心致志，否則捕獵不成反被獵物捕殺。心流的湧現需要自由又充滿變化的空間，但一方面都市浮躁繁雜的環境能輕易掐掉心流的萌芽，另一方面，人們日常所做的大部分功能導向的事又注定和心流背道而馳。於是心流幾乎成了一個遍尋不著的都市傳說，甚至有人把它看作一種唯心主義哲學，這實在是很大的誤解。

其實與其說尋找心流，不如換個詞：重溫。

幼年時，我經常會被送去爺爺家住，那是一個粉牆黛瓦的蘇式老宅，鋪著飛簷翹角的瓦頂。每當下雨時，雨水便順著青瓦沿匯成一粒粒晶瑩剔透的雨珠滑落下來。可能因為看多了霍元甲或恐龍特急克塞號的故事吧，一下雨，我就會出神地盯著時不時滴下的雨珠，用「意念」放緩它們的速度，然後看準時機一掌劈出——「啪！」精準地把其中一滴劈得粉碎。這個大人看來很無聊的遊戲，我可以站在屋簷下玩幾個小時。即使現在閉上眼還能體會到那種神奇的感受：當眼睛死死盯住接踵而至的雨滴時，確實會有一剎那某滴雨珠像慢動作一般從眼前滑過，軌跡清清楚楚⋯⋯

某個感官變得極其敏銳的心流體驗在每個人的童年都有過，只是大

部分人長大後不記得了，即使記得也不覺得是什麼了不起的事。在繼續後面的閱讀之前，我想請你閉上眼睛用力重溫一下小時候類似的記憶：玩沙子玩水、幫著螞蟻搬家、在草地上打滾、看著變換形狀的雲彩肆意想像……每一個細節、每一點感受都不要放過。睜開眼後，你就會笑著說：原來心流的感覺我早有過了呀！

# 快樂的祕密：心流為什麼那麼爽

## 心流這個「黑盒子」

　　成年人畢竟不像孩子，對曾經擁有但忘記的體驗很難相信，只接受當前的眼見為憑。過去我無法說服他人認真看待心流，有個主要原因是這種體驗就像個「黑盒子」——雖然我能告訴他人心流是什麼感覺，但無法為這種感覺發生時的顱內變化提供解釋。身為一名實證主義者，我又天生拙於僅憑想像就講出一個能夠打動人的故事，幸好這個缺口被皮克斯彌補了——在 2020 年的電影《靈魂急轉彎》中，心流狀態第一次透過視覺的方式被呈現出來。當影片中夢想成為爵士音樂家的中學音樂老師喬，完全投注在爵士鋼琴演奏中時，他忘掉了時間，甚至忘掉了自己是誰、身在何處，視野只聚焦在手指和黑白鍵之間，整個身體似乎和現實世界有一道屏障。電影是虛構的，但這個狀態並不是皮克斯虛構的，進入心流就是這個樣子。

　　一個更好的消息是，近年的神經科學研究終於也逐步揭開了這個「黑盒子」。

　　透過最新的核磁共振技術，這些科學家們對進入心流者的大腦進行了掃描，他們發現當受試者的專注度越來越高時，大腦前額葉皮層知覺系統中處理碎片訊息的部分逐步受到管制。這時受試的感知（視、嗅、觸、味、聽、呼吸、平衡等）對正在進行的任務越來越敏銳，處理越來越順暢，感到一切盡在掌控中——這就是第一章中所說的認知成長

螺旋模式，慣性認知正在不斷接管熟練後的複雜任務。在一本叫《盜火：矽谷、海豹突擊隊和瘋狂科學家如何變革我們的工作和生活》（*Stealing Fire: How Silicon Valley, the Navy SEALs, and Maverick Scientists Are Revolutionizing the Way We Live and Work*）的書中，兩名作者——「心流基因組計畫」創始人史蒂芬・科特勒（Steven Kotler）和從事神經科學研究「心流」狀態應用的傑米・威爾（Jamie Wheal），透過分析腦波提供了以軍人、科學家、創業家為實驗對象的實證證據。他們發現進入心流的人會在關閉部分前額皮質活動時產生三種不同尋常的波：α波、θ波和更高級的γ波，分別對應著出神體驗、排除干擾的深度思考和創造性思維迸發時的大腦活動。在這三種腦波的作用下，人的緊張感、焦慮感會逐漸降低，滿足感會上升，而在他們沒有進入心流狀態時，腦波則主要是常規理性運作和保持對外部環境警覺的β波。

在更近的 2021 年，美國密西根大學神經科學團隊的一個關於意識網絡的研究透過突顯網絡的關鍵節點——前腦島深入解釋了這個機制。前腦島在感覺訊息和意識通達之間發揮門禁的作用，簡單地說，當我們感知到外界進入的訊息時，它做為警衛決定是否幫助這組訊息通過意識的關口。如果給予放行，這組整合了感覺、情緒和認知的訊息會被大腦分配額外的注意力並標註為綠色通道任務，獲得從認知系統到感知系統的全面配合——這就是契克森米哈伊所說的「控制自我意識」。

而在專注於處理這項任務的過程中，突顯網絡會透過一種叫做**動機突顯**[1]的方式來激勵產生理想結果預期的行為，隨後大腦會大量傳導多巴胺、內啡肽、去甲腎上腺素、血清素、催產素和大麻素一共 6 種神經

---

**1.** 動機突顯（Motivational Salience）指的是一種認知過程和注意力加工形態，它激勵或推動個人的行為朝向或遠離特定對象、感知事件或結果。

傳導物質，也就是俗稱的激素。說白了，心流體驗的那些無與倫比的快感就是來自這些激素。這些激素各有功能：多巴胺帶給我們興奮和激情，內啡肽和大麻素能夠強力鎮痛和減壓，去甲腎上腺素能讓人感官高度敏銳，血清素會在飽食或高潮後帶來舒緩和睡意，催產素則能放大對他人的共感。

在一些複雜活動中，部分激素能協同作用，比如和朋友玩遊戲開黑時，大腦會同時釋放多巴胺和去甲腎上腺素，而陷入熱戀時那種心跳則來自多巴胺和催產素。這些活動雖然已經足夠讓人愉快了，其綜合體驗依然無法和心流相提並論，因為沒有任何一種活動能像心流這樣**同時釋放全部 6 種愉悅性激素**！這種複雜的混合效果非常強悍，使得心流經常被譽為「巔峰體驗」。

## 心流那無與倫比的快感

讀到這裡一定有好奇寶寶想問：「這種快感到底有多強呢？」

這是個無法量化的問題，但可以參照各類行為釋放的多巴胺強度來間接感受一下。

一些研究表明，我們在撫摸小動物時大約釋放 30 個單位的多巴胺，打哈欠 50，洗熱水澡 75，舒緩按摩能到 95。然後根據美國國家藥物濫用管理局的數據：喝完一杯非低卡咖啡或全糖奶茶能讓多巴胺最大釋放到 130，充分攝入高熱量食物比如巧克力是 155（和喝酒到微醺差不多），玩遊戲可以到 175（一個有趣的參照：如廁時一瀉而下時釋放的多巴胺為 178 個單位，和苦戰後贏了一局遊戲差不多），而很多人關心的性高潮在 200 左右（是不是沒想像中高）。再往上，大多數都是不健康或違法的、必須與其劃清界限的不良活動了：抽菸是 250，中彩券是 750 ～ 780，服用安非他命是 1000，而攝入甲基苯丙胺（也就是惡名

昭彰的「冰毒」）能達到驚人的 1250（人也廢了）！

根據我自身和一些進入過心流的朋友的主觀感受，若普通強度的心流，進入時獲得的多巴胺比沉浸在遊戲時略高一點，若在連續幾個小時認知能量高度集中在一項高難度任務後，那種高強度心流帶來的快感能提升好幾倍，甚至有一種很爽的暈眩感——根據麥肯錫在 2013 年的一份報告[2]，這時候人的生產力能相應提升 5 倍之多！史丹福大學神經科學教授羅伯特·薩波斯基（Robert Sapolsky）更指出：如果這項任務不僅難度高，而且充滿新鮮的樂趣和冒險的特性，那麼多巴胺能在極致專注的狀況下飆到平常的 700%——這幾乎足足是古柯鹼等化學物質帶來快感的兩倍。這一點也不誇張，根據國外對一些承認曾使用過違禁藥品的藝術家和運動員的心流訪談，這些人認為巔峰心流體驗時（發生在突破性的創作和挑戰極限時）的快感比攝入那些危險的化學物質更強。

換句話說，如果不想付出永久性損害神經認知系統的代價，也不能保證常常中彩票券和墜入愛河的話，想獲得強度高、持續久且對身體無害的快感，追求心流幾乎是唯一的途徑。而在日常生活中，一部分人也經常能進入心流。

根據契克森米哈伊團隊的研究顯示，大約有 20% 的美國人曾在全身心投入做一件事時出現過符合心流特徵的體驗，報告還說，從來沒有過心流的人約占 15%。另一項針對 6469 名德國人展開的研究發現，相較於美國人來說，體驗過心流的德國人占比更高一些（23%），從未體驗過心流的受訪者比美國樣本低一些（12%）——當然這些都是低強度心流，體驗過中高強度心流的比例肯定低得多。至於產生心流的活動，研究指出主要來自園藝、音樂會、打保齡球等需要全身心感受的投

---

2. 見麥肯錫官網。

入型活動。

　　近年在一些國內大咖的推薦下，越來越多人開始對神祕的心流體驗心神嚮往。其實心流一點也不神祕，它只是重現了我們小時候埋頭忘我玩沙子的狀態（對孩子來說，這就是一種複雜中的井然有序）。除了神經傳導物質釋放的快感，心流更重要的另一面便是深度沉浸帶來的滿足感，就像自己的分身在另一個空間自由旅行。如果你曾經非常專注地做某件事，比如練球、彈琴、畫畫、看小說時感到周圍如同被靜音，以為只過了幾十分鐘，其實已經不知不覺過了幾個小時，然後事情結束後不僅不覺得累，還很想繼續，那你已經在心流的平行世界裡遊走過一遭了。只是這種情況在生活中發生的機會有多少，人們心裡自有判斷。

　　生活在一個「反心流」的現代環境中，想等心流自己來敲門不太務實，我們只能去主動追逐它。下面就來說說進入心流的方法。

# 兩種心流：成癮性的 vs. 非成癮性的

符合心流發生的活動有三大特徵：**清晰的目標、即時的反饋、相當的難度。**

雖然心流狀態會伴隨大量多巴胺釋放（這只是其中一種「獎勵」），但並非前面所列舉的所有能釋放多巴胺的活動（比如抽菸、吃高熱量食物）都會產生心流，除了一個例外：遊戲。玩遊戲可以說是日常最容易獲得心流的活動，它不僅有足夠的複雜度，整個過程也完美符合上面說的三大特徵——事實上，所有能讓人沉迷的遊戲，其機制都是圍繞這些原則設計出來的。拿《巫師3：狂獵》為例。

主線目標是找女兒，然後在這個主線目標下又分解出很多支線任務，雖然身處一個龐大複雜的開放世界，玩家還是清楚自己的大方向是什麼，不會因為不知道下一步做什麼而迷茫；然後是即時的反饋，大到每一次做道德抉擇、小到一刀砍向敵人都或早或晚會有結果，降低了不確定性所帶來的焦慮感，使人能專注於享受遊戲的過程；最後相當的難度更是數值設計師所擅長的，尤其展現在以讓人成癮為目標的網遊和手遊中——能力強就提升點難度讓你不至於無聊，能力弱就降低點難度讓你不至於壓力太大而離開。數值系統就是玩家大腦中樞的「神」，一升級必定立刻有所得，一有挫敗立刻給點獎勵刺激，保證玩家永遠像只跟著胡蘿蔔跑的兔子。

其實拿《巫師3：狂獵》舉例不是最恰當的，因為這種開放設計的遊戲進程是由玩家主動推進的，更貼近現實生活中「有一定方向，但主

要靠自己努力和探索」的設定，因此也被一些被速效遊戲寵壞的玩家們詬病門檻太高、難以上手。那麼一個遊戲採用被動設計和主動設計的差異在哪裡呢？在於它帶給玩家的心流是**成癮性的**還是**非成癮性的**。

## 區分成癮性和非成癮性的心流活動

先定義一下什麼叫「成癮活動」。它指的是儘管有不良後果，但仍然讓人難以控制地參與由獎勵刺激系統操縱認知行為的活動[3]，比如賭博、滑短影音，也包括大部分被動設計的線上遊戲和手遊。

這些活動的共通性在於，一旦進入其中，我們的注意力便不再是自己主動控制而是被帶著走的，達到一定成癮程度後甚至一出現制約訊號，比如一聽到進入遊戲時的開場音效，大腦就已經開始像「巴甫洛夫的狗」[4]那樣大量分泌多巴胺。多巴胺是沒有立場的神經傳導物質，連續玩某些遊戲，它會釋放並導致成癮，沉浸在創作活動中（比如繪畫、寫作），它也會釋放但並沒有成癮，原因在於前者是透過讓人產生對某種獎勵的結果預期而獲得的生理摩擦型快感，後者則是人在要實現某種目標的強烈意願下，透過付出努力後獲得的能量補充型快感。所以在成癮模式下退出一個遊戲後經常會覺得很累，但非成癮性的遊戲或活動結束後反而讓人神清氣爽。

神經科學研究也早就發現，開展成癮活動時大腦會刺激依核的外殼，也就是獎勵系統所在的部位。當人產生食欲、性欲時，也是透過這

---

**3.** 定義來源：Glossary of Terms. Mount Sinai School of Medicine. Department of Neuroscience. Retrieved 9 February 2015.
**4.** 「巴甫洛夫的狗」是 20 世紀初心理學史上的古典制約實驗。這個實驗最初是由生理學和心理學家伊萬・巴甫洛夫（Ivan Pavlov）在自己養的狗身上開展的。他透過在給狗餵食前發出聲音來控制狗的預期反應，經過幾次重複後，僅發出聲音就能使狗流涎。

個部位獲得多巴胺的,這個過程極易因追逐簡單易得的快感失去對意識的控制。而依核的內殼則在非成癮性的心流活動中被點亮。它透過釋放含有更多 D2 受體的多巴胺物質,使人在獲得快感的同時還具備低衝動性和高情緒調節力,大腦高速運轉下所有念頭依然非常有秩序。所以在不同的神經機制下,玩被動型設計的遊戲既能感受到心流,也會容易上癮,而在獎勵系統的強化效應下,心流會隨著成癮程度惡化逐漸退散,將舞臺交給了精神熵。

花這麼多篇幅解釋這個晦澀的機制,是想表達一件很重要的事——**只有在主動、積極的活動中人才能獲得非成癮性、可持續的心流,不會遭到精神熵的反噬**。如果一項複雜活動的井然有序來自事先設定好的獎勵系統,即使人在其中能獲得心流也要注意節制。追求成癮性的心流還不如乾脆沒有心流。契克森米哈伊發現當人們進行被動、消極的休閒活動,比如心不在焉地看電視時,心流幾乎不會出現,雖然沒有成長但也沒什麼傷害。但如果沉迷於會提供成癮性心流的活動中,不僅對成長無益,還會讓人在低級快樂中累積著傷害而不自知。有時候有朋友問,應不應該控制孩子玩遊戲,我總是回答:「取決於什麼遊戲。」我想我在這本書裡已經把原因講清楚了。所以在成長這件大事上,我們要成為自己的「遊戲設計師」,**一方面要透過心流活動的三大特徵,將手頭的任務改造得像玩遊戲一樣;另一方面要形成在任何時間做任何事,都能主動調用認知能量進入心流狀態的能力**。

# 解鎖心流：像玩遊戲那樣做一件事

　　前面說了這麼多，也許你想問：為什麼要嘗試追逐心流呢？答案很簡單：**因為心流能讓我們做任何事都毫不費力。**

　　工作就像在玩、學習就像在打怪升級，一切都由大腦自動地驅動身體進行，這難道不是為人生打開了「容易模式」嗎？其實轉換角度思索一下，遊戲和工作有什麼差別呢？如果都符合心流活動三大特徵，遊戲就是在虛擬世界裡「工作」，而工作就是在現實世界裡「玩」。我們在玩《模擬人生》、Cosplay 時，其實就是在認真生活，只不過這個生活充滿樂趣，但工作不是，所以我們要想辦法把它也變成「是」。下面我們一個一個來分析。

## 清晰的目標

　　心流活動的第一個特徵：**清晰的目標**，是現實世界和遊戲世界最顯著的差異。《薩爾達傳說：曠野之息》一開場就會有個老爺爺告訴你去取滑翔斗篷，還會給你線索，而上班時老闆只會和你說：「這週內把方案做好。」然後你打開 PPT，一臉迷茫。若是自己主動發起的活動，那更沒人會幫忙設計好目標，但既然已經選出了想做的事（雖然沒有去取滑翔斗篷那麼吸引人），至少這個目標是自己有興趣的，關鍵是怎麼弄清晰。

　　「清晰」的第一個層面是分解任務目標，這在前面我們已經試過了，從一個大目標（寫完一本書）發展出功能性（將認知分享出去）

和意義性目標（幫助他人實踐熵減、掌控生活）。第二個層面是細化關鍵行動的目標，比如畫家面對一塊白布時，他腦中在構思表現什麼的同時也有個清晰的目標：從何處、以什麼方式落下第一筆。寫程式更是一個必須有清晰的目標才能進行下去的活動，一個出色的程式設計師往往在一串指令還在輸入時已經想好接下去的好幾步了。我在寫作時也是如此，一邊思考一邊打字的同時，腦子已經在想下面這段要從之前做的哪個筆記中參考什麼資料，打完字後立刻切換到那個部分，一邊看一邊組織新的文字。

從基礎熵減活動提升到負熵的心流活動，便是一個目標越來越細化，細化到相關行動能無縫銜接的地步，我們越清楚自己在做什麼，認知能量的損耗便越低。但這並不是說每個動作要速度快、不能停（對成長有益的事也不會像生產線上的機械操作），而是為自己的手、腦、心協作發展出一套舒服的配合習慣，就像玩遊戲時我們不會看著手把或鍵盤，但很清楚手眼是如何配合的。三者配合帶來專注，透過不斷形成正向的路徑依賴讓自己處於認知成長螺旋；三者分離帶來走神，手在盲目地動而腦子裡不知道自己在幹什麼，或者思考了半天才發現，不知道什麼時候已經在想別的事了，讓這個活動成了慣性認知的主場。要做到始終有清晰的目標，沒有特別的方法，就是在實踐中訓練自己分解任務和銜接行動的能力，感受自己是不是做一件事越來越得心應手的同時還能保持思考輸出。

## 即時的反饋

觸發心流的第二個「扳機」：**即時的反饋**，這是一個確定性增強的機制，一方面能降低我們因無法忍受未知未來的煎熬而輕易放棄的機率，另一方面也為我們點明了改進的方向。在遊戲中，經驗值就是個

反饋機制，每幹掉一個怪就馬上會漲一點，於是我們知道自己在「獲得」和「推進」，同時搞懂了如何快速提升經驗值的竅門。而現實活動中很多事是不會立刻有反饋的，只能主動去求。

我在第三章開發一系列熵減工具時，每完成一個都會立刻分發給一批朋友做反饋測試，最短時間內就能讓自己確定這些工具能否讓人理解、是否有幫助。如果一直埋頭開發而不去獲取反饋，恐怕我根本堅持不到把書寫完的那天。即使寫作時無法馬上得到強有力的反饋，經常按下 Ctrl+S 快速鍵保存文檔，也是一種微弱但高頻的反饋，等於暗示自己沒有在倒退。有些活動的特性確實也決定了很難獲得即時的反饋，比如作曲這種開放型的創作活動。在創作音樂的過程中，作曲者並不知道自己寫下的每一個音符是否是最後想要的，也沒法在沒完成前給別人聽，於是他們獲得反饋的途徑是每寫完一兩個小節就在鍵盤上彈出來，自己給自己反饋。由於缺乏反饋途徑和判斷做得好不好的標準，自由創作確實是一件非常煎熬的事，但這也正是心流活動的價值所在——透過親手將無序混亂一步步變得有序而清晰，往往能收穫狂喜般的滿足。

除了行動反饋，我們還能給自己設定一個基於獎勵機制的成就反饋（別怕，這種自我控制的獎勵沒有成癮性，而是一種儀式感）。遊戲中每達到一個「里程碑」，便會有相應的好處來激勵我們，比如升級後能得到一些隨機物品或開個寶箱。現實中我的做法是先設定一個幾天內就會到達的「里程碑」，比如這週五前要結束第三章寫作，然後將這個計畫告訴一個朋友（不要發朋友圈）：如果我做到了，「週五晚上一起去酒吧喝一杯吧！」一個真正懂你在做什麼的朋友不僅立刻心領神會，而且會尊重你設定的規則——做到就去，沒做到就改天，因為遵守遊戲規則才有儀式感。而在做到的那天晚上，舉杯飲下的第一口酒必定

會給你巨大的滿足（請相信儀式感的魔力）。

## 相當的難度

　　心流活動的第三個特徵：相當的難度，這是持續獲得心流最重要的一環，也是最像遊戲中數值設計的環節。前面我們已經透過 AMC 行動診斷模型了解了能力和挑戰的關係，知道了在什麼情況下一個關鍵行動做得到或做不到，這裡繼續深入到在什麼情況下能進入心流。

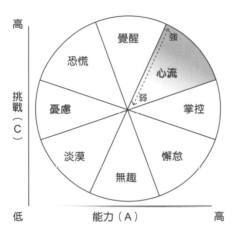

圖 27　心流八通道模型—能力與挑戰的平衡[5]

　　契克森米哈伊根據一項活動對人的能力和挑戰的高低，將人的心理感受分為 8 種狀態。

　　• **低能力＋低挑戰：淡漠**

　　　　如果個人能力很低，做的事也一點挑戰性都沒有，人便會感

**5.** 心流八通道模型的圖示摘自：*Csikszentmihalyi, M., Abuhamdeh, S., & Jeanne, N. Flow. (2005). In Elliot, J. Andrew, S. Carol, & V. Martin(Eds.), Handbook of competence and motivation (pp. 598- 608). New York: Guilford Press.* 在本文中，作者將圖示中的英文翻譯成了中文。

到淡漠。在前面的情緒日記裡也提到過,淡漠是最輕微的憂鬱情緒,表現是對當前做的事沒啥感覺,漠不關心。經常被這類事務圍繞會讓人無精打采,對外界刺激反應遲鈍,這也是長期處於舒適圈底部的人最常見的狀態。

- **中能力+低挑戰:無趣**

   如果挑戰相對於能力太容易,一開始做覺得很輕鬆也樂意去做,但不久便會感到無趣、無聊。無趣卻無法擺脫的事會讓人產生被困住的感覺,有些人選擇在原地不動,白白受煎熬,而有些人會尋求突破的機會,比如跳槽或找一件更有挑戰性的事做來平衡自己。

- **高能力+低挑戰:懈怠**

   如果能力超過挑戰太多,做一件事綽綽有餘,人便會產生一種有力無處使的不快感,對眼前的事迅速產生倦怠。在這種狀態下人會感到持續倦乏,這是情緒日記裡所說的悲傷的最低級別表現。若長期陷入高能力+低挑戰的事務中,會讓人對過去浪費的時間和機會產生懷悔,並徘徊在沉沒成本中無法毅然割捨前進。

- **低能力+中挑戰:憂慮**

   如果能力低過挑戰,人會產生低程度的焦慮情緒——憂慮。憂慮產生於對自己能力的沒自信,擔心未來也無法做好這件事,但這恰恰也是正處於伸展圈的訊號。如果能控管好這份壓力,隨著能力的提升,便有機會進入心流。

- **低能力+高挑戰:恐慌**

   如果挑戰高過能力太多,人會產生最高等級的焦慮情緒——

恐慌。恐慌來自巨大的挫折感，是對自身嚴重懷疑，也是逃避未來的訊號。當處於這種狀態時，最理性的做法是降低挑戰難度，讓自己回到憂慮的狀態，保住提升能力的動機。

- **高能力＋中挑戰：掌控**

當挑戰並不低，而能力依然更勝一籌時，人便會產生掌控感。掌控感是有條件進入心流的重要訊號，如果抓住機會並有勇氣挑戰更困難的任務，那便一腳跨入了心流，而且很容易就能獲得中高強度的快感。如果停留在原處太久，便會慢慢下滑到懈怠區，再想進入心流需要重新尋找合適的挑戰機會。

- **中能力＋高挑戰：覺醒**

當能力不低，但面對的挑戰更高時，便有機會進入覺醒區。覺醒是一種「頓悟」瞬間，那種充滿想推自己一把、又知道往哪裡推的欲望是可遇不可求的。如果成功，便進入高品質的心流。挑戰難度極高的任務也有風險，如果受到挫敗，有的人便會滑落到恐慌區。還有一個隱憂是，這種超常發揮的突破具有一定偶然性，即使進入了心流也並不穩定，除非繼續保持能力的提升。

- **高能力＋高挑戰：心流**

這就是兩個維度都拉到頂的心流了。按契克森米哈伊的標準，顯著的心流只會在能力和挑戰旗鼓相當且都處於高水準時產生，能力和挑戰越高，心流強度越大。因此在 AMC 行動診斷模型中列舉的那些事順利做起來不代表就會有心流，人的狀態可能處於憂慮區也可能處於掌控區，但都是在通往心流的路上。

這 8 種狀態確實太像遊戲了，不僅能對應到某個具體遊戲，還能解

釋它們為什麼好玩或不好玩、適合什麼玩家，比如心流狀態，我首先想到的就是對應硬核玩家的《黑暗靈魂》。

既然心流只會發生在高水準的任務中，那我現在剛開始學一個技能是不是就和心流無緣了？是，也不是。心流確實是需要能力和挑戰越過一定標準才會感受明顯的，但這個「高水準」也是個主觀感受。假設你是個網球初學者，當前唯一的挑戰就是把球打過網去，這時你的能力為0.8而挑戰是 1，在稍微專注一點連續幾次把球打過網去時，你便已經能被「小」心流爽到了。如果再能接住一兩個對你來說屬於高水準的高吊球，更強的心流就夠讓你開心一段時間了，但想繼續獲得心流還得提升能力。所以高水準的能力和挑戰的參照座標只是自己，只要能激發你時不時觸碰到「力所能及」的極限，那便是一個理想的心流活動。

當進行一個熵減實踐活動時，我們透過感知自己的心理狀態，便能知道離心流還有多遠、究竟應該提升能力還是降低挑戰。一個能保持挑戰一直比能力高一點、處於憂慮狀態的活動，也最有機會升級為心流活動。我們只需要在保持挑戰不變的情況下，安安心心提升能力，在某天不經意間便會感受到心流帶來的快樂。現在，掃 QR 碼獲得【9. 心流最優體驗——能力／挑戰評估表】，試著來評估一下正在進行某個任務的你處於什麼狀態。

手機掃描 QR 碼
或瀏覽器輸入：
https://reurl.cc/nLVeVe

正在進行的這個任務帶給我的感受主要是：＿＿＿＿＿＿＿＿＿＿＿。

□淡漠　□無趣　□懶怠　□憂慮　□恐慌　□掌控　□覺醒　□心流

除了使目標活動盡量符合心流發生原理的三大特徵，另一個進入心流的必修技能是：能主動調用認知能量在任何時間做任何事時，迅速進入高度專注狀態。

# 專注力控制：進入心流的基本功

你的情緒日記一直在寫嗎？請記住只有經常排出內心的熵，才有專注做一件事的條件。

契克森米哈伊在闡述心流原理時經常提道：「當精神熵過高的時候，大腦的做功效率很低，大量認知能量都被內耗掉了，一旦進入心流，認知能量就會圍繞著一個目標、向著同一個方向高效做功。」已故奇才賈伯斯在一次受訪時也說過一段類似的名言：「專注和簡單是我的梵咒，你必須更努力地工作來使你的思想乾淨、簡單，因為一旦你做到了，你就可以移山了。」我相信他展現給世人偏執一面的背後必定流淌著心流。

專注是觸發心流最核心的條件。史丹福大學認知與神經系統實驗室的一個團隊發現，當人進入心流狀態時，一個與專注相關的神經網絡——「注意執行網絡」啟動，並同步關閉與走神相關的神經網絡——「默認模式網絡[6]」。一個人能迅速進入高度專注狀態，便有機會進入心流，經常停留在心流狀態又能使他的專注力更收放自如，日後進入心流會越來越容易。在形成了這樣的正循環後，這個人在工作學習外的生活中也不會心不在焉，休閒娛樂時更容易投入，面對美食時能細細享

---

6. 2011 年，史丹福大學教授魏諾德·梅儂（Vinod Menon）提出一個由三個主要大規模腦網絡組成的三重網絡模型（Triple-network Model），其中包括中央執行網絡（CEN）、默認模式網絡（DMN）和突顯網絡（SN），為心流機制研究提供了一個新角度。

受，當家人或朋友需要傾訴時會專心聆聽，面對意外時能迅速洞察本質、處理危機……無論是不是為了打開心流之門，能隨時隨地進入專注都是提升人生品質的重要能力。

專注力就是聚焦的能力。你小時候也玩過放大鏡吧？當在太陽下握著它幾經嘗試移動旋轉，終於匯聚到那個最高溫的小點時，便開始幻想自己手握著一種超能力，甚至能給地球燒出一個穿越南北極的小洞。如果這時太陽被雲朵遮擋或你手一抖失去了焦點，這個小點便突然黯淡或者散成一團模糊的光——做超人的幻想破滅了。

圖 28　專注 vs. 不專注

將認知能量集中一處就好像將陽光聚焦到那個小點上，既要盡量讓它不遊走又要保持它不失焦。我們對專注的控制力也是如此，主要展現在兩個方面：一是走神時能否迅速察覺，二是聚焦狀態能持續多久。

現實中的我們隨時都在受到外部干擾和自我干擾。有一個 2005 年對於碎片化工作的研究[7]顯示，當一個沉浸在一項任務中的人接到電話或者聽到有人敲門時（外部干擾），大約需要 22 分鐘才能重新回到專注狀態。

---

**7.** 見 Mark, Gloria & Gonzalez, Victor & Harris, Justin. (2005).

而如果是自我干擾，比如忍不住看一會手機，即使很快回到工作中了，還是需要 29 分鐘恢復到最佳狀態。很多人發現只要自己一到要做事的時候，就會感覺全世界的風吹草動都是誘惑，於是首先想控制風和草。控制的方式就是去圖書館這類干擾小的地方學習、把手機這類分心物靜音，甚至在進入重要任務時乾脆關機等。這些方法在某種程度上是有效的，但很不自然——如果某件事非得這樣才能繼續下去，你是不是應該先檢討一下自己是否真心喜歡做這件事呢？

## 迅速專注：建立狀態轉換的強關聯

干擾不僅是生活的一部分，且屬於不可控的那部分。事實上，即使沒有上面說的那些干擾，人在做一件事時也會頻繁在專注和走神之間遊走，尤其在每一次任務「冷啟動」的時候（從休息／娛樂模式切換到工作模式）。比如我每天吃完早餐，休息幾分鐘後打開電腦寫作的頭 15 分鐘裡，只能專注 30 秒寫下幾句文字，寫完後就開始走神，轉頭看一下在旁邊睡覺的貓，回過頭來時突然有了靈感再寫 30 秒……頭 15 分鐘就這麼在走神和專注間循環。度過了「冷啟動」期後的專注力就趨於穩定了，這時如果能保持專注寫作，有時便能進入心流狀態，享受幾十分鐘深度沉浸其中、一氣呵成寫下好幾段的快感。

所以我們對專注的控制並不在於能不能杜絕走神（不太可能也沒有必要），而在於能不能在「冷啟動」時迅速轉換到工作狀態，以及走神時能不能很快察覺到。「萬事開頭難」，難的也不是這件事本身，而是難在進入狀態。我們都有這種經驗：想好了今天要拖地卻一直拖拖拉拉，但只要拿起拖把抹去眼前地面的第一塊汙漬，很快整個屋子就打掃完了。很多時候我們遲遲進入不了工作狀態，正如史丹福大學行為設計實驗室創始人 B.J. 福格在他的《設計你的小習慣》（*Tiny Habits: The*

*Small Changes That Change Everything*）中強調的，是因為沒有在前後狀態轉換的關鍵節點形成**訊號─微行動─正回饋**的提示強關聯。

　　還記得之前說的，像玩遊戲一樣為自己設定一個有儀式感的獎勵機制嗎？我有個習慣是每天在早餐和午餐後、寫作開始前，為自己煮杯咖啡帶去書房，所以銜接休息和工作的關鍵節點就是這杯咖啡。於是我為自己定了一個規則──在喝下第一口咖啡後（訊號），馬上集中注意力寫三行文字（微行動），寫完了就得意揚揚大聲彈個指「我做到了」，再喝一口咖啡（正回饋）。

　　對你來說也是一樣，首先是找到休息/娛樂模式的最後一個動作做為提示訊號，比如為杯子加滿水或上個洗手間，如果實在沒有就給自己創造一個小習慣，或者撒一點精油以氣味做為關聯訊號也行。然後進入工作模式的第一個微行動必須明確且能在短時間內完成（比如1分鐘內），「開始寫作」和「寫三行文字」都不夠明確，「馬上集中注意力寫三行文字」才是一個能幫助迅速切換狀態的微行動。最後的正回饋──大聲彈指，看起來有點傻，但我剛開始確實是這麼做的，反正屋子裡除了貓也沒別人。一個小小的有鼓舞感的身體動作，比如對自己豎個大拇指或咧嘴一笑，都能在我們的記憶中建立獎勵意義。如果周圍有人不方便的話，在心裡做這些動作也可以。

　　要扎實地形成強關聯，只靠在腦中串聯訊號、微行動、正回饋三個要素是不夠的，福格博士有個很好的建議──把它們寫在便條上，並貼在你要做某件事時必定會看到的地方。總之，當這種強關聯在現實中反覆幾次後，萬事開頭就不是很難了。來，試一下。

當收到（訊號）＿＿＿＿＿＿＿的時候，我就馬上集中注意力（微行動）＿＿＿＿＿＿完成後我會（正回饋）＿＿＿＿＿＿，因為這代表著自己已經順利進入工作模式了。

## 覺察走神

　　只要有了這麼一個打開工作狀態的注意力熱身，後面的走神也不用太擔心，但需要對它的出現頻率有所覺察。

　　我個人經驗是：相較於前 15 分鐘每 30 秒走神一次，隨著任務的深入，比如做了大量筆記、構思開始成型時，走神的頻率會降低，大約每專注 10 分鐘會走神 1 次，1 小時內能察覺到的走神有 5 ～ 8 次。再往後走神頻率會越來越低，除了被「三急」喚醒，寫作幾乎不會再中斷。肯定有人要問：「你怎麼知道自己在走神？」很簡單，也是因為收到訊號──喝咖啡的動作。由於這個動作已經在潛意識中建立了正回饋獎勵，當我感受到壓力想逃避時，會不自覺地做出端起咖啡杯（不管裡面的咖啡喝完沒）這個讓自己有良好感覺的動作，這時候就察覺到注意力已經從任務上飄走了。

　　覺察到自己的注意力正遊走在其他地方時，也不要馬上責備自己，有時候我們確實需要休息一下來恢復認知能量。但如果次數太頻繁，就表示不是因為累而是習慣性走神，需要立刻把它拉回到目標任務上。我對自己設定的標準是每小時不超過 8 次走神就屬於正常範圍（進入心流的標準會高很多，但平常不用去強求），你需要根據自己做的事情的性質（比如是更傾向思考型、創作型的，還是更傾向程序型、執行型的；是挑戰超過能力的，還是能力綽綽有餘的）和自身情況來設定這個標準。你在開始一項任務時也可以試著留意自己的走神情況。

我覺察到自己的走神頻率大約為每小時＿＿＿＿＿＿＿＿次。

**覺察走神**是專注控制的基本功，如果想進入心流，便要具備一個升級能力：**持續專注**。

## 增強持續專注的練習

心流的形成是一種涓涓細流匯聚成河的過程，它會在人的注意力不間斷地由弱至強時悄然而至。因此進入心流對專注的「持續性」要求極高，哪怕很短時間的中斷都能使人脫離心流的匯聚進程。那麼要保持多久呢？《冥想》（*Meditation and Its Practice*）的作者斯瓦米・阿迪斯瓦阿南達根據自己的體驗和觀察，提出過一個很有意思的量化標準：單次持續專注的單位為 12 秒，進入深度思考需要的持續專注為 12 × 12 秒（兩分半鐘），而要達到中等強度的心流狀態需要 12 × 12 × 12 秒——至少 29 分鐘的持續專注！

拋開追求心流，日常做一件事時能達到每次持續幾分鐘的專注已經夠用了。但是，如果你發現自己無論做什麼事，每次能持續專注的時間都只有幾十秒，那就有問題了，或許需要透過一些方法幫你找回專注的感覺。

首先，持續專注意味著減少切換。看一下自己手邊的東西是不是都觸手可及、是不是在需要時不用停下來起身去找？這就是減少不必要的肢體動作切換。再想一下自己的工作方式，是不是按照輸入—加工—輸出進行？比如學習時先閱讀再思考，然後寫下筆記，而不是先閱讀，然後喝口水思考剛讀了什麼，發現記不得了再回頭讀。這是避免多餘的認知流程切換。最後想一想任務相關區和非相關區有沒有分區？電腦上是不是只打開了與任務相關的視窗且都排列有序？（如果顯示器夠大，強

烈建議分割畫面，非專案相關的干擾 App 放到另一畫面。）這是防止頻繁切換注意焦點。

　　然後可以試試這個練習——找一本以你當前能力讀可能有點費力，但認真讀可以理解的書（不能是純娛樂消遣的書或雜誌，也不能聽有聲書），找一個無干擾的安靜環境，盡力保持專注地讀，直到覺察到自己在走神就馬上停。停下後先計算一下自己讀了多久，再看看實際時間過去了多久。如果感覺上的閱讀時間比實際時間（比如 1 分鐘）更久，表示你當前的單次持續專注時間上限低於 1 分鐘；如果感覺時間和實際時間（1 分鐘）差不多或更短，表示你的單次持續專注時間至少有 1 分鐘。然後打開手機計時器，前者的情況將基準線設定為 30 秒（實際時間的一半），後者的情況將基準線設定為 60 秒（與實際時間一致），訓練自己在鬧鐘響之前保持專注閱讀狀態。每天一有空就練習幾次，根據結果一點點提升持續專注的時間上限，直至某天能達到深度思考所需要的 2.5 分鐘以上。當然如果你對自己有更高的期望，甚至希望觸及心流，可自行提高標準。請在下面寫下你的情況。

　　我當前單次持續專注時間的基準線是＿＿＿＿＿＿＿＿＿＿＿＿＿＿＿＿。

　　我期望未來能達到的單次持續專注時間是＿＿＿＿＿＿＿＿＿＿＿＿。
　　（建議的目標範圍為 2.5 ～ 30 分鐘。）

　　習慣這個練習後你可以進行一些改造，比如帶著這本書去一個咖啡店，看看自己在有輕度干擾（咖啡店內）和中度干擾（咖啡店的戶外就餐區）的環境中，單次持續專注時間的上限是多少。趁著每次去喝咖啡時順便做這個練習，提升自己在干擾環境中的專注力。這時候你對自己的專注力已經有數了，也知道進入專注狀態時是什麼感覺，便可以在整

段的真實任務處理時間裡開展練習，重點也不再是關注單次持續專注時間有多久，而是整體上你能保持多久中等以上的專注狀態做一件事。比如原本你可能畫畫不到 10 分鐘就覺得時間好慢，想馬上站起來玩下手機晃一圈，現在可以專心致志沉浸在畫畫中 1 個小時也不怎麼累——這就是在和心流握手的訊號！

如果你有狀態轉換困難和專注持續度低的問題，請在平常多試試上面提到的這些練習，同時也別忘了複利效應原則——高頻進行、長期開展、堅持量變到質變。

最後除了刻意訓練專注力，在生活中更需要融入專注。想一想，難道我們只是在做正事時不專注嗎？淋浴的時候，我們站在高級的霧化淋浴蓮蓬頭下，腦子裡想著老闆白天說的話，突然又想起帳單好像還沒繳，根本沒感覺到溫暖而細膩的水霧在按摩身體。洗完澡出來，伴侶做好了一頓色香味俱全的晚餐，你坐下開始埋頭猛吃，全然感受不到這些美食劃過味蕾的感覺，也不記得伴侶和你說了些什麼。我們會為自己購買最高級的咖啡豆、產地最好的葡萄酒，但我們真的有好好品味過，哪怕細細聞過一下嗎？

每一天大腦的慣性認知在運行著「淋浴」、「吃飯」、「聊天」等預設行為模板，但我們的意識沒有專注於當下的體驗——行為和感受分離，是當今都市生活狀態最真實的注解。如果這時候身邊還有他人打量，這種腦子不在所做的事情上的現象就更明顯了：本來專心致志在徒步，突然發現有人在看你走路，於是馬上把注意力放到手腳擺動上，結果越注意姿勢越僵硬。日常經常體驗到心流的人則相反，洗澡就是洗澡，走路就是走路，吃飯就是吃飯，交談就是交談，他們懂得讓這種身心合一的慣性覆蓋到生活的各個方面。

控制自如的專注力是保持內心秩序的必要條件，但它不僅僅是一個

功能性的工具，更是一對幫助我們抓住日常生活中那些生機的眼睛。而心流之所以會被稱為終極的幸福源泉，不是因為那些膚淺的多巴胺，而在於它本身就是一種將專注感受融入日常的體驗式生活，即所謂「沉浸的人生」。

那麼那些能隨時隨地進入深度心流的高手們是什麼樣的呢？我們繼續往下讀。

# 「沉浸的人生」：高手們的心流世界

　　契克森米哈伊在 40 多年前觀察到一個著名的現象：在大多數人衣食無憂後，反而變得快樂不起來；然而還有少數人，主要是全年都在從事自我挑戰型和創造型工作的專業人士，比如象棋棋手、高爾夫球手、花式滑冰運動員、作家、畫家、作曲家、舞者、小提琴家、攀岩者、物理學家、科技創業者、外科醫師等，這些人無論物質條件如何變化，依然有著穩定的、顯著高於平均值的幸福感。

　　於是當時擔任芝加哥大學心理學系主任的契克森米哈伊在 20 世紀 70 至 90 年代，帶領團隊行遍世界各地，透過訪談挖掘這些人一生中什麼時候感覺最佳、表現最好，並花了整整 20 年追蹤研究他們究竟有什麼共通性。和他交談過的每個典型對象幾乎都提到了一種不同平常的體驗，便是在自己狀態最佳時有一種意識在漂浮和流動的感覺，這時候每個決定或行為都是自然流動、無縫銜接的。最後基於數十萬個隨機樣本的結果，契克森米哈伊提出了這種與潛能發展和精神和諧直接相關、表述了全身心投入的生命狀態——心流。

## 心流高手們都是什麼樣子

　　這些能輕鬆進入心流的高手們有什麼共通性呢？不是人們通常以為的有某種天賦，或者某種人格特質，而是他們都喜歡處於這種日常狀態：**做的事高度複雜，生活方式非常簡單。**

　　透過一系列訪談，契克森米哈伊發現這些人對大眾普遍認為屬於放

鬆享受、能獲得滿足的活動，比如喝酒、晒日光浴、購買精品、參加名流派對或享受財富帶來的「特權」等並沒太大感覺，相反地，他們愛透過那些費力困難、需要解決某些問題的活動獲得自己想要的感覺——因為沒有哪種享樂的快感能超過心流。對有些人來說，單純的享樂不僅毫無樂趣，有時候還是折磨。

　　Apple 已故 CEO 史蒂夫・賈伯斯十幾年只穿同一款的三宅一生黑色高領衫，Facebook（現在的 Meta）聯合創始人馬克・祖克柏的衣櫥裡也是清一色的灰色 T 恤和灰色帽衫，他們的解釋都是不願意將注意力和時間花在選衣服這些低價值的事務上。自此無數人將其奉為「偏執狂才能生存」的矽谷極簡主義並紛紛效仿，儘管大部分人未必真的對這種生活方式樂在其中。其實賈伯斯和祖克柏的選擇和近百年前的青年愛因斯坦（他每天總是穿同一件舊毛衣和一條鬆垮的褲子，哪怕是見客人）如出一轍：挑選衣服這種每天要反覆做的事占用不到幾分鐘，但對注意力的干擾可能會讓他們整整一小時的思考脫離軌道——這種精明的理念對大部分人來說其實很矯情。為什麼有人會去追捧那些不適合自己的理念？因為人人都想成為這樣的頂尖高手，但不知道如何實現，只能透過效仿眼睛所能看到的那個衣櫃開始。

　　在媒體上，我們也經常能聽到一些名人說類似這樣的話：「我不關心別人怎麼看，只想做好這件事。」有人認為這只是作秀，有人把這句話也奉為自己的「人設格言」，更多人則會懷疑，說這些話的人是真心的嗎？有些是，有些不是，誰知道呢。但真正從心流中汲取到生命意義的人確實和外界有某種隔離，他們在做自己的事時太投入了，以至於顧不到對自我進行保護，自然也注意不到外界的竊竊私語。袁隆平老先生就是個例子，當已處高齡的他依然頂著烈日下田時，網路上也曾有少數「鍵盤俠」肆意評論袁老下田是在作秀，是帶著其他目的的。有的人

從來沒有體驗過什麼叫「沉浸的人生」，他們確實不會相信這個世界上真的有些人單純只想沉浸在為自己帶來意義感的事中。

事實上除了「鍵盤俠」，心理學家們也長久困惑於一個類似的謎題：為什麼有的人會在沒有外部獎勵（比如經濟回報、被讚譽、被關注）的情況下，還會抱著極大的熱情追求一個目標？這個問題問得直白點就是：他們圖什麼呢？背後的假設則是——人做一件事的內在動機，一定是基於某個期望的結果。契克森米哈伊透過幾十年的研究給出了不同的答案——不，有些人的動機來自過程本身，並舉了一個親眼看到的事為例。一名畫家在高度投入狀態下能持續作畫一整天，不休息、不進食，也沒有飢餓感、疲勞感和不適感，心智完全被巨大的創作熱情占據。然而一旦創作完成，審視過自己的畫作後，畫家很快就對這幅畫不再關心，開始思索下一次創作。

## 過程即目的：心流的自成目標

心流程度有淺有深。淺層的心流透過主動參與符合心流特徵的活動就可以獲得，比如下棋、跳舞、釣魚、戲劇等，哪怕蹲下來靜靜觀察清晨的露水從花瓣上逐漸消失。而深層的心流通常來自具有高度創造性（不僅限於藝術創作）和要求極致專注的活動（比如攀岩、競技比賽）。無論是哪種程度的心流，它們的共同點都是：過程本身就是目的，而不是結果，即自成目標。

「過程即目的」聽起來抽象，其實用一個字概括就是：玩。玩的目的是什麼？就是享受玩的過程。很多人喜歡玩拼圖，它的樂趣來自親手將一盤散亂的碎片逐漸拼成一幅畫、從無序到有序的過程。但成人的問題是，很多人在完成後會不捨得重新打亂它，卻不知道完成後的愉悅叫做成就感，不是樂趣本身；孩子們專心致志地將沙子堆成了一個城

堡，一陣尖叫狂喜後就會一起把城堡推倒變回散沙，「讓我們再玩一次吧！」——小孩子往往比成年人更自然地知道樂趣從哪裡來，沒有那種抓住結果不放手的執念。

## 極致的心流：自我意識消失

人們對心流還有個常見的誤解——這是一種從頭爽到尾的體驗。其實恰恰相反，一個人處於深度心流的過程中並不會有興奮、開心、愉快等感覺，這些積極情緒，或者說快感都是任務結束、退出心流時才會集中湧現出來的；也就是說，**最極致的心流體驗是沒有感覺、沒有意識的。**

如果你在做一件事的過程中能時不時注意到自己，表示心流程度還不夠深，如果感到「好爽」，則表示現在已經退出心流了。還記得之前說過的負面情緒的作用嗎？我們之所以會感知到它們，是因為內心急著提醒我們糾正偏差。處於心流中的人不必費腦力多想，自動就清楚自己在做什麼、要去哪裡，行動有序，心無雜念，充滿掌控感，情緒自然就沒什麼跳出來拉警報的必要了。當陷入深度心流時，人的行為和覺知會融為一體（畫筆像是自己在動），失去了時間感（一般會覺得過得很快），而在這個過程中最奇妙的現象是自我意識開始消失，感覺不到周圍在發生著什麼。如果你去問一名短道競速滑冰選手，剛才比賽時聽到觀眾席有人歡呼他的名字時是不是特別受鼓舞，十有八九他會反問：「有人在喊嗎？沒注意啊！」

**自我意識消失**是一種非常療癒的體驗，它讓我們暫時和現實劃清界限，是對有效控制認知能量的獎勵。暫時忘我，一心一意應對眼前的挑戰，暫時忘記了別人在注視著自己，也忘記了進行自我批判，不會冒出「失敗了怎麼辦？」「我現在表現怎麼樣？」「我該不該做這件

事？」這些只會產生干擾的內心獨白。當自我意識隨著任務結束回到現實中時，它產生了變化，變得更豐富、更輕鬆、更有活力！一個熵值更低、能力更強的自己回來了！

人之所以是一種自尋煩惱的動物，就是因為在現實中自我意識太強，注意力隨時圍繞著「我、我、我」，而很少有人覺得這種蔓延已久的都市自戀症是個問題。以自我為中心的人，生活中總是一心一意想到自己，做一件事便也總是心猿意馬，目光只放在想控制卻往往無法控制的結果上──這便是「想太多」的本質。越自我、越沒成過事的人越容易變得「玻璃心」，總覺得身邊圍繞著審視自己的觀眾，一方面注定與發自內心的樂趣無緣，另一方面總在清醒狀態下不停咀嚼自己的不良情緒，徒增精神熵。而在冷酷堅硬的現實面前，這個從未體驗過自我意識消失、隨時保持著清醒的群體，更會不約而同地將「變得成功」視為解決一系列痛苦的解藥。

## 我們能從心流高手們的身上學到什麼

大部分人都渴望世俗意義上的成功，所謂向高手學習也只是想偷學他們成功的祕訣，於是便會將那個掛滿同款 T 恤的衣櫃腦補成通往成功之路的啟示。當他們看到成功者們每天早起、拚命工作時，多半會感嘆一句：「這麼有錢了還這麼勤奮。」背後的意思是「所為何來啊？」因為勤奮對大多數沒有自成目標的人都是辛苦的，持續勤奮更是需要強大的意志力。那些成功者確實勤奮，但殊不知他們並非天生工作狂，也不是具有超出常人的意志力，而是因為找到了一個如磁鐵般吸引自己心甘情願投入的目標，恰好做這件事還給他們帶來了價值，於是在玩得越來越大的過程中成功了。

如果成功需要拚的只是勤奮，可能沒人拚得過人稱「中關村勞模」

的雷軍。

20 世紀 90 年代初，剛從武漢大學畢業的雷軍沉浸於寫程式，因為覺得市面上能買到的程式書水準參差不齊，他乾脆自己寫了一本更有系統的《深入 DOS 編程》，還成了暢銷書；然後 23 歲的他加入金山軟件，29 歲就成了公司總經理；31 歲，雷軍第一次創業，創辦了卓越網，4 年後以 7500 萬美元的價格賣給了亞馬遜；同年，雷軍回歸瀕臨破產的金山軟件，力挽狂瀾將老東家救了回來，隨後於 2007 年金山上市後功成身退，做起天使投資人；在 2010 年，雷軍創辦了小米，8 年後小米上市，估值 539 億美元。

雷軍不是含著金湯匙出生的特權階層，他的人生也沒有開過掛。雖然這番成就主要來自極高的天賦和極強的內源性動機，但最為大眾津津樂道的還是他的勤奮，因為勤奮最容易被看到和量化，自然也就容易去模仿。學生時代的雷軍一天用功 12 小時，那有人就用功 14 小時；雷軍把每天的時間分割成以半小時為單位，那有人就以 20 分鐘為單位制訂計畫……你覺得這個人在大學畢業後，能重現雷軍的一系列成功的機率有多大，哪怕只是接近？

做出勤奮的樣子很容易，難的是全身心投入的勤奮，更難的是一天十幾個小時，年復一年，天天如此勤奮——如不是，絕大多數的勤奮都只是在消耗時間。因此雷軍曾說過這句名言：「不要用戰術上的勤奮，掩蓋戰略上的懶惰。」戰略上是什麼呢？我的理解，便是要借力深度心流，在推動自己不費力地投入勤奮狀態的同時，隨時保持清晰的目標感。勤奮只是表象，隱藏在背後的心流特質才能支撐長年累月的高度專注，追逐自成目標。

雖然我不知道雷軍是否聽說過心流，但可以確定這個人就是天生的心流高手。曾經還是中學生的他就沉浸於圍棋這類最典型的心流活動

中，還拿過全校冠軍，可以說從小就在不知不覺實踐「沉浸的人生」。如果拿「多維熵值／熵型評估量表」給雷軍測一測，十之八九他是精神熵極低的「海豚型」。人們老覺得雷軍是常年辛苦的「勞模」，我相信對於他本人來說，對「辛苦」大概有著和多數人不同的概念，樂在其中應該是更恰當的注解。沒人能僅靠意志力長期開展一項承載人生意義的活動，在沒有樂趣的情況下，刻意強迫自己努力更是費力低效，只有心甘情願地全身心投入才會產生持續的複利效應。雷軍的成功看起來驚人，其實機率高是必然的，早晚而已。

不覺得辛苦，反而樂在其中，這裡面最核心的支撐力就是內源性動機。前面關於熵減實踐的章節裡已經提過內源性動機（以及外源性動機和模糊性動機），但沒有要求必須在這種動機下開展行動目標，因為相對於這個一生的課題，先透過一件對成長有益的事採取行動更重要。能輕鬆進入心流，最後獲得高度成就的高手，幾乎都是由內源性動機驅動自己持續行動的，也是我們熵減實踐的遠景目標。在你不確定一個人生目標能不能由內源性動機承載時，可以試著問自己這樣一個極端的問題：「如果做這件事沒有錢、不會出名、沒人誇獎，甚至不會有人知道，但需要天天投入其中，我還會對它抱有熱情嗎？」這種層級的目標自然可遇不可求，一旦出現，以前你最想要的那種成功往往會高機率實現，只是這時候的你也沒有那麼在意了。

成功是個捉摸不定的「訪客」，我們越是對它牽腸掛肚，越有可能和它擦肩而過。更重要的是，以「變得成功」為目標做一件事時是不會有心流的，而在心流缺失的情況下去挑戰一件困難的事，確實也只能指望意志力了。當我們能在做一件事的過程中感受到泉湧般的靈感和樂趣時，無論它是不是能帶來成功都不枉此行。如果有幸遇到既能帶來樂趣又充滿挑戰的事，只要能堅持全身心的投入，我們就已經踏上成功這樣

的祕密「訪客」時不時會經過的路上了。

當然那些充滿挑戰的事經常也會在逆境中出現，這對大部分人而言是「坎」，是「命運的毒打」，哪有什麼樂趣？這點也是常人和高手最大的不同——拿契克森米哈伊的話說，在心流中穿行自如的人都有一種「自得其樂的性格」，也就是能在一般人無法忍受的逆境中找到樂趣。

其實我們的父母輩中有很多具有這樣的性格，即使在最艱難、最無望的時期，他們還是能在生活的夾縫中過好每一天，無論白天多麼勞累或者遭遇不公，回家後依然有興致打開收音機，與伴侶翩翩起舞。當人生遇到威脅時，比如遭遇失業，擁有這種性格的人傾向於把威脅視為充滿樂趣的、迎接挑戰的機會，因此內心不容易崩潰，而沒有這種性格的人則會將威脅視為壞事臨頭，一有機會就想躲避。高手們對解決問題有癮，越困難、越複雜的事，對他們來說樂趣越大，也越容易使他們進入深度心流，所以他們歡迎挑戰。同時真正意義上的成功者（不是靠繼承、投機、欺騙、玩弄權術和特殊關係獲得成就）也會拒絕任何形式的不勞而獲，這並不是因為自身的道德要求或顧慮外界的看法，純粹是因為他們深知沒有付出就沒有樂趣。

心流高手們的特性，總結一下就是：**見識複雜、意識簡潔、專注過程、自成目標、覺知一體、充滿掌控**。每一個人，也包括我自己，都希望能在熵減實踐之路上借力心流，收穫一個「沉浸的人生」。進入心流是如此之難，但越難的事才越值得做，這就是我從那些高手們的身上學到的東西，希望你也贊同。

第八章

# 持續幸福的支點

. . .

**你將從本章了解到**

- ☑ 愉悅的幸福和滿足的幸福有什麼差別
- ☑ 做什麼樣的事能累積心理資本
- ☑ 如何提升自己的創造力
- ☑ 如何正確看待利他
- ☑ 人為什麼需要藝術

. . .

# 愉悅的幸福，滿足的幸福

## 將「愉悅」最大化

如果你眼前有一份美食，你會如何將享受最大化？是一口一口慢慢吃，還是狼吞虎嚥將味覺的刺激在最短時間內放到最大？

我在面對一份安格斯起司牛肉堡（雖然意義上不算真正的美食，但它確實能在疲勞寫作後帶來快樂）時的做法是：第一口要略大口地咬下去，然後細細嚼慢慢嚥，將注意力放在味蕾上捕捉牛油滲出的香味，並仔細咀嚼牛肉的質感，再後面就一口一口正常享用。

為什麼要這麼做呢？因為享用美食的幸福感來自「愉悅」（Pleasure）。愉悅是一種眼前的幸福，它不需要思考，特點是快速喚醒並轉瞬即逝。我們對愉悅的獲取不需要學習，因為基因裡早就將本能需求與人類感官（味覺、嗅覺、觸覺、視覺、聽覺）立刻獲得的愉悅捆綁在一起了。除了享用美食、撫摸毛茸茸的小動物、做個 SPA、細嗅花香、看部電影、坐雲霄飛車都能帶給我們愉悅的正面感受。但是這種愉悅很難填滿整個人生的長度，因為它們都是暫時性的。此外，為了滿足本能需求，往往一開始的強度會達到最高峰，然後隨著欲望被填滿開始斷崖式下滑——這就是為什麼第一口牛肉堡、第一口可樂能拉滿愉悅感，隨後第二、第三口就普通了，到第四口或許就會想「我是不是攝入太多熱量了」。所以想將愉悅的享受最大化，需要在開端就強化刺激，集中感受。

這就是神經反饋機制的特點：它在接收到外界刺激時會促使大腦釋放多巴胺，而一旦刺激達到閾值就不再敏感，變得懶懶散散，使高漲的愉悅平復到索然無味。想再獲得同樣的愉悅，要麼像跑跑步機那樣不停獲得刺激，要麼隔段時間再試，而那時候需要的刺激則更強。即使隔段時間再試，不同的活動需要的重新喚醒時間也不同，這些活動進行得越頻繁，需要喚醒的時間間隔也越長，最終這些愉悅都會被淹沒在日常生活中，隨著欲望一起消失不見。

## 「滿足」：心理資本的投資

如何在生活中得到愉悅不用人教，每個人都清楚什麼能給自己帶來這種類型的幸福感，但它太簡單，缺乏變化。另一種更高層次的幸福感則來自「滿足」（Gratification）──上一章中代表「沉浸的人生」的心流便是這種幸福感的來源之一。馬汀‧賽利格曼借用經濟學中「資本」的定義對此做了一個很妙的比喻。

社會資本是我們透過互動累積出來的資源，而文化資本是我們從祖先那裡繼承而來的，它豐富了我們的生活。那麼有心理資本嗎？如果有，我們該如何去獲得？當我們做愉悅的事時，我們很可能是在消費。香水的味道、草莓的新鮮滋味、按摩頭皮的舒服都會帶給我們暫時的幸福感，但是它們對未來沒有任何幫助。相反地，當我們體驗心流時，我們在建構未來的心理資本……我們可以認為愉悅是生理上的滿足，而滿足是心理上的成長[1]。

賽利格曼這段話指出了「愉悅」的本質：它是心理資本的消費。而

---

1. 取自馬汀‧賽利格曼的著作《真實的慨樂》（*Authentic Happiness*）。

「滿足」是心理資本的投資，它是認知思考和付出努力後的結果，有著層次豐富的變化，不會像本能欲望驅使的「愉悅」那樣總是觸到閾值後消退。更重要的是，「滿足」這種更高級的快樂是一種能持續到未來的幸福，它和投入並駕齊驅，撐起了幸福三角的另一個支點──**意義**。

「意義」這個詞和「幸福」一樣聽起來虛無縹緲，還充滿濃濃的雞湯味，難怪今天越來越多人對這兩個詞很反感，甚至因此抵制正向。但需要清楚的是：那些雞湯之所以於心靈無益，因為它們通常缺乏科學依據，並且一些勸告總是站在道德和社會規範高處進行想當然耳的歸因，比如勸人行善幫助他人（這本身沒錯），它會說生活的不幸讓人更能理解他人的痛苦。而事實上，正向心理學的研究發現，生活幸福的人更容易做出利他行為，因為人在幸福中時，不會一直把注意力放在自己身上。更多行為心理學的研究也表明，讓利他主義者們經常伸出援手的並非高尚的美德，也不完全是出於愛心，而是幫助他人獲得比純利己行為好得多的自我感覺──本質上，利他是另一種形式的高度利己。真正無條件地感同身受，也就是共感（Empathy），往往發生在自己的基本需求先得到滿足之後。

心理資本和物質資本一樣，需要先完成原始累積才能有餘力用它惠澤他人。追求「有意義的人生」，在某種程度上，就是亞伯拉罕·馬斯洛在他的需求層次理論中所指的「自我實現和超越」──意味著充分地、活躍地、無我地體驗生活。自我超越者以自己的價值判斷引領生活，不再依靠他人來求得安全和認同，反而能有充足的心理資本給他人帶來啟發。

## 累積心理資本，拒絕不勞而獲

那麼做哪些事最利於累積心理資本呢？我總結了三類事：

- 需要創造和思考，既有輸入也有輸出，有別於純輸入的事。
- 為他人帶來價值，能發揮自己的能力和優勢解決他人難題的事。
- 與現實保持界限，以悅己為初心，不需要為取悅他人而做的事。

對應的賺取心理資本的活動分別是：**創造、利他、藝術**。做這三類事，是為了讓我們自己獲得基於「滿足」的幸福，而同時也會對社會和他人造成積極影響。這三類事有一個共通性：**必須親身付出努力**。一件能建構意義、帶來滿足感的事，必然不是透過捷徑做成的。比如我現在寫這段話時，正吃著一份鮮美的海鮮飯，顆粒分明的米粒滲著濃郁的咖哩香，夾雜著貽貝、墨魚、海蝦和青紅甜椒粒。品嘗這份海鮮飯給我的味蕾帶來很多愉悅，但也僅此而已了，因為這飯是朋友做好了帶過來的——咖哩不是我熬製的、海鮮不是我處理的，我只是走了個捷徑得到了它，不需要任何付出和努力，所以累積不到心理資本。

是否不勞而獲——這也是我個人對一件事是否值得做的一個最根本的判斷標準。現在那些養生微商鼓吹應該喝這個、吃那個，然後你就端著碗加了「絕密大料」的湯水坐等健康自己來敲門；這些年很流行某種「音療」，你什麼都不用做，躺在那兒閉著眼睛聽「大師」敲敲彈彈，就覺得「又好了」。

這些迎合人們不勞而獲心理的套路，為什麼這麼多人意識不到呢？因為被那些宣傳誘導了：明明是個消費行為，卻被偷換概念成自己在「付出」。真正想健康起來，得透過運動讓身體「活」起來，而這必須親身付出汗水和體力；真正有效的音樂療癒是有理論體系的，受療者必須親身參與這些聲音的製造，用自己的身體去感受它們帶來的律動。其實追求「滿足」的幸福，包括追求心流，都是很反現代的一種理念，因為它倡導的是拒絕操控、回到原點、自我主導，踏踏實實鑽研一

件有價值的事——今天這時代，最缺的就這個。

　　基於「愉悅」的眼前幸福其實我們都不缺，未來的持久幸福之源——創造、利他、藝術，是需要我們主動去獲取的。下面一個一個說明，先從「創造」開始。

# 創造：幸福感的高峰體驗

　　和動物相比，我們不僅有思考的能力，還能在思考後去做一些無關眼前生計、只為滿足好奇心和激情的事，其中「創造」是離這種滿足最近的一個。

　　幸福語境下的「創造」不是特指發明和創新前所未見的事物，它可以是一種解決問題的新方法，也可以是思考問題的新視角。總之，在求知欲驅動下任何付出努力的嘗試，都是在創造。因此創造並不是藝術家和科學家的專利，它屬於所有好奇的人。

　　童年時住我家樓上的小朋友是個「科學狂人」，我們一做完作業就會一起翻著字典讀《飛碟探索》，對不明飛行物（UFO）幾近痴迷。有一天，他很神祕地說，週六晚上 12 點後有機會在陽臺上看到 UFO，還繪聲繪影地描述，當它接近社區時天空顏色會如何變化、街頭的野貓野狗會如何亂竄。畢竟還是小孩子，已經被巨大興奮沖昏頭腦的我沒有質疑一句「你怎麼知道的」，馬上拉著他研究怎樣才能獲得最佳觀測效果。我們「腦力激盪」了半天，最後決定用整整一週的時間突破一個大挑戰：將他爺爺的一副雙筒軍用望遠鏡改造成更高倍數的單筒望遠鏡。結果可想而知，改造效果差強人意，UFO 自然也沒來，但那一週的高峰體驗令兩個孩子終生難忘——這就是創造帶來的巨大回報。

　　創造是一種將複雜打散再整合的過程，它帶來的高峰體驗和將混亂變有序的心流類似。但不同於失去自我意識和情緒感知的深度心流，人在深度創造的過程中反而會與自己的情感產生親密接觸。Adobe 公司

2012 年在多個國家基於 5000 多名成年人展開的一項基線研究[2]顯示,有創造力的人的日常幸福感比缺乏創造力的人高很多,差距達到令人驚訝的 34%!創造可以說是正向情緒的觸發器,高創造力的人對自身各種情緒都非常敏感,自己是無聊的、懈怠的、痛苦的,還是喜悅的,一清二楚,做一件事感到厭倦就離開,有好奇心了馬上回來繼續投入,他們無須用力覺察情緒就知道內心的狀態。在這個時代,這似乎是一種不常見的特質:我們中大部分人在自己的生活裡就像遊戲中的 NPC(Non-Player Character 的縮寫),需要時做出應該有的反應,無人注意時便在都市的鋼筋叢林中冷漠地行走,有時候甚至不知道自己是否快樂,在何時因為什麼而快樂。

## 激活創造力的離散模式

對自己的感受缺乏敏感,其實是創造力枯竭的表現。我在自序中提到的兩段「無感」經歷,就是處於這個狀況,只是當時的自己還不知道,這也是為什麼後來我接觸到心流後如醍醐灌頂。創造力枯竭不僅無法再進入心流,正常程度的專注都無法保證,這種狀況意味著複雜的意識已經從井井有條逐漸土崩瓦解,即使乾坐在圖書館冰冷的長椅上再久也無濟於事。那怎麼樣找回創造的感覺呢?答案是讓自己進入專注模式的反面:**離散模式**。

對,你沒看錯,前面我們一直在講專注,這裡要講如何科學地走神了。

想一想,你上次像在黑暗的車座上摸了半天安全帶未果、突然「喀噠」一聲扣上的感覺是在什麼時候。可能是在長時間淋浴時,可能是在

---

2. 研究報告見 Adobe 官網。

散步時；總之，就不是在集中注意力苦思冥想時。高度專注時的心流是最高效的模式，而當卡關卡到不行時最好停一停，轉換到一個創造力充電的離散模式。**離散模式是有意識的走神**，是我們主動選擇放鬆對注意力的控制，有目的地放任它以自己的方式工作。進入離散模式能幫我們重新連接舊的思路、引入新的想法，讓潛伏的念頭浮出水面，而在這個時候，一味地專注反而成了敵人。

具體該怎麼做呢？很簡單：不要去管腦子裡在想什麼，抽離出來，讓自己的心神到處流浪。

高度離散時的隨機流浪是最有創造力的狀態，這是在我第二次無感後才悟到的。當時手頭的研究在一個人際傳播理論上卡關，讀再多文獻、再用力思考也無法解決，我天天坐在電腦前警告自己，今天沒有一點突破不許去吃飯。結果可想而知：當意識到自己熵增到快憂鬱時，已經兩個星期過去了。直到有一天我帶著電腦去了「又一城」商場的 Pacific Café，想著一邊啃個牛角麵包一邊繼續寫，這時耳朵突然被店裡播放的音樂吸引住了──這不是我最喜歡的那首「來自伊帕內瑪的女孩」（*The Girl from Ipanema*）嗎？我把電腦放下，端起了咖啡，久旱逢甘露一般豎起耳朵捕捉著每一個音符，看著周圍來來去去的人，思緒不自覺地開始猜測那些人是什麼關係、在聊什麼、做出的反應是什麼動機……這個充滿樂趣的過程大概持續了幾分鐘，突然頭頂像被拍了一下──我知道這個理論缺什麼了！

過後我便經常帶著電腦到處找地方寫論文，咖啡店、酒吧、博物館、森林公園……還為此配了一個大容量的高電壓行動電源。此外，還愛上了長距離散步，曾經一篇論文的思路突破就產生於和學弟從窩打老道的學校走到尖沙咀天星碼頭的那一個多小時。而在這個過程中我也加深了對自己的了解：我是一個善於進入專注模式但不善於進入離散模式

的人；新的環境能帶我進入離散模式，而環境噪聲對自己的影響其實很小，如果想從離散模式切換回專注模式並不費力。

離散模式這種有意識走神的神奇之處在於，雖然我們的意識是在自由遊蕩，想解決的問題其實一直躺在意識和潛意識的交匯層，一旦有關聯的訊息出現，它能立刻幫我們捕捉並關聯起來。這就是和更常見的無意識走神（不知道自己在走神，毫無知覺地拿起手機）最大的不同。而它更好的地方在於它對每個人都很自由、友好，你可以像我一樣抱著電腦去咖啡店，也可以根據自己的喜好去健身、去看展、去按摩、去做手工，或坐在樹下發呆，只要不是習慣性地一從專注模式退出就掏出手機滑滑滑就行。很多人創造力枯竭的一個主要原因是：我們的認知能量沒有獲得充分的休息，它筋疲力盡了，所以散步、喝咖啡都可以讓意識漫遊充電。但看手機（類似的還有看電視這類被動活動）只會讓注意力更得不到休息，這不是在進入離散模式，只是在無目的走神。

要抓住創造帶來的幸福，我們既要為專注付出努力，也要為離散留出空間，讓身邊的環境賜予自己靈感。想維持創造的滿足，僅沉浸在心流狀態中是不夠的，還需要具備在專注和離散兩種模式間切換的能力，而這種能力是可以在日常訓練中得到的。

《僧人心態》（*Think Like a Monk: Train Your Mind for Peace and Purpose Every Day*）的作者傑・謝帝（Jay Shetty），曾在他的書中提到一項簡單但引人深思的調查：加利福尼亞大學洛杉磯分校心理系的研究人員問該系教職員工和學生是否知道最近的滅火器在哪兒，結果只有24%的人記起它就在填寫調查問卷處幾米外的位置，而在旁邊辦公室工作了25年的教授們居然完全沒注意過這個滅火器——可見對這些高知識族群而言，長期保持專注模式並不難，但對偶爾進入離散模式卻非常陌生。然後謝帝提出了一個很有啟發性的建議，鼓勵人們把注意力集

中在自己每天都會經過的一條路上，邊走邊觀察有哪些地方和前一天不同，提升覺察力和專注力。這個方法將原本冷漠的、機械的「路過」轉變為主動的、探索性的「發現和感受」，某種意義上便是在帶著心流創造生活。

都說 Deadline（最後期限）是第一生產力，對於享受創造的人來說，好奇心才是第一生產力。

確實，有創造力的人都特別敏於觀察、心態開放，他們對事物的看法和感受既與常人相似，又有相異的洞見。創造是一種追求先極致複雜再極致簡化的活動，有創造力的人通常也有著複雜的性格和簡單的行事準則，使他們能在離心的兩股力量間自如遊走、保持平衡。最重要的是，它能讓我們充滿活力、內心豐富多彩，並比常人更能接觸到自己的潛意識。

創造是幸福的活力之源。一起試著創造吧！或許你會發現自己離天才並沒有那麼遠。

# 利他：幸福感的持久祕訣

前面我們已經淺淺地涉及了一下「利他」，你對這個詞又是怎麼定義的呢？

成為一名利他者，並不是必須成為一個毫無私心的人——這有違人的天性，是不可能的。利他更不是指一味地無條件付出和幫助他人——這無法使自己的感知變得更好，也無法長久讓他人變得更好，是不應該的。真正的利他就像佛教中提出的「自利·利他」，是透過自己的努力讓雙方都獲益的那種可持續的、健康的行為。已故的京瓷（今天的 KDDI）創始人、經營之神稻盛和夫在他的《心。人生皆為自心映照》中也有一句類似的鞭辟入裡的歸納：「**利己則生，利他則久。**」意思是在持有讓自己幸福的「利己之心」的基礎上，在有能力的基礎上關愛他人、為他人付出，進而使彼此都感受到價值。

所以純利己折射出的是存量信念，也就是第二章中說的定型思維者的心態：這個世界的資源是固定的，給你了就意味著我損失。而利他是一種更高級的、對自身無損的利己。利他者持有的增量信念使得自己的善意最終能發展為增值的價值交換。

我在第一次嘗試創業時和所有創業者一樣，缺資金、缺「貴人」。當時項目雖申請了香港數碼港微創基金，但還在苦苦摸索方向。一個朋友給我引薦了一位已經退休的金融界前輩，說此人非常鼓勵年輕一代追逐夢想。那次見面我深感不虛此行，前輩給了我很多讓我茅塞頓開的好建議，還答應做我的名義顧問。

在陸續喝過幾次咖啡聊項目後，一天見面時，他提出願意提供給我一筆個人資金，我以為他要入股，沒想到他說：「這是無償的，我知道你一個拿學生簽證的非本地生在香港不允許合法打工，而政府基金按規定也不能用於生活支出，生活沒有保障是做不好項目的。」這確實是我當時最大的個人挑戰，一個沒有收入的窮學生還要從每月獎學金裡摳出來一些錢投入項目，滿溢的焦慮被前輩一眼看出。我思考了一下接受了這份好意，但沒有接受無償而是做為個人借款。

我承諾三年後還本息，並出於感激，股份依然按比例配給了他，於是他從名義顧問變成了實質上的團隊成員。幸運地是，兩年後我就把這筆借款翻了兩倍還了這位前輩，他先是驚愕，隨後也接受了，很開心地為家裡換了輛新車。自此我們成了無話不談、無條件互相信任的忘年之交。

這個故事原本不打算寫在書裡，但在寫到利他這個話題時，腦中首先浮現出的就是這位前輩的身影。當時聽到那個提議時，我也一直想不明白：他為什麼要幫一個只粗淺認識的窮學生，還是不求回報地幫助？接受他的好意之後讓我很長一段時間內心都不踏實，怕令前輩失望，唯有努力把事情做好。後來我終於明白了，他就是希望能給我這樣的壓力，以免我從伸展圈退縮回去。

## 真利他的吸引力法則

在這段經歷中我悟到了很多，不是所謂行善積德或善有善報，而是一個更樸素的道理：物以類聚，人以群分。

人和人之間的吸引法則是很奇妙的，當有力量且有善意的人遇到同類時，哪怕是初次見面也能覺察出來。而這樣的人從來不會盲目心生憐憫，他可以不求回報地幫助他人，但一定會對幫誰、怎麼幫有所選

擇，而幫的目的是為了讓對方能主動變得更好。此外，這位前輩提供的幫助表面上看是錢，其實他真正希望提供的是他的大腦、他的經驗——而這也是我一開始就最想從他那裡獲得的，這就是雙贏。之後我和極少幾個朋友說了這個故事，他們都一下子抓到了重點——成就這段佳話的是雙方都看重同樣的東西，是認知，不是錢。如果將這個故事說給更多人聽，可能一些人的第一反應是「你運氣真好」，或者「這也是個搞錢的思路」。

這個世界上很多的「求不得」，實際上都來自心口不一，明明想要的只是錢，卻擺出一副求知求教的樣子，認知層級越高的人越能嗅出裡面的不協調，這時再強求對方要利他便是道德綁架。很多人會覺得富人冷酷，確實有一些富人的利他帶有目的性和功利性，從來不做沒回報的付出，但也有像前輩這樣的「人間清醒」，外界之所以說他們冷酷，其實是自己不清楚想要什麼，卻奢望天上掉餡餅而不得。

真正的利他主義者都是低熵、高開放的成長型思維者。最佳的利他實踐是在符合自身價值天性和優勢特質的情況下，為正需要解決這類困難的人提供幫助，這不僅能讓幫助的價值最大化，更能讓提供幫助的人感到自己充滿力量，這種幫助他人的機會，對他們來說甚至是幸運的。

如果你是一名高中教師，帶領全班學生高考拿到好成績、進入理想的大學，能使你獲得淺層的滿足，那麼當有一天某個學生來看你時說，當時你帶給學生的價值觀使他最終選擇了現在這個事業，並做得很好時，此刻的你除了延綿不絕的深度滿足，內心必定充滿了力量感。

所以利他不是犧牲也不是討好，它真正折射出來的是一個人的內在價值，以及這份價值多大程度上被自己和外界認可。我們有能力的時候，可以發揮所長幫助需要的人，有心無力的時候，努力提升自己的能力便是最大的利他。

利他是幸福的力量之源。當我們有一天發現自己的優秀能影響到周圍的人，並帶著他們變得更好時，利他便會帶給我們最大的回報——持久綿遠的幸福感。

# 藝術：幸福感的放大神器

## 藝術是額外的人生

　　多年前在知乎上看到一個提問：人為什麼需要藝術？有一個高讚回答的大意是：為了在看盡現實真相後，給自己另一個自給自足的家園。現實是冷的，藝術是美的，它既是現實中複雜的提煉，具有高度概括簡潔的美，也是對現實中不可能的昇華，借助想像獲得自由——拿契克森米哈伊的話說，即「盡量跟日常生活中所謂的『不可逾越的現實』劃清界限。」

　　說到藝術，大部分人首先會想到繪畫、雕塑、建築、詩歌、音樂、舞蹈六大傳統藝術，也有人會想到電影和遊戲，以及品酒等有一定理解和欣賞門檻的活動。藝術無法定義，我個人認為只要是能深度悅己的主動型活動都是藝術——從這個角度看，便包含了所有的心流活動。有人熱中於攀岩，有人沉浸於下棋，這些與現實產生區隔的活動為什麼不能是藝術呢？我有個喜歡研究美食的朋友，她在嘗試一道菜或甜品時，不僅注重烹飪的技術讓食物美味可口，還會像米其林餐廳主廚那樣研究最簡潔的製作步驟、最恰當的盤子搭配和擺盤，把單純的製作美食提升到工匠般的鑽研，這種不打擾任何人的自我取悅，也是在享受藝術。

　　藝術到底有什麼用呢？

　　英倫才子艾倫·狄波頓（Alain de Botton）在《藝術的慰藉》中大喊道：「藝術，有什麼用？藝術，是治癒心靈的工具！」在一個做任

何事情都先看「有沒有用」的時代，人的心靈永遠都困在有限的現實中，人生的邊界就只取決於「有用」的邊界。人生的品質其實就是體驗的品質，藝術的價值就在於擴大了我們心理的外緣，相當於在現實以外還活出了另一種或多種人生。

## 帶給我幸福感的藝術：爵士樂

大概從 21 歲那年開始吧，我突然迷上了爵士樂。

爵士樂是一種能將各種微妙的情緒表現得極致的音樂，色彩極強的和聲、異常豐富的律動，各種反拍、浮點、切分的花樣玩法，再加上即興的特點，使這種音樂千變萬化，難以預測。初次聽到爵士樂時，我那個規範但沉悶的大腦像被什麼東西一直攪動著，動不動就達到「顱內高潮」，但副作用是再去聽流行樂時就覺得有點無聊了。

爵士樂的特點是「即興」。「即興」是什麼意思呢？我的理解就是用音樂「對話」。

我們平常和人聊天你一句我一句，有人喜歡插嘴，有人惜字如金，有人語速超快，手舞足蹈，表達欲爆棚，有人喃喃自語，從語調中能感受到他欲言又止的情緒。千人千面，但都能聊起來，爵士樂也是一樣，也是千人千音。每個樂手的個人風格強烈，平常說話什麼風格，演奏時就出什麼聲音，沒有語言也能「聊」起來。在一篇發表在某網路期刊的論文[3]裡，神經生物學家們掃描了 11 位職業爵士樂手玩「四小節即興」時大腦的活動情況。結果發現，當他們在演奏時，核磁共振影像顯示其大腦負責語言的區域活躍起來——也就是大腦認為這時候自己的主

---

**3.** 見 Donnay GF, Rankin SK, Lopez-Gonzalez M, Jiradejvong P, Limb CJ (2014) Neural Substrates of Interactive Musical Improvisation: An fMRI Study of 'Trading Fours' in Jazz. PLoS ONE 9(2): e88665.4

人在說話，把即興演奏行為視為一種交流活動。我頭幾次去看一個樂手朋友演出，也覺得不可思議：「什麼？你們倆真的是第一次見？都沒排練過？」反正現場看他們默契十足就像失散多年的兄弟。

這種不可思議的默契所展現的，拿心理學家基思‧索耶（Keith Sawyer）的話說，是一種「集體心流」。當素不相識的樂手們聚在一起，幾個互相試探的音符過後，每個人便進入了一種忘我的群體思維狀態，個人意識融入整個以音樂為工具的「群聊」中。而所謂爵士樂聽出門道，其實是指慢慢習慣了一種不透過語言的溝通體系，因此它對樂手要求高，對聽眾要求也高，無論是演奏它還是聆聽它，都是對這種全新思考方式的考驗。如果用心智意向性層級來粗略評估，大約四級以上才能品出味道，所以有個叫保羅‧F. 伯利納（Paul F. Berliner）的「大神」乾脆寫了一本書，叫做《爵士樂如何思考：無限的即興演奏藝術》（*Thinking in Jazz: The Infinite Art of Improvisation*）。

爵士樂算藝術嗎？對很多人來說不算，但對我來說算。

曾經我也想過為什麼這東西能直擊我的內心？答案是：它即興的特點一下擴大了我心理的邊界，就好像在每天一成不變的現實生活以外，有了另一個獨屬於自己的「房間」。爵士樂有用嗎？確實沒什麼用，身邊也沒幾個朋友聽，社交時一般都不會涉及這個話題，它過高的門檻也決定了人們不可能很快學點皮毛就秀一把。但它對我的作用是——能成倍放大現實中有限的幸福感。所以每當取得了一些成績或發生了一些好事，我都會來到這個「房間」和自己精挑細選的樂手們「對話」，每次聊嗨後，如快要熄滅的星星之火般的滿足又重新被燃起來了。

藝術是幸福的美感之源，它的美正在於它的無用。如果我們能欣賞無用之美，便表示自己的人生早就不局限於眼前的苟且了。

第九章

# 更好的自己在不遠處

. . .

**你將從本章了解到**

- ☑ 如何將「真知」轉化成「真行」
- ☑ 為什麼有的人會享受獨處
- ☑ 如何讓自己獲得最佳的實踐效果
- ☑ 如何幫助身邊的人一起成長

. . .

# 知行合一：「真知」與「真行」

　　這本書快接近尾聲了，也許你邊讀邊試，已經開始實踐活動有一段時間了（如果真是這樣，我會非常高興）。在這個過程中，有沒有哪個部分讓你特別不舒服：是限制了原本低品質的訊息流？是有意識避免以外源性動機行事？是轉換對拖延的認知？還是想控制注意力進入心流？或是嘗試利他？

　　如果這種不舒服不是由於自己暫時做不到，而是你隱約覺得自己並不想改變，但為了變得更好在強迫自己改變。如果有，這就是知行並不合一，內心在扛著阻力前行。明明做著自己確定是對的事，為什麼內心要唱反調？其實唱反調的不是你的心，而是刻在你基因裡的天性。幾乎所有現代意義上對自我成長有益的事都是天性要抵制的，因為演化時間不長的大腦前額葉皮層並不熟悉這些還沒經過足夠驗證的行為模式──「把注意力都集中在盯著這頁紙？這是幹麼？趕緊看看四周有沒有老虎！」──有沒有發現，我們的大腦有點像小時候拖好學生下水的壞學生，它不是很願意讓你變好（或者說變得不是它懂的那種好）。

　　這樣看來，「真知」要轉化成「真行」好像很難辦呢，尤其是還沒看到好處的時候。這就是為什麼前面這麼強調要將行動目標拆分細化到一個個關鍵行動，最好能細化到不會驚動屬於天性的警覺的神經。還有一個知行不合一的情況，準確地說叫「知多行少」。很多人肯定不只讀這一本書，還會收藏很多乾貨，懂的道理越來越多，卻越來越沒動力開始行動。這個問題就在於，你懂得太多啦！多到焦慮一個勁兒地在喊

停，「喂！你做不到啊！還來？不行不行！」

## 先行動，再思考

　　這怎麼辦呢？有一個策略：還記得前面曾提到過的認知失調理論嗎？這個理論威力最大的一個用法就是——先行動，再思考，讓行動先行一步來逼迫矛盾的態度和思維跟著協調一致。

　　比如你是個不願意洗碗的人，另一半總是要你承擔這份家務，你的內心當然會抗拒。而如果有一天並沒有被要求，你卻主動去把碗洗了，做完以後你會覺得洗碗也不是一件無法接受的事，甚至聽著嘩嘩的水聲、看著一個個碗變回乾乾淨淨的，還感覺有點美妙。如果你想逃避洗碗的內源性動機來自「這就不該是男人／女人做的事」，那麼在主動把碗洗了之後，你對於性別分工的看法也會跟著發生變化。

　　除了認知失調理論，社會心理學領域的自我呈現（Self-Presentation）和自我知覺（Self-Perception）理論都提出過類似的機制，即人在某些社會情境下會調整態度來適應對外展示的行為，以維護形象的一致性。比如一個意圖打造健康素食人設的網紅，哪怕本身只是更喜歡吃蔬果而並不排斥肉食，他也必須調整對肉食的態度來搭配自己呈現給外界的行為，久而久之，也有可能會真的排斥肉食。這種強大的心理暗示效應，就是那句大家說了爛的「fake it till make it.」（裝著裝著就成真的了）。

　　上面這個策略對成長型思維者是很有效的。另外一種情況是自己還處於定型思維模式中，習慣於想清楚、想明白才行動，而當他們用力想一個問題時，思維經常傾向於「我要麼確定現在就做到，要麼就乾脆別做」，最後他們有很高機率會對幾乎所有的改變都採取迴避和否認的防禦機制，來維護這個一成不變的自己。沒有一個開放性的、動態的思維

模式，自然就越想越想不通，那麼試圖先行動就會讓自己無比彆扭和痛苦。在這樣的情況下，在嘗試行為改變認知的策略之前需要先簡化阻礙的核心思維，以及明確自己是不是想成為一個成長型的人。

## 和大腦簽訂「真行」契約

還有一個導致「真知」與「真行」脫鉤的情況，是天性察覺到了你想做什麼，然後為了節省能量消耗鼓動你找捷徑。「我知道專注力需要訓練，但有沒有更簡單的方法啊。」肯定有——那就是在你嘗試了我提供的方法後，優化總結出更適合你的方法。對於找捷徑這種繞圈圈的習慣，有一個和前面制定行動目標時一樣的做法：**把「真行」具體做什麼寫下來**。理由也是一樣，既然天性老耍小聰明，那我們就立字為據，在大腦的見證下簽訂一個和自己的契約。

「知行合一」和熵減實踐互為因果。當我們的熵值降低時，知行必然容易合一，而合一後的知行又必定讓我們內心秩序更加井然，能夠更加輕鬆地進入心流，而當進入心流後，便是天然的知行合一的狀態了。正如提出「知行合一」的王陽明所說的八字真言：「大道至簡，知行合一。」天下最深刻的道理都是既簡單又相似的，只是年輕時的我們大多不以為然。

## 完全的自由

「知行合一」有種吸引無數人花畢生工夫追求的魔力。這種魔力是什麼呢？我的答案是：對自由的想像。

如果你去問身邊的人想不想要自由，回答當然都是想的，再問在什麼情況下會覺得自己是自由的，回答多數是財務自由、經濟獨立，無論發生什麼身邊人都不會離開，可以毫無顧慮地拒絕 996 等。這些需求固

然重要，但本質上指向的是可以控制周圍的一切人和事；換句話說，他們不是想要自由，而是不想要限制。但矛盾的是，大部分人既痛恨限制又離不開限制，因為限制能讓我們清楚自己是誰：每天從同一個地方上下班、回家從同一條路回到同一個小區……這種沿著一個確定軌跡生活的感覺能讓多數人感到安心。如果有一天突然說不用上班了，想幹麼就幹麼，每天去哪裡回哪裡全隨你自由決定，你會不會在一陣迷茫後越想越怕？

事實上，大部分人是無法適應那種完全自由的體驗的。而如果一個人是這樣理解自由和追求自由的，必定會因知行無法合一而痛苦不堪。

完全的自由不是指「我想怎樣就怎樣」，而是意味著在開放自己擁抱內心的同時，能夠坦然安於生活中的無常——因為無限的開放就意味著無限的不確定和不可控。事實上，一個人需要控制的事情越少，心靈就越自由，而越試圖去控制一件事的時候，也就越被這件事所控制。前面講到我以前陷入手機依賴就是個例子，當專心致志在一件事上而顧不上去管那些小紅點時，反而就擺脫了手機的控制，那種自由的感覺讓當時的我豁然開朗。

控制，其實是在把自由拱手讓出：如果你越想控制另一半每天在做什麼，那只要他願意，他隨便做點什麼就能控制你；如果你特別想控制自己不要胡思亂想，那麼腦中的任何念頭都會反過來讓你內耗；如果你竭盡全力想控制一件事不要往不好的方向發展，你信不信，那不想要的結果一定會發生——這就是被無數人驗證過的**墨菲定律**[1]。

---

1. 墨菲定律（Murphy's Law）是由美國工程師愛德華·墨菲（Edward A. Murphy）於 1949 年提出的著名心理效應。它描述了一種機率現象：如果一個人覺得事情有變壞的可能，不管這種可能性有多小，只要內心覺得它總會發生，那最後一定會發生。這個現象適用於受機率影響的所有心理事件。

自由是一種主觀的體驗，我們能體驗多少自由，事實上取決於自己能坦然接受多少不確定和不可控，該放手的放手，該抓住的抓住，想不明白的先行動了再說，但不要執著於結果。這確實特別難，畢竟在面對生活中浩如煙海的不確定和不可控時，人總是忍不住想去控制，但請記住這一點：只要你去控制，你就也會被控制。當決定去控制時，不要同時騙自己是為了自由就可以了。

# 善用獨處：讓自己靜靜地發光

連續幾年的疫情，使獨處成了很多人最重要的人生一課。

你覺得一個人待著的這段時光，是難得的享受，還是無法忍受的孤獨？

整個 2022 這一年，我有幸在大理這個似乎和疫情絕緣的地方安靜地寫作，每天除了倒垃圾和取從農場採購回來的食材，幾乎足不出戶，也無人打擾，這種狀態足足持續了大半年。身處其他城市的很多朋友經常說羨慕我的自由自在，也慢慢讓我心中泛起了「罪惡感」——沒有被隔離卻還過著離群索居的生活，這可不就是在浪費自由嗎！

但阿圖爾・叔本華（Arthur Schopenhauer）並不同意。他在《人生的智慧》中說：「只有當一個人獨處的時候，他才可以完全成為自己。誰要是不熱愛獨處，誰就是不熱愛自由，因為只有一個人獨處的時候，他才是自由的。」他還說，「大致而言，一個人對與人交往的熱中程度，與他的智力的平庸及思想的貧乏成正比。人們在這個世界上要麼選擇獨處，要麼選擇庸俗，除此之外，再沒有更多別的選擇了。」熱愛社交的人看了這段話可能會氣得跳起來。但那些宣稱喜愛獨處的人呢？很多只是借此標榜眾人皆醉我獨醒，以孤獨的姿態來掩飾無法融入圈子的沮喪而已——這不是主動選擇獨處，而是被迫逃避社交。

在叔本華眼中，「**人類幸福的兩個死敵就是痛苦和無聊。**」為了逃避痛苦和無聊而向外索取能量的人是不幸福的。但現代正向心理學的發現卻正好相反，研究指出，主觀幸福感最高的是那些日常獨處時間最

短、花時間在交際上最多的人。孰對孰錯？我想辯論的焦點不在於獨處還是社交，而在於排解痛苦和無聊的途徑，如果解決不了這一點，無論是不是獨處都不會幸福。

真正享受獨處的人不是因為孤獨有多「高級」，而是因為社交給不了自己想要的，孤獨反而能帶來好處，這是利弊權衡後的理性選擇。獨處的目的也從來不是為了孤獨，只是這種最適合自己的自然生活形態正好被世人命名為「孤獨」而已。如果聚會能比一個人待著更有效地排遣痛苦和無聊，他們也不會排斥。叔本華之所以認為熱中於交際是庸俗的，因為大部分交際確實是一種在人群中喪失自我、為了排遣他人無聊而進行的無意義的活動。獨處是獨自一人而不感到孤獨，這是一種心滿意足的狀態，但這只是對他自己而言。

## 無處安放的注意力

對大部分現代人而言，只要手機不在身邊，無論身處人群中還是在獨處，都充滿著難以忍受的痛苦和無聊。人們的注意力無時無刻不在尋求外在刺激，試圖借助某事某物使自己的思緒和情緒活動起來，所以才緊抓著一切貧瘠單調的活動和五花八門的社交、娛樂機會不放。契克森米哈伊對於獨處有類似的觀點。

如果一個人不能獨處時控制注意力，就不可避免地要求助於比較簡單的外在手段：諸如藥物、娛樂、刺激等任何能麻痺心靈或轉移注意力的東西……一個人若能從獨處中找到樂趣，必須有一套自己的心靈程序，不需要靠文明生活的支持—亦即不需要借助他人、工作、電視、劇場規劃他的注意力，就能達到心流狀態。[2]

---

2. 摘自《心流》。

北京大學社會學系教授鄭也夫有一段更精辟的話。

適當的獨處有利於形成「自我」。我一直有一個感覺，國人的「自我」弱於其他民族……何以有如此差異？我的分析是，中國人「社會性」太強，打壓了「自我」，使我們每每逢迎他人。缺少獨處就缺少「自我」，而無個性的人組成的社會是缺少美感的。[3]

是否享受獨處，取決於在這種狀態下自己的精神世界是否能自給自足。習慣獨處的人享受的是一種敏銳的寧靜，這對他們來說就是幸福。由於內心的充實而滿足，這些人平常很少會外溢太多自己的感受，也沒有什麼動力向外界展示，某種程度上就會被他人視為冷漠、涼薄、孤僻——如果你身邊有經常進入心流的人，他們大概也經常收穫類似的評價。

人身為社會動物，他人評價的分量對你我有多重無須贅言。

學生時代的我特別害怕獨處，吃飯、去圖書館、看電影，甚至上洗手間都要吆喝一聲：「有人要一起去嗎？」當沒人陪在身邊時，心情就開始低落，尤其害怕一個人走在回宿舍的路上被人打量，好像能聽到他們心裡在說：「這人人緣好差，一看就沒朋友。」那時候我也會參加一些喧囂的聚會，寧願裝作很會聊天的樣子，強忍住那些無聊的話題對自己的消耗，也不願公開告訴別人自己更情願一個人看看書。很久以後我才意識到，多數人對獨處最大的誤解是將它與寂寞、無助混為一談，自己怕的其實是他人因誤解投來的或同情或嘲諷的眼光而已。這種無謂的擔心，使得當年的我將就了無數內心不想要的麻煩。

---

3. 摘自簡體版《心流：最優體驗心理學》序文。

## 獨處是一個人最好的增值時光

　　獨處的本質是將自我無限放大，社交則是盡可能地縮小自我，去適應他人需要填補的空間。英國精神分析學家、心理學家唐納德·溫尼科特（Donald Winnicott）曾指出：**「擁有獨處的能力，是一個人情感成熟的最重要的標誌之一。一個人想要找到好的生活狀態，並不依賴於他人的成全。」**能坦然自如地獨處意味著能與自己好好相處，而這種能力並不是人人都擁有的，它是一個成年人最可貴的奢侈品。村上春樹是很多人熟知的「當代獨處大師」。他在《關於跑步，我說的其實是……》中描述了自己日常的狀態：每天有一兩個小時和誰都不交談，獨自跑步也好，寫作也好，都不會感到無聊。而和與他人一起做事相比，他更喜歡一個人默不作聲地讀書或全神貫注地聽音樂。村上聲稱，只需要一個人就能做的事他能想出許多來，而這種看似孤獨的生活他卻樂在其中，並在獨處期間高效地完成了無數作品。

　　如果說心流是一個人最高效的工作狀態，那麼獨處便是一個人最好的增值時光。

　　當人在獨處時會更加確定自己究竟想要什麼。它能讓我們的內心去繁就簡，丟棄掉可有可無的欲望，留下真正讓自己怦然心動的念頭。疫情下每個人的生活變得艱難了，但換個角度看，這也是一個難得的自我增值期：經過初期的混亂、迷茫後，有人發展出了在陽臺種菜的技能，有人開發出了各種花式食譜，有人實現了以前總是半途而廢的Keep健身計畫……無論這些獨處是主動的還是被動的，疫情的肆虐反而讓一些人越活越勇敢、越玩越快樂，而在疫情過後拉開人與人之間差距的，可能恰恰就是這段獨處的時光。

　　不要拒絕獨處借給你的一臂之力，讓自己靜靜地發光吧。

# 最佳的實踐：將熵減理念帶給他人

## 和他人分享實踐心得

人既是社會動物也是邏輯生命體。我們大多數能痛下決心做的改變，都受到社會文化環境的影響，也許是身邊某個脫胎換骨的人，也許是發生在周圍的某件事，也許是無意中看到的一個 TED 演講……某種眼見為憑推導出的因果關係，成了改變的最原始的驅動力。從獲得最佳成長效果的角度看，最佳的實踐就是將熵減理念帶給他人——不是將這本書提到的方法塞給他人督促「改變」，而是將自己的實踐心得分享給身邊的人，並透過反饋進一步完善自己對這段旅程的理解——這就是大名鼎鼎的**費曼學習法**[4]。

費曼學習法的理念很簡單，就是「以教促學」——透過向別人清楚地解說一件事，來驗證自己真的弄懂了這件事。具體做法是：當你在生活中實踐這本書中一個概念時，先把書放在一邊，試著在一張紙上寫下自己對這個概念的解釋，看看能不能說明白。然後找到身邊的人，占用他們一些時間說明自己在做什麼、為什麼要這麼做，如果有人感到疑惑，那你就一遍一遍解釋，直到能用自己的語言讓對方輕鬆理解為止。注

---

4. 費曼學習法（Feynman Technique）是由諾貝爾物理學獎獲得者、加拿大物理學家理查德·費曼（Richard Feynman）所倡導的一種高效學習方法。費曼本人是一個天才，13 歲自學微積分，24 歲加入曼哈頓計畫；該學習法因在矽谷盛行而風靡全球，謝爾蓋·布林、比爾·蓋茲、賈伯斯、拉里·佩奇等都是費曼學習法的擁戴者。

意：理解不代表認同，只要確認對方能聽懂就夠了，做這個練習的目的不是要說服對方。比如你想透過認知失調理論改掉自己拖延論文寫作的毛病，那就試著和同學解釋這個理論和自己為什麼要這樣操作。這期間一定會有人越聽越糊塗，也會有人質疑這個方法不行，請記住，這時不要為了維護自己的自尊馬上反駁。只要保持耐心和對方繼續就事論事地深入討論，最後必定能幫助自己更清楚地知道怎麼做更好。

## 無聲地影響在乎的人

除了和他人分享心得，當你自己的成長漸入佳境時，也會希望幫最在乎的人一起變得更好。但怎麼幫呢？直接推薦這本書和其他一堆你認為的乾貨給他嗎？或許你已經試過了，如果沒有意外，應該是個掃興的結果。

我也曾做過類似的嘗試，每當有朋友遇到挫折或陷入內耗，我會花大量時間和他們認真說心流、建議他們做熵減，還從工作上到生活上給出詳細的建議，結果可想而知——道理上感覺都說明白了，但未見行動。其實我本身是個非常不願意去以個人意願改變他人的人，所以往往覺得自己盡了朋友的本分就可以了，之後也不會很在意對方到底有沒有做。然而某些改變就發生在不在意的時候。有一天因為要測試這本書裡提到的工具，我拜託朋友們散播一下「多維熵值／熵型評估量表」求些反饋，有幾個人問我是什麼熵型，我說之前是典型樹懶型，目前是離海豚型還差一點的樹懶型，希望寫完這本書後就升級啦。他們突然活躍起來，抓住我探討自己測試下來的熵值、熵型，還主動說想做點什麼，想改變的意願躍然而出，這讓我又意外又驚喜。

現在回頭再想其實原因很簡單。因為寫書的這幾個月我自己先改變了很多，社交上做熵減，生活上做熵減，精神狀態得到了肉眼可見的改

善，雖然遠稱不上變得多好，但確實在發生變化。這些細微的變化在每次和朋友見面時他們都感受到了，於是有人也開始捧起了書，有人開始琢磨自己的下一個長期計畫，還有人終於不再「想太多」，而踏上另一個城市的土地展開新的事業。改變這種事說不如做，希望他人做到不如自己先做到。如果你希望他和你一起變得更好，不必多說，先讓自己變得更好，或許有一天他會感同身受並跟隨你的。即使沒有也沒關係——「改變」並不一定真的對每個人都好，人都有選擇自己成長方式的權利，我們能掌控的人生永遠都只是屬於自己的那一個。改變他人從來不是直接告訴他應該做什麼，而是像蝴蝶煽動翅膀那樣自己先做好自己的事，至於這股小氣流會產生什麼樣的連鎖反應不是任何人能控制的，我們能保證的只是在煽動那一刻朝著正確的方向。

　　這個世界很大，我們的肉身很渺小，但內心卻和世界一樣大，甚至更廣闊、更深邃。回到這本書最初佛洛伊德的那段話，是不是只有當生命接近尾聲時，我們才能知道自己究竟是不是這段人生的主宰？希望讀完這本書的你能毫不猶疑地回答：不用等那麼久，我已經走在主宰自己人生的路上了。（終）

後記

# 想辦法
# 做一個簡單的人

　　過去數年我輾轉於多個城市：蘇州、上海、杭州、香港、珠海、廣州……最後迫於疫情停下了步伐，在旅居大理期間寫出了自己的第一本書。

　　雖然一直都喜歡讀讀寫寫，但先前從未想過有一天能成為一名寫作者，甚至也沒有和他人分享認知的欲望。而人的想法真的是會變的：曾經的我沉浸於自己的世界，著魔般地求知只是為了解開個人困惑，成為一個遠離內耗的人；當這個願望慢慢實現，內心和生活開始變得簡潔有序後，我卻被他人的一句話點燃了和更多人分享的念頭。

　　想法變化的原因，可能是因為世界的變化吧。最近幾年整個世界的局勢可謂風起雲湧，很多過去想都想不到的「黑天鵝」滿天飛，壓在每個人頭頂的都是「失控」這兩個沉重的大字。或許正因為目睹著這一切，內心才會更強烈地渴望未來變得更好、他人變得更好。針對這種大範圍的、普遍的失控感，我在寫這本書的初期就將它定位成一本既講原理又注重實操的認知工具書。對我來說，最大的滿足一定不是來自有多少人買這本書，而是有多少人真的會實踐其中的理念，從得心應手進行一件具體的事開始，逐漸奪回對人生的掌控權——至少在內心層面。

在寫作的過程中，我最大的興奮來自身邊那班朋友們——本身只是幫忙義務試讀，讀著讀著，聊著聊著，積極的改變就悄然發生了，這就是潤物細無聲的威力。實踐熵減本身是一件非常不容易的事，因為它對抗的是我們身邊整個無序熵增的大環境。還記得嗎？逆熵做功是非常吃力的，但只要持續非線性行動，累積的複利效應總會在某個拐點發生。本書一直強調的兩個詞：「暫時」和「傾向」意味著即使你已經讀完了這本書，正在積極地開展熵減實踐，你也未必能馬上感知到自己的變化。所以請不要著急，也不要貪心，如果你能把這本書裡觸動到自己的點——哪怕就那麼一兩個在生活中堅持嘗試，剩下的就是耐心地等著臨界點的到來。

再說說缺憾。做為首次把自己內心的想法透過寫書展露給外界的人，我也免不了「想太多」，可能還有一些內容讓你覺得「沒寫清楚」。一個原因是書中涉及的交叉領域概念太多，本身對理解消化就是一個不小的挑戰；另一個重要原因是我目前的寫作經驗有限，駕馭和梳理這麼龐雜的主題的能力還不足，盼望你能包容。另外，雖然這本書圍繞著自我成長的主題，但做為一個很普通的人，我不覺得自己有資格做任何人的人生導師。相反地，我更盼望某一天得到你的反饋，成為彼此支持和互相學習的夥伴，共同應對無常的世界。

這段旅程的終點自然是感謝。

首先要感謝電子工業出版社和這本書的編輯於蘭老師，謝謝你們對一名新作者的信任；感謝咪咕出版的編輯包敏燕老師，寫一本書的願望因你而萌芽，也因你而成真；還想感謝相識十多年的老同事尤以丁先生，同為惺惺相惜的愛書人，你的鼓勵和建議對我意義重大；親愛的爸媽，感謝你們這麼多年包容我的任性，永遠都支持我走自己想走的路……想好好感謝的人還有很多，其中最重要的是讀完了這本書的

你——雖然我們素不相識，但在一個平行世界裡我們已經完成了一次有意義的交流。如果這是本對你來說有用的書，將是我莫大的榮幸。

實踐熵減是奪回人生掌控權的起點，願這個理念能帶給你前行的力量——不是暫時的，而是長期的。最後想說一句可能一直沒人和你說過的話：身處這個複雜時代，我們一起想辦法做一個簡單的人吧！

楊鳴

2022 年 6 月 16 日

# 參考資料

## 參考書目

[1]    米哈里・契克森米哈伊，《心流：最優體驗心理學》，中信出版社（2017）。

[2]    米哈里・契克森米哈伊，《發現心流：日常生活中的最優體驗》，中信出版社（2018）。

[3]    米哈里・契克森米哈伊，《創造力：心流與創新心理學》，浙江人民出版社（2015）。

[4]    埃爾溫・薛丁格，《生命是什麼》，北京大學出版社（2020）。

[5]    馬汀・塞利格曼，《真實的幸福》，浙江教育出版社（2020）。

[6]    馬汀・塞利格曼，《習得性無助》，人民大學出版社（2020）。

[7]    塔亞布・拉希德 / 馬丁・塞利格曼，《積極心理學治療手冊》，中信出版社（2020）。

[8]    丹尼爾・康納曼，《快思慢想》，中信出版社（2012）。

[9]    戴倫・哈迪，《複利效應》，星出版（2019）。

[10]   卡羅爾・杜維克，《終身成長》，江西人民出版社（2017）。

[11]   阿爾波特・班杜拉，《自我效能》，華東師範大學出版社（2003）。

[12]   史蒂芬・科特勒 / 傑米・威爾，《盜火：矽谷、海豹突擊隊和瘋狂科學家如何變革我們的工作和生活》，中信出版社（2018）。

[13]   斯瓦米・阿迪斯瓦南達，《冥想的力量》，浙江大學出版社（2010）。

[14]   卡倫・霍尼，《我們內心的衝突》，譯林出版社（2016）。

[15]   皮爾斯・斯蒂爾，《戰拖行動》，北京聯合出版公司（2019）。

[16]   阿爾弗雷德・馬歇爾，《經濟學原理》，商務印書館（2019）。

[17]   丹尼爾・丹尼特，《直覺泵和其他思考工具》，浙江教育出版社（2018 年）。

[18]   卡爾・古斯塔夫・榮格，《未發現的自我》，東方出版中心（2021）。

[19] 亞伯拉罕·馬斯洛，《需要與成長：存在心理學探索》（第 3 版），重慶出版社（2018）。

[20] 亞伯拉罕·馬斯洛，《尋找內在的自我》，機械工業出版社（2020）。

[21] 傑伊·謝蒂，《像高手一樣思考》，中國青年出版社（2021）。

[22] B.J. 福格，《福格行為模型》，天津科技出版社（2021）。

[23] 斯科特·派克，《少有人走的路》，北京聯合出版公司（2020）。

[24] 希娜·艾揚格，《選擇：為什麼我選的不是我要的？》，中信出版社（2019）。

[25] 塞德希爾·穆來納森 / 埃爾德·沙菲爾，《稀缺：我們是如何陷入貧窮與忙碌的》，浙江人民出版社（2018）。

[26] 保羅·F. 伯利納，《爵士樂如何思考：無限的即興演奏藝術》，譯林出版社（2019）。

[27] 阿圖爾·叔本華，《人生的智慧》，上海人民出版社（2014）。

[28] 村上春樹，《當我談跑步時，我談些什麼》，南海出版公司（2015）。

[29] Mihaly Csikszentmihalyi, Flow: The Psychology of Optimal Experience. (2009). Harper Collins.

[30] Kondepudi, D., & Prigogine, I. (2014). Modern thermodynamics: from heat engines to dissipative structures. John Wiley & Sons.

[31] Bandura, A., & Wessels, S. (1994). Self-efficacy (Vol. 4, pp. 71-81).

[32] John Koenig. The Dictionary of Obscure Sorrows. (2021). Simon and Schuster.

[33] Gordon Allport, Becoming: Basic Considerations for a Psychology of Personality. (1983). Yale University.

[34] Festinger Leon. A Theory of Cognitive Dissonance. Vol. 2. (1957). Stanford University Press.

[35] Walter Mischel, Personality and Assessment. (2013). Psychology Press.

[36] Kahneman, D., & Tversky, A. (2013). Prospect theory: An analysis of decision under
risk. In Handbook of the fundamentals of financial decision making: Part I (pp. 99-127).

[37] Wallin, D. J. (2007). Attachment in psychotherapy. Guilford press.

[38] Csikszentmihalyi, M., Abuhamdeh, S., & Jeanne, N. Flow. (2005).In Elliot, J. Andrew, S. Carol, & V. Martin(Eds.), Handbook of competence and motivation.

New York: GuilfordPress.

[39] Lembke, Anna, Dopamine Nation: Finding Balance in the Age of Indulgence (2021). Dutton Books.

# 參考論文

[1] North, D. C. (1993). The new institutional economics and development. Economic History, 9309002, 1-8.

[2] Tversky, A., & Kahneman, D. (1991). Loss aversion in riskless choice: A reference- dependent model. The quarterly journal of economics, 106(4), 1039-1061.

[3] Maier, S. F., & Seligman, M. E. (1976). Learned helplessness: theory and evidence. Journal of experimental psychology: general, 105(1), 3.

[4] Festinger, L., Schachter, S., & Back, K. (1950). Social pressures in informal groups; a study of human factors in housing.

[5] Bandura, A. (2006). Guide for constructing self-efficacy scales. Self-efficacy beliefs of adolescents, 5(1), 307-337.

[6] Izard, C. E. (2011). Forms and functions of emotions: Matters of emotion–cognition interactions. Emotion review, 3(4), 371-378.

[7] Hoemann, K., Feldman Barrett, L., & Quigley, K. S. (2021). Emotional granularity increases with intensive ambulatory assessment: Methodological and individual factors influence how much. Frontiers in psychology, 12, 2921.

[8] Huang, Zirui &Tarnal, Vijay & Vlisides, Phillip & Janke, Ellen & McKinney, Amy & Picton, Paul & Mashour, George & Hudetz, Anthony. (2021). Anterior insula regulates brain network transitions that gate conscious access. Cell Reports. 35. 109081. 10.1016/ j.celrep.2021.109081.

[9] Puglisi-Allegra, S., & Ventura, R. (2012). Prefrontal/accumbal catecholamine system processes high motivational salience. Frontiers in Behavioural Neuroscience, 6, 31.

[10] Mark, Gloria & Gonzalez, Victor & Harris, Justin. (2005). No Task Left Behind? Examining the Nature of Fragmented Work. CHI. 2005. 321-330.

10.1145/1054972.1055017.

[11] Menon, Vinod. (2011). Large-scale brain networks and psychopathology: A unifying triple network model. Trends in cognitive sciences. 15. 483-506. 10.1016/j.tics.2011.08.003.

[12] Festinger, L., & Carlsmith, J. M. (1959). Cognitive consequences of forced compliance. The journal of abnormal and social psychology, 58(2), 203.

[13] Libet, B. (1980). Mental phenomena and behavior. Behavioral and Brain Sciences, 3(3), 434-434.

[14] Soon, C. S., Brass, M., Heinze, H. J., & Haynes, J. D. (2008). Unconscious determinants of free decisions in the human brain. Nature neuroscience, 11(5), 543-545.

[15] Fried, I., Mukamel, R., & Kreiman, G. (2011). Internally generated preactivation of single neurons in human medial frontal cortex predicts volition. Neuron, 69(3), 548- 562.

[16] Kahneman, D., & Tversky, A. (1980). Prospect theory. Econometrica, 12.

[17] Mazur, J. E., & Coe, D. (1987). Tests of transitivity in choices between fixed and variable reinforcer delays. Journal of the Experimental Analysis of Behavior, 47(3), 287–297.

[18] Schwartz, B., Ward, A., Monterosso, J., Lyubomirsky, S.,White, K., & Lehman, D. R. (2002). Maximizing versussatisficing: HAppiness is a matter of choice. Journal of Personality and Social Psychology, 83, 1178–1197.

[19] Sramek, Petr & Simecková, M & Janský, L & Savlíková, J & Vybíral, Stanislav. (2000). Human Physiological responses to immersion into water of different temperatures. European journal of Applied physiology. 81. 436-42. 10.1007/s004210050065.

[20] Radkiewicz P, Skarżyńska K (2021) Who are the 'social Darwinists'? On dispositional determinants of perceiving the social world as competitive jungle. PLoS ONE 16(8): e0254434. https://doi.org/10.1371/journal.pone.0254434.

[21] Donnay GF, Rankin SK, Lopez-Gonzalez M, Jiradejvong P, Limb CJ (2014) Neural Substrates of Interactive Musical Improvisation: An fMRI Study of 'Trading Fours'in Jazz. PLoS ONE 9(2): e88665. https://doi.org/10.1371/journal.pone.0088665

# 參考報導 / 文章

[1]   Valerie van Mulukom, Is it rational to trust your gut feelings? A neuroscientist explains. Published at The Conversation on May 16th 2018.

[2]   Compound Interest Is Man's Greatest Invention. Published at Quorte Ubvestigator on Oct 31st 2011.

[3]   Sorry, Lucy: The Myth Of The Misused Brain Is 100 Percent False. Published at NPR. org on July 27th 2014.

[4]   Do we really use only 10 percent of our brains? Published at Scientific American on March 8th 2004.

[5]   Drew Houston's Commencement address 'I stopped trying to make my life perfect, and instead tried to make it interesting.' Published at MIT.edu on June 7th 2013.

[6]   《2018 年全國時間利用調查公報》，2019 年 1 月 25 日發表於國家統計局網站。

[7]   Elizabeth Bernstein, Why You Need Negative Feelings? Published at WSJ.com on Aug 22nd 2016.

[8]   Susie Cranston & Scott Keller, Increasing the 'meaning quotient' of work. Published at mckinsey.com on Jan 1st 2013.

[9]   Adobe' State of Create Study, Global Benchmark Study on Attitude and beliefs about Creativity at Work, Home and School, Published at Adobe.com on Apr 2012.

國家圖書館出版品預行編目(CIP)資料

從內耗變心流:清理「精神熵」,重整內在秩序,驅
動最高行動力與幸福感 / 楊鳴著 . -- 初版 . -- 新北市:
虎吉文化有限公司 , 2023.10
　　面;　　公分 . -- (Mind ; 4)
　　ISBN 978-626-97496-2-1( 平裝 )

　　1.CST: 自我肯定　2.CST: 自我實現

177.2　　　　　　　　　　　　　　112013816

虎 吉 文 化

Mind 04

# 從內耗變心流

清理「精神熵」,重整內在秩序,驅動最高行動力與幸福感

作　　　者　楊鳴
總 編 輯　何玉美
校　　對　張秀雲
封面設計　鄭婷之
內頁設計　鄭婷之
排　　版　陳佩君
行銷企畫　鄒人郁
發　　行　虎吉文化有限公司
地　　址　新北市淡水區民權路 25 號 3 樓之 5
電　　話　（02）8809-6377
客　　服　hugibooks@gmail.com

經 銷 商　大和書報圖書公司
電　　話　(02)8990-2588

印　　刷　沐春行銷創意有限公司
初版一刷　2023 年 10 月 4 日
定　　價　420 元
ISBN　　978-626-97496-2-1

从内耗到心流:复杂时代下的熵减行动指南
本書繁體版由四川一覽文化傳播廣告有限公司代理,經電子工業出版社
有限公司授權出版。